Topografía médica de Millares

Topografía médica de Millares

Obra laureada con el premio Roel 1932

por el Instituto Médico Valenciano

Luis Báguena Corella

Prólogo de Fidel Pérez Barberá

VALÈNCIA 2025

Colección «Estudis Comarcals» — 20

Edición compuesta con el tipo Adobe Caslon Pro, el interior se ha impreso sobre papel Prinset Ivory de 90 g/m^2 y la cubierta sobre cartulina Image Silk de 350 g/m^2

Institució Alfons el Magnànim
Centre Valencià d'Estudis i d'Investigació. Diputació de València
Corona, 36 — 46003 València
Tel. +34 963 883 169
magnanim@dival.es
www.alfonselmagnanim.net

ISBN: 978-84-1156-091-7
DL: V-3512-2025

Diseño de la cubierta: Eugenio Simó, a partir de una fotografía de Luis Báguena de 1946 (Archivo General de la Administración)
Maquetación: Gráficas Papallona
Impresión: Impremta de la Diputació de València

Agradecimientos

A los herederos del doctor Luis Báguena Corella,
por su generosa aportación de los textos originales.

A María Dolores Lorente, por la cesión de fotografías antiguas de Millares para ilustrar el texto.

Al Ayuntamiento de Millares, por facilitar todo el
proceso.

Índice

Luis Báguena Corella
doctor en medicina y entomólogo

Por Fidel Pérez Barberá

Cronista Oficial de Millares

Si preguntásemos a cualquier vecino de la localidad de Millares si conoce o ha oído hablar del doctor Báguena Corella, nos encontraríamos con la sorprendente respuesta de que no le conocen ni que han oído su nombre. Como mucho, alguno de los interpelados nos dirá que en València hay una calle dedicada al profesor Beltrán Báguena. Soy consciente de que en València ha habido infinidad de médicos, pero para la gente de Millares el doctor Báguena Corella ha de formar parte de nuestra memoria colectiva, aunque no haya alcanzado el renombre de otros ilustres colegas suyos, como por ejemplo, el doctor Luis Collado, que tiene a su memoria dedicada una céntrica plaza en la ciudad de València, y que le recuerda por su aportación a la medicina valenciana durante el Renacimiento; otro ejemplo lo tenemos en la calle Gaspar Torella, médico del papa Alejandro VI y descriptor clásico de la sífilis, calle situada junto al hospital Doctor Peset. Lamentablemente no hay rotulada ninguna calle ni ninguna plaza con el nombre de nuestro médico, Luis Báguena Corella, en Millares, pueblo al que le cabe el honor de haberlo tenido como responsable de la salud de su vecindario en uno de sus primeros destinos profesionales.

Nace el doctor Báguena Corella en València, el día 7 de noviembre del año 1905, en el seno de una familia valenciana tradicional. Cursó la carrera de Medicina en la Universidad de València y la de Ciencias Biológicas en la de Madrid.

Por una carta manuscrita dirigida a Ricardo Zariquiey, sabemos que en fecha 17 de enero de 1931 se hallaba ejerciendo su profesión de médico en la localidad albacetense de Carcelén, comentándole al señor Zariquiey que «en la actualidad estoy instalado, no sé para cuánto tiempo, en este pueblo de Albacete, pero a primeros de febrero pienso llegar a Valencia para estarme casi todo el mes, salvo imprevistos».

Pronto parece ser que surgió un «imprevisto». El 20 de abril siguiente dimitió del cargo de médico titular interino de la localidad de Millares, según consta en el acta de la sesión plenaria del Ayuntamiento, el doctor José Malboysson Ponce; el doctor Malboysson, con esta dimisión, pasaba entonces a desempeñar el cargo de responsable de los servicios médicos de la compañía Hidroeléctrica Española, que por aquellos tiempos estaba construyendo la central hidroeléctrica del Salto de Millares.

Acto seguido, en esta misma sesión, se acordó por unanimidad de los asistentes

> …conceder la plaza de médico titular inspector municipal de sanidad en este municipio al solicitante, don Luis Báguena Corella…, con todas las prerrogativas que la ley concede y con el haber consignado en su presupuesto municipal, que percibirá por trimestres vencidos, cuyo nombramiento será oportunamente comunicado al interesado por oficio, a la vez que se le remitirá certificación literal del acuerdo al Excmo. Sr. Gobernador Civil de la provincia para su conocimiento y efectos consiguientes.

Con el inicio de las obras del Salto, la empresa constructora y la perseverancia de las autoridades locales fueron quienes trajeron a Millares el primer médico. Fueron primero las obras con su facultativo particular, el doctor Malboysson y, después el pueblo, con sus deseos de mejora, los que lograron su objetivo. Malboysson atendió a los trabajadores y a la población local; Báguena atendía a la población de Millares y, por un contrato especial con la Hidro, a los obreros y empleados del Salto.

Pasados unos meses tras la toma de posesión de la plaza de médico titular, nuevamente en sesión plenaria, la Corporación Municipal acuerda «el haber anual que se le ha de abonar al médico, don Luis Báguena Corella, el cual asciende a mil quinientas pesetas por la titularidad de médico, y de ciento cincuenta pesetas por la inspección médica municipal de sanidad.» Me ha parecido oportuno hacer constar este dato material en la biografía de Báguena Corella, para que nos hagamos una idea del nivel económico de un médico de pueblo en los comienzos de la tercera década del siglo XX.

Nos hallamos, pues, al inicio de la andadura de la II República en España; con ella se produjeron una serie de profundos cambios, no sólo políticos, sino también sociales y económicos. España dejó atrás, momentáneamente, el régimen monárquico para iniciar un periodo de buenas intenciones progresistas que, a causa del afán de protagonismo de unos y de otros, no llegó a alcanzar los objetivos pretendidos. Veníamos, por entonces, de una época de acontecimientos traumáticos: una guerra mundial, ascenso de los fascismos, consolidación del comunismo en la Unión Soviética y en parte del mundo…; todo ello chocó en la España de los primeros años treinta y, finalmente, desembocó en la Guerra Civil.

Panorámica de Millares en 1924.

Una vez situados, junto al doctor Báguena, en el contexto de la historia de España, me centraré en el contexto local de Millares.

A lo largo del año 1928, la compañía Hidroeléctrica Española había dado comienzo a la construcción del ambicioso proyecto de una central hidroeléctrica en el término municipal de Millares. El proyecto surgió del empeño de una de las mentes más innovadoras de la época: el ingeniero Juan de Urrutia. Ello supuso un giro de 180 grados en las condiciones de vida de los habitantes de este pequeño pueblo. Así lo especifica el doctor Báguena en su TOPOGRAFÍA MÉDICA DE MILLARES:

> El obrero de muchos lugares acudirá en esta época de crisis para encontrar ocupación a sus brazos ociosos, y buscará alojamiento, comerá en el pueblo, gastará en él su dinero y vivificará el ambiente rural con sus costumbres tan distintas a las locales (…) Todos los jornaleros del pueblo tendrán donde ganar una cantidad segura y diaria que les permitirá un ahorro grande. Las comunicaciones, el comercio, las costumbres, todo variará a medida que los trabajos se desenvuelvan (…) Se han creado carreteras donde antes no había más que pésimos caminos de herradura, se tiene dos servicios oficiales de viajeros (…) las casas de comercio se han multiplicado (…) Pero con estas mejoras vino también parte de la escoria social; llegaron prostitutas que trajeron celos y microbios a hogares antes tranquilos; apareció el juego y, con él, los tahúres tramposos que dejaron sin jornal a más de un inexperto o vicioso; han arribado las modas y costumbres de la gente baja de la ciudad, tan fáciles de adquirir y tan difíciles de eliminar más tarde (…) El coste de la vida ha crecido

considerablemente y los naturales de la Villa han dejado sus antiguos hábitos de pobreza para acostumbrarse a una vida de gustos que más tarde no podrán sostener (…).

No puedo dejar de mencionar, también, la llegada a Millares de un fenómeno social desconocido en la localidad: las huelgas obreras. Buena prueba de ello lo constituye la noticia aparecida en el periódico *La Época* de Madrid, el día 20 de abril de 1932, con el titular: «Continúa la huelga en el segundo salto de la Hidroeléctrica Española en el pueblo de Millares». Los plantes de los trabajadores de las diferentes empresas constructoras fueron algo habitual en los años que duró la construcción de la central, obligando, a veces, al desplazamiento de efectivos de los cuerpos de seguridad a Millares para intentar volver a la normalidad la situación.

Luis Báguena, hombre dotado de grandes dosis de constancia y afán de conocimiento, no dudaba en compaginar sus dos especialidades. Con anterioridad a su toma de posesión como médico de la localidad de Millares, el doctor Báguena ya había hecho públicos alguno de sus trabajos entomológicos, su gran pasión, como se podrá ver en el catálogo de sus obras al final de esta biografía.

Refiriéndonos a la carta mencionada anteriormente dirigida a Ricardo Zariquiey, y haciendo hincapié en la pronta investigación de los coleópteros desarrollada por Báguena Corella, hemos visto que en dicha carta le explica a Zariquiey el hallazgo de una nueva especie de *Anillochamys baguenai Jeannel*, acompañando un croquis de la cavidad de Alto Pino, en la localidad valenciana de Serra. Por tanto, vemos que Báguena siempre estuvo enfrascado en dos especialidades científicas diversas: la medicina y la entomología, alternándolas en esta primera parte de su vida. En capítulo aparte transcribo el contenido de la carta dirigida a Ricardo Zariquey.

Antes de seguir adelante aportando más datos a la biografía de Báguena, voy a mencionar un acontecimiento paralelo a su trayectoria profesional, pero que va a tener una importancia muy relevante en su vida: el día 7 de marzo del año 1931, María del Carmen Salvador Serra, farmacéutica de la cercana localidad de Navarrés, solicitó abrir un botiquín en Millares, ya que este pueblo carecía de oficina de farmacia y le había correspondido a su partido farmacéutico; la Corporación Municipal, sin ninguna oposición, acordó admitir dicha solicitud para el buen servicio al vecindario. La importancia de este hecho radica en que fue el comienzo de una relación profesional médico-farmacéutica que, finalmente, dio lugar a la relación matrimonial de ambos con el paso del tiempo. De este matrimonio nació, el 29 de marzo de 1934, su único hijo, también de nombre Luis.

Pero vamos a centrarnos en el doctor Báguena. La carga de trabajo de nuestro médico debió ser elevada: atendía a la población residente en Millares y colaboraba con el doctor Malboysson en la atención a los trabajadores de la construcción del salto hidroeléctrico. Analizando la parte de contenido médico-sanitario de la TOPOGRAFÍA MÉDICA DE MILLARES, se aprecia un alto grado de interés en mejorar las condiciones higiénicas y sanitarias de la localidad y sus habitantes, las cuales encontró en estado lamentable. Hay un documento en el Archivo Municipal de la localidad dirigido al alcalde, que corrobora esta impresión y que a continuación transcribo:

> Tengo en honor de poner en conocimiento de V.S. que en fecha oportuna le denuncié el funcionamiento clandestino de una casa de prostitución en el punto denominado «Casa del Cerro», con el peligro consiguiente para la salud pública.
>
> Siendo así que, en consecuencia de tal suceso, existe en el pueblo de su jurisdicción cierto número de casos de afecciones venéreas, ruego a V.S. que, por la Junta Municipal de Sanidad se tomen las medidas pertinentes en evitación de mayores males.
>
> Lo que hago constar en Millares, a veinticuatro de octubre de mil novecientos treinta y uno.
>
> Fdo.: Luis Báguena. (Rubricado)

En el mes de noviembre de ese mismo año se abrió procedimiento administrativo de adjudicación, con carácter de titular, de la plaza de médico e inspector municipal de sanidad; a dicha convocatoria, además de Báguena, aspiraron tres candidatos más. La Corporación Municipal de Millares, estimando que el doctor Báguena «tiene servida interinamente en la actualidad dicha plaza y que dado que reúne todas las condiciones legales prevenidas y acreditadas en la documentación, se acuerda nombrar en propiedad médico titular e inspector médico de sanidad en esta población y su término municipal a don Luis Báguena Corella».

Más adelante, en el mes de febrero de 1932, la Corporación Municipal acordó nombrar al doctor Báguena veterinario del matadero municipal de Millares.

Actas municipales donde se da cuenta de la dimisión de Báguena como médico de Millares y de Carmen Salvador, su mujer, como farmacéutica de Navarrés.

Entre atender a los enfermos en Millares, a los empleados en las obras del salto, recopilando datos para su *Topografía*, recorriendo los alrededores de Millares y compartiendo noviazgo y vida de casado con Carmen Salvador, fueron transcurriendo los días hasta que llegamos al mes de julio del año 1934. He hallado en el Archivo Municipal el acta de la sesión plenaria del día 7 en la cual se da cuenta de la «dimisión del cargo de médico titular e inspector municipal de sanidad de esta Villa, de don Luis Báguena Corella, por haber sido nombrado por oposición médico en el pueblo de Fuente En Carroz de esta misma provincia», dimisión que, obviamente le fue aceptada y aprobada «quedando los miembros de la Corporación satisfechos de sus servicios». Fue sustituido, ese mismo mes de julio, en el cargo de médico de Millares por Raimundo Goberna Martínez, vecino de la localidad albaceteña de Casas Ibáñez.

Se marcha Báguena de Millares y, tras una corta estancia en su nuevo destino de La Font d'En Carròs, a base de estudio y dedicación, fue nombrado médico de los Servicios Sanitarios Españoles en la provincia de Guinea Ecuatorial, trabajando en Río Muni y en Bakio. Con este cambio de residencia y de trabajo comienza una nueva etapa en la vida de Luis Báguena. Por su parte, Carmen Salvador, su esposa, dimitió en el mes de enero como farmacéutica de Navarrés, en cuyo partido, como se ha dicho anteriormente, estaba integrado el botiquín de Millares. Asistimos, pues, a un nuevo cambio de residencia de nuestro personaje; un cambio radical en su vida y que le ha de servir para ampliar su dilatada experiencia como médico y como entomólogo.

Buena muestra del afecto que llegó a sentir por Millares, la tenemos en su trabajo «Contribución al catálogo de los coleópteros de Valencia», donde menciona, de forma clara y destacada, el hallazgo o «captura» en la zona de Millares de ejemplares de estos insectos que fue agregando a su colección. Todos ellos pertenecen a la familia *Dytiscidae*, formando parte de tres géneros:

Género *Hydroporus Clairville: H. opatrinus Germ.*
Género *Agabus Leach: A. didymus Oliv., A. nitidus F.*
Género *Eretes Laporte: E. sticticus L.*

Luis Báguena Corella en 1946. Archivo General de la Administración.

En los Servicios Sanitarios de Guinea permaneció hasta el año 1947, año en el que comenzó a trabajar como entomólogo del Servicio Agronómico de Guinea, lo que le permitió dedicarse por entero a su pasión: el estudio y la catalogación de los coleópteros. Durante este periodo recoge, probablemente, la mejor colección de coleópteros de Guinea Ecuatorial. Entre los ejemplares «cazados» en la península Ibérica y los de Guinea, llegó a reunir una colección formada por más de veinticinco mil coleópteros de incalculable valor científico e histórico que donó a dos instituciones: la compuesta por material de Guinea Ecuatorial fue cedida al Museo Nacional de Ciencias Naturales de Madrid; y la formada por los ejemplares de España, a la Universitat de València.

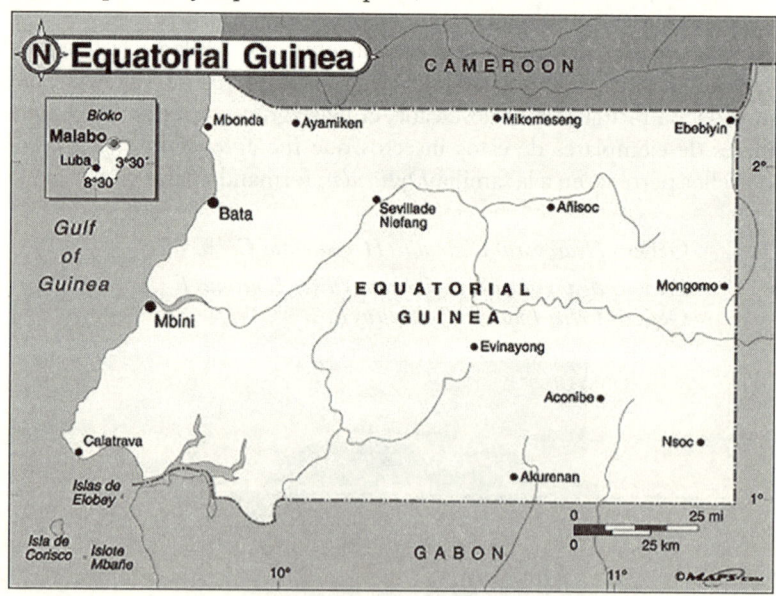

Mapa de la Guinea Española.

Fue un trabajador incansable, llegando a publicar más de treinta trabajos científicos, de los que destacan «Estudio sobre los *Aderidae*», del año 1948, y especialmente «*Scarabaeoidea* de la fauna ibérico-balear y pirenaica» y que le valió el Premio Alonso Herrera de las Ciencias el año 1955, trabajo que, curiosamente, no llegó a editarse hasta el año 1967, por razones poco claras. La superfamilia *Scarabaeoidea* es un grupo de escarabajos que cuenta con más de medio millar de especies en España y tiene gran importancia en estudios sobre ecología y medio ambiente. Este volumen le consagró como destacado entomólogo y tuvo una gran influencia en las publicaciones posteriores de los demás especialistas en la materia españoles y europeos. De entre sus seguidores, Jacques Baraud (entomólogo francés) ha sido considerado, por Fermín Martín Piera (1954-2001), como el continuador de la obra de Luis Báguena. Martín Piera ha sido un prestigioso entomólogo, llegando a ser considerado una de las figuras destacadas de la entomología española de los últimos lustros del siglo XX; conocer la *Scarabaeoidea* de Báguena y, después, la obra *Coléoptères Scarabaeoidea de l'Europe Occidentale* de Baraud, le estimularon en su formación científica.

Uno de los libros de texto escritos por Luis Báguena tras su vuelta a València en 1960.

Llegamos al mes de julio del año 1960, momento en que el doctor Báguena deja de trabajar en el Consejo Superior de Investigaciones Científicas (CSIC), donde permanecía desde el mes de mayo del año 1952; regresa a su ciudad natal, València, y se dedica a la docencia en la vieja Escuela de Magisterio situada en la margen derecha del río Turia, entre el parque Gulliver y el Palau de les Arts Reina Sofía, formando al alumnado aspirante a desempañar el trabajo de docente en las escuelas de enseñanza primaria. A este cronista le cabe el honor de haber estudiado la asignatura de Didáctica de las Ciencias Naturales con el libro de texto de don Luis, *Historia natural y su metodología*, aunque no tuve la suerte de haber pertenecido al grupo de alumnado al que impartía la asignatura, me tuve que conformar con que me diera las clases de esta asignatura, allá por el curso 1968-1969, una profesora auxiliar.

Luis Báguena Corella falleció en Valencia el año 1977. A lo largo de su vida, el doctor Báguena, demostró ser un trabajador infatigable, con una constancia a prueba de bombas, obstinado y muy comprometido con las iniciativas (médicas y entomológicas) a las que se fue enfrentando.

El premio Roel

Este galardón toma el nombre de médico asturiano Faustino García Roel (1819-1895), el cual fue decano honorario de la Beneficencia Provincial de Oviedo. Legó Fondos a la Academia Nacional de Medicina para dotar una Fundación que premiara las topografías médicas de un partido judicial o de un término municipal, de Asturias y de Madrid, alternativamente en una primera fase. Más tarde se estudió la posibilidad de extenderlo a toda la geografía nacional, como así se llevó a cabo, años más tarde. Luis Báguena se presento al concurso de 1932, que en València convocaba el Instituto Médico Valenciano. La comisión censora, reunida el 7 de mayo de 1932, hacía constar que se había presentado la «Topografía médica de Millares (Valencia), lema "Naturanon facit saltum" y firmada por don Luis Báguena Corella, consta de 418 hojas sueltas en carpeta, escritas a máquina, a una página, con varios gráficos y numerosas fotografías; cuyo estudio lo distribuye su autor en un prólogo y tres partes, con 15 capítulos». Se presentaba otra topografía, la de Vilamarxant, obra de Ramón Hernández Jáudenes, y la comisión destaca que «ambas memorias demuestran cultura y laboriosidad dignas de encomio en sus autores, que han procurado reflejar en ellas los variados factores naturales e individuales de las localidades respectivas interpretándolos con más o menos acierto, a los fines médico-sociales en estos trabajos». Sin embargo, más adelante añaden que «atendiendo a los méritos relativos indiscutibles que, en distinta proporción, revelan las memorias examinadas, acuerdan por unanimidad conceder el único premio… a la Memoria Topográfica Médica de Millares, firmada por don Luis Báguena Corella».[1]

---

1   *Boletín del Instituto Médico Valenciano*, 1932, p. 38-39, https://historia_de_la_medicina.word-press.com.

Bibliografía

Cincidella flexuosa lurida.» Separata del *Boletín de la Real Sociedad Española de Historia Natural.* T. xxiv, 1924.

«Algunos coleópteros interesantes de Valencia». Separata del *Boletín de la Real Sociedad Española de Historia Natural.* T. xxvi, 1926.

«Los *Aphodius illiger* de la provincia de Valencia». Separata del *Boletín de la Real Sociedad Española de Historia Natural.* T xxvii, 1927.

Las especies *Aphodini (col. scarab.)* de la provincia de Valencia. Real Sociedad de Historia Natural, Madrid, 1930.

Topografía médica de Millares. Instituto Médico Valenciano, Valencia, 1932.

La toponimia pamúe en la Guinea Continental Española. Real Sociedad Geográfica, Madrid, 1940.

«Fauna de coleópteros de los territorios españoles del Golfo de Guinea». Separata del *Boletín de la Real Sociedad Española de Historia Natural.* T. xxxix, 1941.

Contribución al conocimiento fisiogeográfico de la Guinea Continental Española. S. Aguirre, Madrid, 1941.

«Catálogo de los coleópteros acuáticos y carnívoros *(Adephaga dytiscoidea)* de la Región Valenciana». Las_Ciencias_(*Anales de la Asociación Española para el Progreso de las Ciencias*), 7: 71-84, 1942.

El *Stephanoderes hamprei ferr* en los territorios españoles del Golfo de Guinea. Dirección General de Marruecos y Colonias, Madrid [1943?].

Mapa de Río Muni. Impreso en los Talleres del Instituto Geográfico y Catastral. Instituto de Estudios Africanos, Madrid, 1947.

Lista general de los poblados, fincas, establecimientos, etc., de la Guinea Continental Española con la relación de sus tribus, demarcación a la que pertenecen y situación en el croquis. Talleres del Instituto Geográfico y Catastral, Madrid, 1947.

Toponimia de la Guinea Continental Española. Instituto de Estudios Africanos (CSIC), Madrid, 1947.

Estudio de los Aderidae (coleópteros heterómenos). Instituto de Estudios Africanos (CSIC), Madrid, 1948.

Los taladros de cacaoteros, cafetos y otros cultivos en Guinea Española. Instituto de Estudios Africanos (CSIC), Madrid, 1949.

«Algunas costumbres pamúes». Conferencia pronunciada en el Instituto de Estudios Africanos el día 6 de abril de 1949.

Manuales del África Española. Vol. 1. *Guinea.* Instituto de Estudios Africanos (CSIC), Madrid, 1950.

La selva virgen de Guinea y sus variantes (resumen geobotánico). Instituto de Estudios Africanos (CSIC), Madrid, 1954.

«Cuatro novedades y un comentario sobre coleópteros de España». *Eos: Revista Española de Entomología,* vol. XXXV, 1959.

Exploration du Parc National de la Garamba-Mission H. De Saeger. Fascicule 26 Aderidae (Coleoptera, Heteromeroidea). Institute des Parcs Nationaux du Congo et de Ruanda-Burundi, Bruselas, 1962.

Anatomía fisiología e higiene humanas. Bello, València, 1962.

Agricultura e industrias rurales. Bello, València, 1963.

Historia Natural y su metodología. Bello, València, 1967.

Scaraboidea *de la fauna ibérico-balear y pirenaica.* Obra galardonada con el Premio Alonso Herrera en 1955. Instituto Español de Entomología, Madrid, 1967.

«Apuntes de biología, botánica y zoología aplicadas. (Adaptación al cuestionario de las Escuelas Técnicas de Peritos Agrícolas, Ingenieros Técnicos)», 1967.

«Apuntes de higiene industrial y seguridad en el trabajo. (Adaptados al cuestionario de las Escuelas de Ingenieros Técnicos Industriales)», *Salud y trabajo : Revista del Servicio Social de Higiene y Seguridad del Trabajo,* 1968.

Didáctica de las Ciencias Naturales. Bello, València, 1969.

OTRAS OBRAS EN LAS QUE PARTICIPÓ

Guinea Española: croquis de los itinerarios recorridos por el Dr. D. Luis Báguena Corella del Servicio Sanitario Colonial [mapa]. Talleres del Servicio Geográfico del Ejército, Madrid, 1941.

«La Región Sur-Occidental de la Guinea Continental Española. *Anuario Agrícola de los Territorios Espanoles del Golfo de Guinea,* 1944.

Guinea Española: Actualidades gráficas CIFRA, Fotos Goya, Pacom, entre 1929 y 1943 (Colección de 129 fotografías de varios autores procedentes, en su mayoría, del legado de Juan Montán).

Croquis de Guinea Continental Española. Dirección General de Marruecos y Colonias. Dirección de Agricultura. Madrid, 195_.

FUENTES CONSULTADAS

Archivo Municipal de Millares.
Blog de l'Associació Catalana de Bioespeleologia (BIOSP).
Web de la Biblioteca Nacional de España.
Web de la Real Academia de la Historia.

TOPOGRAFÍA MÉDICA
DE MILLARES
(VALENCIA)

Por

LUIS BÁGUENA CORELLA

Obra laureada con el Premio Roel 1932

por el

INSTITUTO MÉDICO VALENCIANO

LEMA: «NATURA NON FACIT SALTUM»

El por qué de estas topografías

El egoísmo es una cualidad instintiva propia de los animales superiores, y digo instintiva, porque quien la mantiene no es la consciencia del raciocinio, sino la subconsciencia, la fuerza del instinto ¿Qué otra cosa que el egoísmo es quien hace luchar al *Ateuchus sacer* L. por la posesión de su bola o llorar a las crías de *Homo sapiens* cuv. si alguien intenta arrebatarle sus juguetes?

Además, esta cualidad del instinto como propia de los animales superiores será, siguiendo las leyes naturales de la evolución, tanto más desarrollada cuanta mayor diferenciación alcance la especie dentro de la escala zoológica. Por eso, al aparecer en ella el hombre y no antes, encontramos al animal (perdón, amable lector) de psicología más complicada, de avideces instintivas más numerosas, y de egoísmos más brutales.

Y no es que intentemos criticar el de quien ególatra, se llama a sí mismo «Obra suprema del Creador hecha a su imagen y semejanza», sino que con tal afirmación queremos señalar uno de los defectos más difíciles de vencer, sea del *Homo Neandertalis* Boh, sea del ultracivilizado (¿) que escribe estas líneas.

Reconocido este egoísmo tan natural, nada de extraño tiene que la antropología, tomando la palabra en su sentido más lato, sea la ciencia que haya logrado alcanzar hoy la máxima extensión. El hombre, atendiendo al *Nosce te ipsum*, y desde mucho antes de «encontrar» el aforismo, dedicó la mayor parte de su tiempo a estudiarse, para de su autoconocimiento hacer la más importante de las ciencias.

No es lugar apropiado un prólogo, ni tenemos la suficiente autoridad científica, para lanzarnos a discutir si tal estudio lo emprendió por ese egoísmo que hemos querido demostrar, o por el «noble afán de perfeccionamiento» que señalan los filósofos en el género humano, pero…, si ese afán que en realidad no depende mas que del instinto de conservación, no es una forma ennoblecida (¿) de ese egoísmo, tiene con él tal semejanza ante nuestros ojos, que uno y otro se confunden.

Ahora bien, por muy extensa que sea la ciencia antropológica, todas las ramas que abarca no parten más que dos troncos principales. Uno, el que tomando como base la afirmación: «El hombre es el único ser con alma racional», crea con sus fantasías o realidades todas las complicaciones filosóficas de la psicología. Otro, el que demostrando que el hombre no es más que un extremo de diferenciación en la escala zoológica, le denomina *Homo sapiens cuv.* y lo clasifica como primate, en la familia de los *Hominidae*.

Las ciencias médicas sólo rozan tangencialmente con las psicológicas, formando la psiquiatría el punto de contacto; en cambio, la anatomía humana, la filosofía, la embriología, la patología general, etc., no son mas que otros tantos sectores del inmenso círculo de las ciencias naturales, que solamente en detalles, propios por lo demás de cada especie, se diferencian de las de cualesquiera otros animales.

De acuerdo ya que el hombre ante los ojos de las ciencias biológicas no es más que un ser nacido a imagen y semejanza de múltiples especies similares, aunque no se haya encontrado aún el eslabón que une al *Anthropopitecus Javae Dis.*[1] nos aproximamos al fin de este ya largo prólogo.

Médicamente no es necesario ensalzar la importancia de estas topografías, cosa que han hecho ya todos cuantos compañeros me precedieron en su confección. La climatoterapia, la morbología local, las características raciales y epidemiológicas, etc., son otros tantos asuntos de gran interés médico que se estudian en ellas.

Bajo el punto de vista del zoólogo, Darwin magistralmente marcó la extraordinaria influencia del medio ambiente sobre la especie en sus dos obras monumentales: *El origen de las especies* y *Viaje de un naturalista alrededor del mundo*. Mendel estudió la influencia del medio en la aparición, persistencia y herencia de los caracteres específicos secundarios, y St. Hilaire (ya lo señala Durán, de Meliana[2]), dice: «La especie es fija, mientras el medio permanece invariable, pero se modifica con él».

Es decir, toda especie tiene un conjunto de caracteres fijos e inmutables que le son propios como diferenciación de los restantes (caracteres específicos), más otros variables, dependientes del medio, que oscilan y cambian con él (caracteres etnográficos o raciales). De estos últimos dependen las variaciones del fondo patológico a cuyo estudio tienden las topografías médicas.

Así pues, si el hombre es especie y como tal varía con el medio sabiendo que con éste cambian sus caracteres y los de sus padecimientos, ¿cabe dudar de la importancia del estudio y conocimiento del medio en ciencias médicas? Pues ese es el papel científico de estas topografías.

Por lo demás, el estudio de las condiciones topográfico-médicas de Millares que vamos a presentar, llega para aumentar la serie de las que bajo el patronato de la Fundación Roel viene juzgando con singular acierto el Instituto Médico Valenciano, tratando de llenar uno de los muchos huecos que aún quedan en la futura gran topografía médica de la región valenciana.

---

1   *Anthropopitecus Javae* Dis. Es un primate fósil descubierto recientemente en Java, que dio mucho que hablar a paleontólogos y antropólogos por creerlo algunos el antecesor del hombre primitivo.
2   José Durán Martínez, *Topografía médica de Meliana*, año 1915, p. 2.

Plan de esta topografía

Es el objeto de una topografía médica:

> El estudio detenido de cuantas circunstancias especiales contribuyen directa o indirectamente al desarrollo de los afectos propios de un país, que modifican sensiblemente su curso y terminación, que influyen en su frecuente o rara presentación y mayor o menor gravedad e intervienen en la profilaxis de los mismos.[3]

Ante la importancia de tal concepto hemos querido contribuir en la medida de nuestras fuerzas al conocimiento médico-topográfico de la región valenciana, estudiando las condiciones del término municipal de Millares; pero sólo cuando ya hilvanados todos los capítulos hubimos de pulirlos y acoplarlos en definitiva, supimos con cuántas e insospechadas dificultades tropezamos. Cada uno de ellos necesitó de conocimientos especiales que bien pocos médicos poseen en total, dependiendo algunos de ellos de observaciones instrumentales raras veces factibles en el medio rural

La discusión del plan de trabajo nos ha llevado a aceptar con pequeñas variantes el que siguen casi todos los autores de las topografías premiadas en Valencia, examinando en la primera parte las condiciones del medio, y en la segunda las del individuo.

La parte gráfica: planos, croquis, fotografías, etc., son originales, ya que nada existía en el archivo municipal, salvo dos proyectos casi relegados al olvido. En aquellos, los defectos de unos y otros, sólo deben atribuirse a nuestras deficientes aptitudes artísticas y a las peores cualidades ópticas de un pequeño Kodak.

Los capítulos geográfico y topográfico, así como el geológico hemos procurado completarlos visitando totalmente el término municipal y todos los otros lugares a que hacemos referencia, en largas y a veces arriesgadas excursiones.

Para el estudio de la climatología, nos valimos del instrumental que ofrece la Federación Agraria de Levante.

---

3 De la *Topografía médica de Valencia y su zona*, por el Dr. D. Juan Bautista Peset Vidal, año 1879, p. 10.

También en la parte biológica hemos procurado la máxima perfección, y así lo hemos alcanzado por las razones que veremos en su hora, tenemos el triste consuelo de ver que idénticas o mayores lagunas existen en todas las topografías que conocemos. Aun a sabiendas de que no podríamos completar nuestro intento, dedicamos muchas jornadas a la busca y captura de ejemplares de todos los órdenes, que clasificamos con la mayor exactitud posible en quien no está especializado y gracias en parte al auxilio de don Ascencio Codina, del Museo de Ciencias Naturales de Barcelona.

En fin, para el resto de la topografía hemos procurado con la observación directa captar el mayor número posible de datos y registrar el máximo de papeles de los archivos.

Sólo para el capítulo antropológico tropezamos con la resistencia pasiva de muchas gentes opuestas a mensuraciones de finalidad ignorada, pero aprovechando los reconocimientos obligatorios para las obras de que hablamos a continuación, conseguimos las cifras de la mayor parte de los indígenas y de un núcleo numerosísimo de «forasteros».

Para terminar, digamos que sobre Millares, uno de tantos pueblecillos de la montaña valenciana, cae hoy de lleno la influencia vivificadora de un importante trabajo de ingeniería. La Sociedad del Júcar está construyendo un costoso salto de agua para con su fuerza mover una central eléctrica, la más importante de España, que radicará en el término municipal.

La afluencia extraordinaria de gentes y jornales ha cambiado momentáneamente el ritmo de vida de los antes tan quietos millarejos, mas siendo transitoria esta mutación, haremos abstracción de la influencia de las obras sobre la vida actual del pueblo, para señalar en un apéndice final de este libro la importancia del proyecto, en relación con el presente y el porvenir de Millares y una estadística de los accidentes ocurridos en el trabajo, que conocemos detalladamente gracias a la amabilidad de nuestro buen amigo y compañero D. José Malboysson Ponce.

Esperamos cumplir nuestro cometido. Tras mostrar nuestro agradecimiento a todos aquellos que nos ayudaron con datos e informaciones, entremos lector amigo o censor severo, en la TOPOGRAFÍA MÉDICA DE MILLARES.

Primera parte:
Estudio del
medio ambiente
de Millares

Capítulo primero

Historia

Si poseyese el arte de un novelista o la ciencia de un historiógrafo, trataría de escribir una historia detallada y amena de los sucesos de que fue testigo el suelo de Millares en el transcurso de los siglos, pero conozco tan pocos datos que me sirvan de fondo para el asunto y estoy tan falto de arte para enlazarlos de un modo agradable, que me temo no conseguirlo como fuera mi deseo, y sin arte, sin un poco de leyenda que ponga en los escritos su nota de belleza y de misterio, es tan árida la historia…

Protohistoria

Los íberos del lejano Cáucaso en éxodo de ignota causa, llegaron a la Tracia para establecerse en aquella remota época de las emigraciones prehistóricas. ¿Cuál fue poco después el importante suceso que les hizo emprender la nueva ruta que había de conducirlos hasta el último confín de Europa?

Ningún investigador ha sabido contestar categóricamente a esta pregunta, pero el hecho indudable es que los iberos que principiaron a poblar nuestra península eran descendientes de aquellos otros que del lejano Cáucaso salieron.

De las tres razas primitivas de Europa: Camstad, Cromagnon y Furfooz, pertenecen a la última los íberos que llegaron a estas tierras en pleno período Neolítico. Si fueron ejemplares de la raza pura, o si se mezclaron con otros elementos de Cromagnon venidos son anterioridad, es cosa discutible, pero al menos, su presencia en Valencia es indudable.

Las estaciones prehistóricas que contienen sus restos, ni escasean ni son pobres. Les Llometes de Alcoy, las famosas Coves Fumaes y la Cova Negra de Játiva, ésta ya a la vista desde los montes de Millares, son otras tantas demostraciones de su vida en tales puntos. Los famosos «trogloditas» que cita de Burjasot el Dr. Cervellera,[4] no son más que íberos neolíticos de Furfooz, siendo aplicable tal nombre a todos o casi todos los hombres de la Edad de Piedra, ya que habitaban principalmente en las cavernas.

---

4   Dr. Cervellera, *Topografía médica de Burjasot,* año 1922, p. 14.

Las célebres pinturas rupestres de las cuevas de Alpera (Albacete), los importantes hallazgos prehistóricos de Ayora, los terramares o palafitos de la Albufera (¿) que ocupaba los actuales terrenos de Anna, Chella y Bolbaite, están ya lo bastante próximos a Millares para que por lo menos fuese hollado su suelo en las cacerías o marchas de sus vecinos.

En fin, la importancia del hallazgo de las pinturas rupestres de la Cueva de la Araña, en el término municipal de Bicorp, fue suficiente para merecer su estudio por D. E. Hernández Pacheco y en su publicación por la Comisión de Investigaciones Paleontológicas y Prehistóricas.[5]

A pesar de la proximidad de estos interesantes yacimientos y de haber visitado casi todas las cuevas del término de Millares, no hemos podido encontrar en ninguna de ellas restos indudables de vida prehistórica, pero todo se reúne para dar fuerza a nuestra creencia de que no faltó el hombre primitivo en las tierras de Millares.

Época romana

Tampoco es indiscutible la presencia de estos conquistadores en el suelo que nos ocupa. Ninguna señal cierta de su paso se ha encontrado en él, que nosotros sepamos, pero en su limítrofe Cortes de Pallás, aparecieron en el año 1909 varias pequeñas vasijas de barro, conteniendo algunos centenares de monedas romanas de plata. Es de creer, dada la proximidad de ambos puntos, que los romanos cruzaron estas tierras, si no las habitaron.

Época bárbara

No conocemos ningún resto que confirme ni haga sospechar el paso de las razas germanas por este suelo.

Época árabe

¿En qué momento de su invasión llegaron estos nuevos dominadores a Millares? ¿Cómo ocurrió la invasión? Quede la respuesta a tales preguntas para más profundos investigadores.

Están las orillas del Júcar plagadas de castillos y torres medievales construidos, tanto en previsión de posibles y frecuentes luchas, como para vivienda de sus nobles señores propietarios.

Formando serie por una parte con los de Bicorp, Quesa, Navarrés, Bolbaite, etc., y por la otra con los de Maltrona, Chirel, y demás de los valles de

---

5   Eduardo Hernández Pacheco, *Pub. Comisión Invest. Prehistóricas y Paleontológicas*, 34; Rafael Candel Vila, *Revista Ibérica*, 595.

Jarafuel y Ayora y de las Muelas de Cortes de Pallás y del Oro, hay cuatro castillos indudablemente árabes en el término de Millares.

Castillet (1924)

Resguarda el uno, conocido con los nombres de «Castillo de Arriba» o «Corraliquio l'Anton», de los ataques que llegasen de la Canal de Navarrés, o de los valles de Jarafuel y Ayora, ya que domina ambos caminos. Situado en el mismo cerro y a poca distancia del pueblo, corta el paso por el doble camino de los valles que serpentea junto a sus derruidos muros, del lado oeste. Los oridentales caen a pico sobre profundo precipicio bajo el que corre el arroyo del Nacimiento, al que cruza el camino de la Canal de Navarrés. Casi completamente derruido, sólo conserva restos de sus muros de argamasa, encontrándose su suelo materialmente cubierto de pequeños fragmentos de teja y cerámica de la época.

El otro castillo, «de la Huerta» o de «Abajo», defendía de los ataques que viniesen del Real de Montroy y del curso del Júcar. De fácil acceso desde el pueblo, del que le separan unos 300 metros y dominando los regadíos, asoma inexpugnable a tremenda altura sobre los riscos del río Júcar, por el norte. Conserva mucho mejor que el anterior sus paredes, en las que aun pueden verse bastantes huecos. En su planta todavía se reconoce sin dificultad el primitivo plano, y sus torres se alzan a regular altura, sosteniéndose algunos trozos de sus bóvedas.

Está el tercero en pleno pueblo y a las cuatro paredes que subsisten de uno de sus torreones se le llama «El Castillet». Rodeado y devorado hoy por las edificaciones urbanas, sólo se le reconoce en realidad por el nombre que conserva.

En fin, a unos seis kilómetros de Millares, hacia el oeste, existía otro pequeño núcleo de población llamado Cabas, con su correspondiente castillo-torre que todavía se mantiene airoso, dando con su silueta un aspecto pintoresco de ruina al actual despoblado.

Fue probablemente fundado el pueblo por los árabes, si es que no lo habían hecho los anteriores habitantes de la región, pero si no lo hicieron materialmente por lo menos le dieron fuerte impulso de vida, construyendo las acequias de riego y comenzando los cultivos de sus antes yermos campos.

Todavía se encuentran en el pueblo restos de edificaciones netamente árabes, y en lo que fue casa señorial se conserva al igual que en Cortes de Pallás, un magnífico ventanal de la época en perfecto estado. La actual iglesia, según todas las probabilidades, no es más que una transformación de la primitiva mezquita.

Época de la Reconquista

Sorpresa y no menuda debieron llevarse los montañeses mahometanos cuando vieran aparecer por los riscos de la vecindad las huestes cristianas, pero... ni conocemos los incidentes de la lucha, si la hubo, ni cómo ni cuándo fue la rendición. Casi no se ocupa de Millares la historia.

La primera noticia exacta sobre este pueblo nos la da el canónigo Chabás[6] al hablar de la contribución que el rey Jaime I impuso a sus vasallos moros de Valencia en el año 1257.

En efecto, en el Archivo de la Corona de Aragón se lee:[7]

En el año del Señor 1257, a 24 de septiembre, distribuyó el Sr. Rey D. Jaime las siguientes peitas a los moros de la ciudad y reino de Valencia, que las cobró Pedro García su postero:

Segorbe	100 besantes, que tuvo Miguel Violeta	
Uxó	600 "	
Chulilla	150 "	de los que envió 50
Castellón de Montornés	100 "	
Eslida	300 "	
Valencia	200 "	dejó 50

6 Roque Chabás, *El Archivo.*- Año I, Nº 32.- Tomo I.- 1886, p. 255.
7 Arch. Corona de Aragón. Reg 8., fol. 36, vuelto. La primera contribución conocida impuesta a los moros de Valencia (texto en latín).

Alzira	100	"	los dejó todos
Millás	200	"	
Tous	400	"	envió 300
Terrabona	400	"	
Cortes	400	"	
Dos Aguas	300	"	

(y así sucesivamente hasta 27 pueblos).

Como se ve a Millares con el nombre de «Millás» le correspondieron en el reparto de las cargas 200 besantes.

Poco después de la sublevación de los moros del Valle de Albaida, recibía alguna ayuda de los de Ayora, Cortes y Millares, mas sin resultado positivo ya que pronto quedó completamente sofocada.

Una laguna dejamos en nuestra historia hasta que en 31 de mayo de 1353, venden D. Pedro IV y su esposa D.ª Leonor[8] en libre y franco alodio a Ramón de Castellá el castillo de Madrona, el lugar de Millares y el de Cabas, con toda su jurisdicción alta y baja, mero y mixto imperio y población, en 50.000 £ valencianas.[9]

En el «Llibre de jurisdiccions de certs barons de les viles y llocs del Regne de Valencia»,[10] se trata del deslinde de unas tierras de la Baronía de Millás de otras de las de Chirel.

En el «Libro de Procesos de 1590», existe un documento referente a Millares, que nos resultó ilegible.

Más interesante es otro documento que puede verse en *Libro de Procesos de 1603*.[11] Allí puede leerse el «Procés d,apel·lació de la declaració de vincle de la Baronía de Millás, de D. Francesc Blay Bou contra Doña Merina Bou i

---

8 *Nota VIII.*- Títulos y enajenaciones del Real patrimonio, Tomo IV, R. 495, fol. 184 del Archivo Regional de Valencia. «Venta que la hacen por 50.000 libras valencianas a D...».

9 «Apoca de las 50.000 £ hecha por D. Ramón de Castellá...etc.» Por error consta en este documento escrito en valenciano el nombre de Canes y no el de Cabes, que corresponde al poblado a que se refiere. Igualmente es errónea la cita de la *Geografía del Reino de Valencia*, en que dice de dicho documento como dado por D. Martín de Aragón a Ramón Collado Cabanes. Las Castellá a que hace referencia vinieron a la conquista de Valencia con D. Jaime, desde la «Torre del Castellá», aldea de Huesca. El primer Castellá que llegó al reino fue señor, por donación real, de Catí y Beniarjó. Casó con la hija de Miguel Zapata que lo era de Tous y Pedralba. De este matrimonio nació Jaime Castellá que casó con la hija de Berenguer Llansol, señor de Villalonga. En fin, de los cuatro hijos de este matrimonio, el mayor fue Ramón, el que parece tuvo los señoríos de Picasent, Llombay, Catadau y Millás (Según el Dr. Vicente Mª Izquierdo Alcón, en su *Reseña Histórica de la Baronía de Bicorp... etc.*, Valencia, 1932).

10 Libro de jurisdicciones, 1493-1494.

11 Libro de Procesos de la Real Audiencia parte 3ª, fol. 7, año 1605, en el Archivo General del Reino de Valencia.

de Calatayud, Comtesa de Raal, certo curatorio nómine, sent auditor lo molt mag dotor del R.C. Micer Miquel Mayor i cavaller escrivá Miquel Martí Farret», y en el cual se apela contra la sentencia de cierta testamentaria.

La expulsión de los moriscos

Al pobre D. Ximén Bou Pérez y de Calatayud que allá por el estío de 1609, después de ganado el pleito anterior por su abuela Doña Merina se encontraba dueño y señor de las tierras de Millares, debió acudirle grave congoja cuando viera levantarse en armas a sus vasallos moriscos para pasar a cuchillo a todo cristiano que caía en sus manos y tras el grito árabe que equivalga a nuestro «¡Viva la libertad!» lanzarse a lucha abierta contra sus dominadores.

No habían llegado a D. Ximén, o no concedió la importancia que merecían las órdenes de expulsión de los moriscos que acababa de firmar el rey Felipe III a instancias de su favorito el Duque de Lerma.

Hasta entonces la ley foral valenciana garantizó la conciencia de los moriscos prohibiendo que fuesen bautizados por la fuerza, pero prohibiéndoles también bajo severísimas penas que saliesen de nuestro reino, para evitar el empobrecimiento de éste y la prosperidad de los territorios muslímicos. Si en vez de semejante plan cuyo egoísmo reconocemos, se hubiese facilitado la expatriación voluntaria de todas aquellas gentes, aun empleándose para conseguirla el paulatino endurecimiento de la situación social y económica de los protervos, habría habido tiempo de precaver y reparar los efectos de aquella lenta emigración hasta llegar de una manera insensible a la apetecida unidad de religión y raza.

No tuvo presente Castilla esta falta de preparación, desentendiéndose de las fervientes súplicas que los tres estamentos le hicieron para conjurar aquel horrible conflicto que se lanzaba sobre la zona levantina, sintiéndose más que madre madrastra y sin considerar la magnitud y dureza del daño, sin pensar que hasta entonces habían sido límites de nuestro reino paredes carcelarias de la población morisca a la cual se expulsó de golpe y porrazo, contra toda razón de justicia, contra todo consejo de prudencia y templanza.[12]

Llegada la terrible noticia a los moriscos de Millares y envalentonados por la actitud levantisca y decidida de todos los del distrito de Ayora, se alzaron en armas haciéndose fuertes en la Muela de Cortes de Pallás, donde resistieron los embates de las tropas de D. Agustín Mejía enviado desde Real de Montroy por el virrey de Valencia.

La resistencia de los sublevados en la Muela de Cortes se organizó bajo

---

12 *Historia de Valencia*, J. Martínez Aloy, I, p. 474.

el mando del cabecilla llamado Teixixí, pero enterados sus secuaces de la capitulación hecha con pacto deshonroso por la mayoría de los comprometidos, pronto le dejaron abandonado con sus propios familiares y fieles, no sin antes haber reñido algunas escaramuzas contra las tropas cristianas.

De los habitantes de Millares la mayoría acudieron a Játiva y Montesa a pedir bautismo, siendo allí trasladados a Cullera y embarcados; los menos siguieron a su cabecilla en la actitud de rebeldía hasta que los soldados del duque de Carlet le hicieron prisionero con algunos de los suyos en la cueva llamada hoy «del Rey Titixí», en término de Catadau. Es indudable que el nombre de dicha cueva proviene por corrupción del primitivo Teixixí.

Los pocos que se salvaron de la prisión continuaron viviendo por la Muela a salto de mata y cometiendo las mil fechorías con cuantos cristianos cayeron en sus manos, hasta que las tropas regulares de Mogente, y la pandilla de criminales libertados con tal fin de las prisiones de Valencia, acabaron con ellos pasando a sangre y fuego los últimos restos de la morisma sublevada.

La decadencia de Millares

Las consecuencias de la catástrofe fueron superiores a cuanto pudiera preverse. Con los ciento cincuenta mil moriscos que embarcaron, desapareció casi todo el numerario de oro y plata de Valencia, siendo tal el número de monedas ilegítimas de cobre puestas en circulación, que se hacían casi imposibles desde el pago de tributos, hasta las menores transacciones comerciales.

La mayor parte de los lugares habitados de Ayora quedaron abandonados poco menos que por completo después de la expulsión de los moriscos, y no otra cosa que a tamaña medida hay que atribuir la existencia de los numerosos despoblados que se encuentran en toda la región valenciana.

A pasar de las medidas del regente y del fiscal del Consejo Supremo del Reino de Aragón, para tratar de la repoblación de los terrenos abandonados, la ruina de Millares fue tal que Cabas quedó convertido en despoblado, y el rey hubo de indemnizar al señor territorial en 10.000 libras por la depreciación de sus posesiones.

Los castillos fueron con el tiempo cayendo en ruinas, y la repoblación, muy lenta en un terreno que ofrecía pocos atractivos a los inmigrantes, no ha devuelto a este pueblo el relativo esplendor que debió gozar en la época mora, como demuestran todavía los restos arquitectónicos que siguen en pie.

La iglesia

Existió una mezquita en Millares, si bien no sabemos si la iglesia actual fue una mera transformación de la misma o un edificio completamente nuevo; probablemente lo primero. En un manuscrito existente en el archivo parroquial,[13] que trata de una visita hecha a este pueblo por el canónigo visitador general Dr. Christobal Marco, siendo «retores» mosén Iosepe Castañeda en 1658, y mosén Vicente Platea en 1664, dice:

> ...y halló dicho señor canónigo y visitador general que según se refiere en la visita pasada del año 1658, la dicha Yglesia parrochial del lugar de Millares posee unas tierras confrontadas y limitas en la dicha visita pasada, las cuales solían ser de la Olimmezquita, las que se le arriendan en diez y siete libras y seis sueldos, unos años más y otros menos, y dicho arrendamiento sirve para sera y más cosas necesarias a la fábrica de la dicha Yglesia...

Y en la actualidad, todavía ciertas tierras son conocidas baja el nombre genérico de «Tierras de la Iglesia».

Los enterramientos se venían practicando bien en las criptas. de las capillas, bien en el cementerio primitivo que estaba adosado a las paredes del templo.

Lo primero queda confirmado por otro párrafo del citado manuscrito, que dice así:

> ...se paga por derecho de sepultura por enterrarse en dicha Yglesia si tienen en ella sepultura propia, 3 libras por cada cuerpo mayor de 12 años arriba, y 30 sueldos por cada cuerpo menor de 12 años abajo, según la disposición del Ilmo. Y Rvo. Sr. D. Fray Pedro de Urbina Arzobispo de Valencia, en la Sinodo diocesana celebrada en 1657. Las dos partes para cargar aniversarios y la tercera para la fábrica de la dicha Yglesia.

Y sigue...

> Desde la visita pasada a esta parece que no ha entrado derecho alguno de sepultura en dicha Yglesia de Millares, por cuanto las pocas personas que han fallecido se han enterrado en el cementerio y nadie dentro de la Yglesia...

El cementerio debió estar adosado a la pared este de la Iglesia y todavía quedan restos de sillares que pertenecieron a sus muros. En el pueblo se conoce a tal paraje con el nombre de «El Vaso», y en el susodicho manuscrito

---

13 Visita a la Iglesia Parroquial de San Salvador de Millás por el canónigo visitador general Cristóbal Marco, en el Archivo Parroquial, libro 1º.

hay una referencia a él como cementerio por una alusión a los rezos hechos en tal sitio. Es más, recientemente se hicieron reformas en el piso del templo, apareciendo una cripta con buena cantidad de restos humanos, existiendo una puerta de comunicación, hoy tapiada, entre ella y el «Vaso». El hecho de que hoy permanezca tapiada y según referencias, cegado el interior, me ha imposibilitado comprobar tal afirmación, aunque testigos que se dicen presenciales afirman que los huesos quedaron *in situ* entre los escombros.

Últimos tiempos

Debió deslizarse tranquila la vida de Millares al par que la del resto de la provincia, hasta que la invasión por las tropas napoleónicas trajo a estas tierras la Guerra de la Independencia. No hemos encontrado en las crónicas ni un solo hecho heroico acaecido en tal pueblo, siendo el único digno de mención, repetido en todos los lugares que holló la planta del invasor, el robo metódico de todo el oro y objetos que pudieron buenamente encontrar, o sacar con amenazas de los atemorizados vecinos.

También las tropas carlistas entraron varias veces en el pueblo, aunque no cometieron tropelías de ninguna especie a pesar de que la población se titulaba liberal. El cobro de algunas contribuciones de guerra y el reparto forzoso de raciones acabó con lo poco que se había podido salvar de las rapacidades de los franceses.

Los nombres de Cucala y Santés se recuerdan aun por estas tierras unidas a dos anécdotas, una de trágico final y otra que pudo tenerlo, y que demuestran el espíritu de estos montañeses.

El juez Antonio Sayes Barberá, temeroso de los carlistas, por tener dos hijos luchando en el ejército liberal, huyó del pueblo cuando éste recibió la visita de los primeros legitimistas, con tan mala fortuna que, al tratar de esconderse en una cueva próxima al pueblo, se despeñó en el camino por un punto conocido por el «Mal Paso».

La otra anécdota es menos trágica. Avistadas las tropas del pretendiente, que en 8 de septiembre de 1872 venían de retirada desde Bocairente, tuvieron las autoridades de Millares la ocurrencia de simular una carta de los jefes liberales, pidiendo que preparasen albergues y raciones en número doble que las plazas del ejército de ocupación, y avisando su próxima llegada desde Cortes de Pallás.

Cuando ya los recién venidos estaban distribuyéndose por las casas llegó el correo portando en su valija la preciosa carta, y allí fue de ver a las tropas de Santés tocando a llamada y saliendo de Millares a la carrera ante el temor de un ataque liberal.

En el momento en que los de las boinas se enteraron de la estratagema amenazaron de muerte a los autores y éstos mandaron cortar el puente sobre el río Júcar en evitación prudente de nuevas y peligrosas visitas.

A todo esto, era señor de Millares el duque de Villahermosa, descendiente por línea materna de los antiguos condes de Raal, hoy Real de Montroy, y en el año 1834 vemos que sostiene un pleito contra el vecino de ésta Antonio Sayes Barberá, que pide autorización al baile de Valencia para construir un molino harinero. En el documento que he visto,[14] se lee el acta de venta de una *cahisa* o *longevo* de tierra de secano de Francisco Sayes de Montroy a Ramón Sáyes Barberá de esta localidad; la instancia y permiso para establecer un molino en la partida del «Bosque del Randero»; y la oposición del duque de Villahermosa por considerar que el tal molino perjudicaría en ingresos al de su propiedad.

La terrible inundación producida por el Júcar el año 1864, arrasó el pequeño puente que cruzaba el río causando, según Boix,[15] daños por valor de 75.049 reales en las propiedades, y de 15.000 reales en las acequias y demás obras públicas.

De tales temporales quedó en Millares triste recuerdo, si bien las pérdidas no fueron las que señala Boix, pero al menos fue arrastrado por la fuerza de la corriente el puente que atravesaba el río. El Molinico de Antón, del que hace poco hablamos, fue arrasado y a los pocos años la parte delantera de la Iglesia, resentida quizá, se vino al suelo entre la natural consternación de los vecinos.

El puente quedó reparado pronto, colocándose en lugar del primitivo de dos arcos otro colgante para peatones y caballerías. El templo mejoró en su condición, pues reconstruido, presenta hoy una fachada limpia y moderna, y una nave más.

A primeros del presente siglo acordaron los vecinos comprar al referido duque de Villahermosa sus derechos sobre los campos de Millares, llegando a reunir cerca de 15.000 reales, pero ésta es la hora en que sin gasto ninguno y sin reclamaciones de dicho señor, por causas que nadie me ha sabido explicar, cada vecino es propietario de su tierra y nadie recuerda ya los temores propios de la servidumbre de antaño.

En fin, allá por el año 1925, después de largo periodo de tiempo sin alteración en la vida lugareña, comenzaron los preparativos de construcción

14 Bailía General Ap. 1376 año 1854, en el Arch. General del Reino de Valencia.
15 Boix, *Memoria de las inundaciones del Júcar en 1864*. De la exactitud de las notas de esta memoria dará idea el decir que en ella se escribe al tratar de Millares que «se inundaron las calles por la crecida del río,...», cuando el pueblo está situado a varios centenares de metros sobre el nivel medio del río, y por grande que sea una avenida...

de las carreteras provincial, desde Bicorp, y particular de la Hidroeléctrica del Júcar, desde la Muela del Oro; y poco después daban comienzo las obras costosísimas del Salto de Millares.

La afluencia enorme de forasteros y de jornales, el crecimiento inusitado del pueblo, y del comercio, la venta a precios fabulosos de riscos casi sin valor, la total aceleración del ritmo de la vida lugareña para adaptarla a las necesidades de la época actual, han hecho de Millares hoy un pueblo absolutamente nuevo.

Pensemos además en la posible influencia del cambio nacional de régimen, en las nuevas normas de la administración de la joven República...

¿Qué restará de todo esto cuando acaben las obras de Millares? Donde no había antes mas que malas sendas se podrá cruzar por buenas carreteras; donde no eran mas que riscos inaccesibles, quedará el más importante salto de agua de la Península; donde todo era antes languidez e incultura, es hoy trabajo y actividad; pero... la vida está mucho más cara, con la invasión de gentes de todas partes han llegado prostitutas enfermas, tahúres tramposos, trapos de colorines, costumbres nuevas...

Y el dinero se irá, quedando el hábito de gastarlo sin que un jornal se gane para el pueblo ¿Cómo se adaptará la juventud ya lanzada a la antigua vida de pereza y languidez? ¡Si no fuese tan malo el «Después» de Remarque, lo pondríamos como ejemplo! Pero las obras se acaban... ya ha comenzado el descenso de las actividades... Sólo faltan meses para que Millares vuelva a sumirse en su vieja quietud...

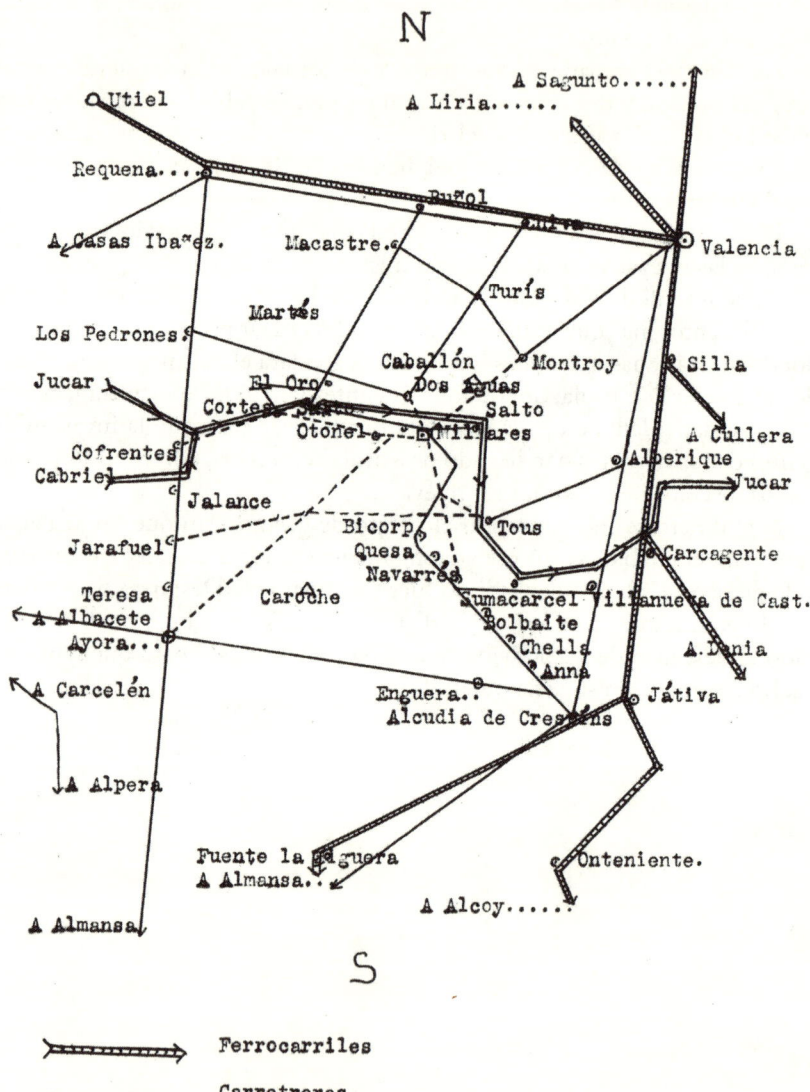

Capítulo segundo

Geofísica

Aspecto general

Cual nido de águilas de inaccesible risco en bello rincón, sobre el que hiedra trepadora marcase su mancha de humedad, de lozanía, de vida y de color, así vemos este pintoresco pueblecillo de la montaña valenciana.

Fiero malhechor que oculto buscase la impunidad, o quieto ermitaño que solitario esperase el paso de los años sin que inquietudes ni sobresaltos mundanos turbaren su meditación, no encontrarían oratorio más escondido, ni refugio más inexpugnable.

En sus altas y pintorescas cumbres, en sus abruptos montes, en sus hermosas grutas y en sus profundos precipicios, el turista hallaría panorama lo suficientemente hermoso para extasiarle y lo bastante variado para interesarle, tan peligrosos muchos, que todos los útiles y un esforzado corazón de alpinista, no le decidieran a descolgarse por algunas umbrías.

El geólogo o el biólogo, el geógrafo, el historiador, el cazador, el político... todos encontrarían interesantes enseñanzas y valiosas observaciones que recreasen sus espíritus, a la par que aire puro, aguas cristalinas y sol, mucho sol, que mejorasen sus fisiologías pobres de hombres de la ciudad.

Si llegamos a Millares por el antiguo camino de Real de Montroy el que más pronto nos trae a Valencia, ya desde lo alto de la Sierra del Caballón, le vemos allá lejos como una mancha gris rodeada de verdores entre las foscas rocas que le ciñen. Todavía volvemos a verlo al coronar La Ceja, pero hemos de descender muchos centenares metros hasta llegar al Júcar que serpentea rumoroso allá en el fondo, para luego subir, subir y subir...

Nada más que riscos se ven desde el río, y sólo cuando el viajero asoma tras media hora de fatigoso ascenso a los muros del Castillo de la Huerta, puede contemplar sus ruinas, un pequeño lago de verdura, el pueblo más lejos trepando sobre una ladera y como fondo del paisaje riscos y más riscos en subida interminable hasta las altas cumbres.

En cambio, los trajinantes que llegan con sus cargas desde los pueblos de La Canal de Navarrés o desde La Ribera por Tous, lo ven más cerca, pero han de bajar en rápido declive durante más de quince minutos para encontrar posada donde descansen sus fatigadas bestias, mientras ellos adoran al dios Baco en el moreno vinillo de Navarrés o Montroy.

Sólo hoy, pues no hace más que quince meses que se inauguró la carretera provincial, pueden llegar hasta aquí algunas ráfagas de civilización, y si curioso trotamundos se decide a visitarnos, tal vez arribe entusiasmado por las bellezas del camino, o cohibido por sus peligros, si no sufrió de las angustias del mareo, entre las casi incontables curvas de aquella cinta gris que un Cíclope tendió...

Situación

Una recta ideal que uniese Ayora con Valencia, encontraría a Millares en los 4/9 de su camino, a 31 km de la cabeza de su partido y a 47 de la capital de la provincia. Las imprescindibles vueltas y revueltas de los caminos y atajos, prolongan estas distancias hasta 40 y 48 km, respectivamente (en los caminos para peatones, los más rectos se entiende).

Donde se cruzan el meridiano 3º 10' E de Madrid y el paralelo 39º 18' N, sobre la vertiente derecha del río Júcar, se asienta el pueblo. Formando el extremo noreste del distrito de Ayora casi en el centro de la provincia, y en un terreno laberínticamente montuoso, se asienta el término municipal.

De su situación da idea el panorama que se observa desde las alturas: el Júcar corre sonoro y veloz por su estrecho alveo entre rocas desplazadas de las cumbres y bajo precipicios pavorosos a los que asoma la cabra montesa indígena entre salvaje vegetación; cerca se ve el rincón agreste y la Sierra de Dos Aguas, la del Caballón, la del Ave, y la más elevada de Martés; las Muelas de Cortes de Pallás, Bicorp y El Oro señalan claramente su perfil tabular; más allá, el Monte Mayor de Bicorp, el castillo y el valle siempre verde de Navarrés; cerrando el horizonte en sus confines, las Sierras de Enguera, Mariola, la Murta, Pico Caroche,... y todavía sobre los naranjos de La Costera, la línea tenue de la carretera que escala y cruza atrevida el Puerto de la Ollería...

Límites y perímetro

El único límite natural del término de Millares lo forma el cauce del Júcar, separándolo de Dos Aguas primero y de una pequeña porción de Tous después, sobre una extensión de unos 21 km en dirección sureste. Tuerce el linde hacia el suroeste durante 6 km, en que su vecino sigue siendo Tous, para luego dirigirse francamente al oeste 9 km junto a Quesa y 5 km a Bicorp. Desde allí tuerce hacia el noroeste primero y al nordeste después prolongándose 25 km con la vecindad de Cortes de Pallás, tomando al final por el barranco de la Partición y haciendo contacto por el Morro del Balí con el Júcar, por el punto de partida.

Su situación extrema en el distrito de Ayora y central en la provincia coloca a Millares entre varios de aquellos y así limita con Chiva por Dos Aguas, con Alberique por Tous, con Enguera por Quesa y Bicorp y con el propio Ayora por Cortes de Pallás.

El perímetro no baja de 66 km, y está situado entre lomas y barrancos, formando el Júcar su sola línea naturalmente señalada.

Extensión y altitud

Forestal en los 9/10 de su extensión, el término de Millares no es muy grande, pues sólo alcanza algo más de 103 km cuadrados, cantidad equivalente sólo al 0,01 % de la superficie provincial, siendo su forma irregularmente pentagonal.

Su altitud media es sumamente difícil de calcular dado lo quebrado del terreno. La máxima está en Pino Ribes, a 967 m sobre el nivel del mar.[16] La mínima al salir el Júcar del término municipal por el Cuchillo de las Terreras, a 67,80 m El pueblo se eleva en la plaza Mayor a 476 m sobre el mar.[17]

En general, como señalaremos en la característica topográfica, el término, cruzado por profundos barrancos, es una meseta continuación de las Muelas de Cortes y Bicorp, que acaba bruscamente en rápido declive junto a los ríos Júcar y Escalona.

Geografía general

Quien solamente conozca Valencia por las magníficas descripciones de algunos de nuestros novelistas, quien en sus diversiones campestres no haya llegado más que hasta las fuentes de Portaceli o Buñol, a la imponderable Dehesa de la Albufera, al pintoresco faro de Cullera, o a los bosques de naranjos de Carcagente o Alcira; en una palabra, quien durante sus excursiones no haya salido de la llamada «Concha de Valencia», tendrá de nuestra hermosa tierra la más poética de las ideas, creerá que Valencia es llanura sin fin donde la dorada naranja o la verde huerta o el húmedo arrozal dan riquezas al agricultor y armonías al paisaje, pero desconocerá por completo la mayor parte de la región.

Salvo esa fértil llanura de belleza incomparable que se domina desde nuestro Micalet, no es Valencia más que un caos de montañas desordenadas

---

16   En realidad son 735 m; dato actualizado (N. del ed.)
17   Dato actualizado: 343 m (N. del ed.).

que forman como el escalón que permite subir desde la cálida huerta valenciana a la fría meseta castellana. Todos los montes que dan relieve a su suelo son hijos indudables de la cordillera Ibérica, incluso el núcleo del Mondúber, que no tiene relación de continuidad con las demás sierras valencianas.

Ahora bien, para la provincia de Valencia, no nace, según el ilustre Cabanilles, más que una sola rama que es base a su vez de todas las serranías que pueblan la provincia, formando aquella el sistema orográfico del Pico Caroche. Apoya esta opinión D. Agustín Pascual en su *Reseña agrícola de España*, en que señala en esta provincia, un poco exageradamente tal vez, la presencia de clima ártico situado precisamente en las cumbres de este pico; pero según nuestra modesta opinión son en realidad dos, o mejor tres, los núcleos montañosos primarios de la provincia.

El primero, boreal, nace en la sierra de Javalambre, y limita por el norte la cuenca del Turia, teniendo como núcleo principal el Pico de Andilla. El segundo, central, forma primero la sierra de las Cabrillas, de la que se derivan las de Pelenchisa, Colaita, Martés, y otras, separando las cuencas de los ríos Júcar y Turia. El tercero, el más interesante para nosotros, forma el sur de la vertiente del Júcar y nace en la meseta albaceteña, para tomar como centro el Pico Caroche y dividirse luego en las ya citadas Muela de Cortes y Bicorp; sierras de Navarrés, Enguera, Játiva, Serra Grossa, etc.

De la inmensa llanura de la Mancha alta, en Albacete, nacen tímidas al acercarse a Valencia, las primeras colinas en Casas de Juan Núñez. Quien viniese por la carretera de Albacete a Ayora, vería pasar poco después ante sus ojos las sierras ya majestuosas de Alatoz, Carcelén y Palomera, que con las de Alpera y Mugrón de Almansa sostienen cual firme basamento a la de Ayora. Esta respalda con su masa la mole gigantesca del Pico Caroche, vértice geodésico de primer orden, que entre precipicios que causan vértigo, asoma su cumbre a los 1126 m para mirar curioso el circo de montañas que le rodea, y en la lejanía, las llanuras floridas, verdes y ricas, de la huerta valenciana, y por el otro lado, las calvas, grises, pobres, polvorientas de las alturas manchegas.

Desde tal pico se extiende como un abanico amplia altiplanicie fuertemente ondulada. Las Muelas de Jalance, Cortes y Bicorp, forman el primer escalón de descenso hacia el Júcar caudaloso, o hacia «el rincón de cielo caído a la tierra para formar la vega valenciana…» Por el lado de Millares, el terreno se inclina bruscamente para buscar los ríos Júcar y Escalona, y luego vuelve a elevarse para seguir con las Sierras de Enguera, Tous, Dos Aguas, Caballón, Colaita, Del Ave… que se pierden a lo lejos para continuarse con otras.

Hidrografía general

Todo el sistema del Caroche forma parte de la gran cuenca del Júcar en su vertiente derecha, y con tanta más razón, el término de Millares que está enclavado entre dicho pico y el río. Las aguas pluviales van todas a él, unas directamente, otras mediante su afluente el Escalona.

La rambla Valera que atraviesa todo el término en dirección paralela a la del río, intercepta todas las aguas superficiales que llegan de su derecha, quedando las de su izquierda repartidas entre el río y la rambla, que las trasladará a su vez al Escalona, ya en término de Navarrés.

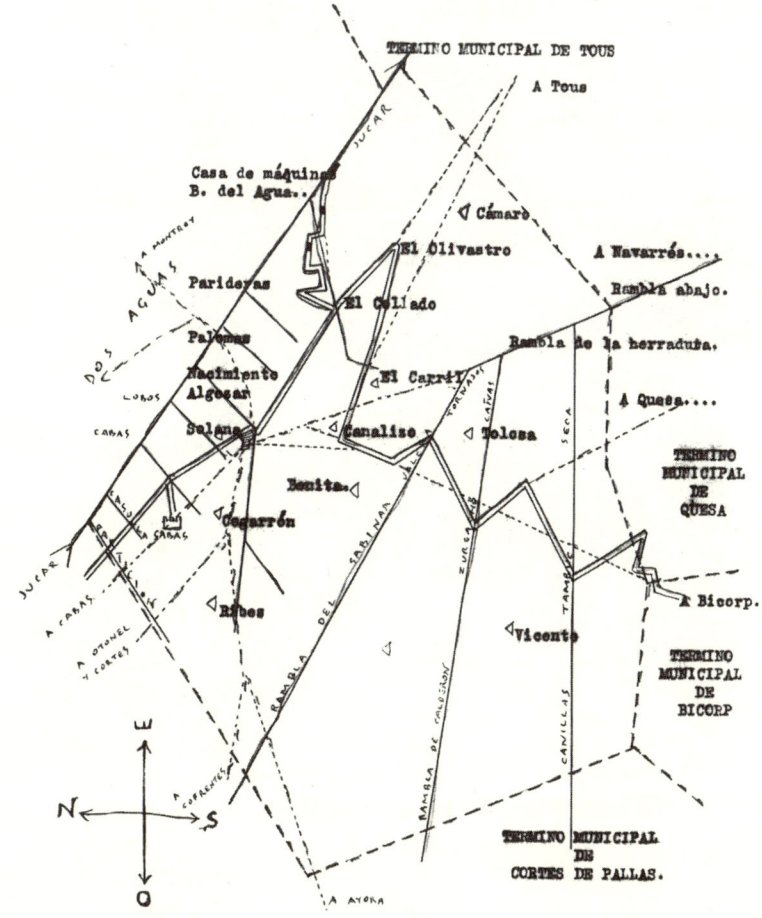

Capítulo tercero

Topografía

Topografía general

Desde que se asciende a Las Pedrizas de Bicorp, o se entra en el término de Millares por la Muela de Cortes, el terreno es sensiblemente igual en elevación. Cruzado por numerosos y profundos barrancos y anchas ramblas, desciende muy poco a poco en su nivel medio, hasta que ya muy próximo al Júcar, se dobla en rápida pendiente hasta llegar a él.

Al verificarse el hundimiento geológico que dejó paso a este río por un mecanismo de compensación frecuente en tales acontecimientos, el terreno próximo al gran declive ascendió algo sobre su nivel primitivo y tal configuración prolongada junto al río en todo lo largo del término, influye especialmente sobre la hidrografía local.

Desde esa elevación secundaria, las aguas toman direcciones opuestas y la línea de cumbres marca la división de las vertientes propias del Júcar y del Escalona.

En nuestro mapa esquemático del término, puede verse cómo la línea de cumbres sigue paralelamente al SSO del camino de Otonel a Tous por Millares.

La vertiente del Júcar

El terreno comprendido entre la orilla derecha del Júcar y la línea divisoria de vertientes en las cumbres ya citadas, forma una faja regular que no alcanza 1,5 km de anchura mas que cerca del pueblo, donde se dilata para dar cabida a un agradable rincón de huerta, único verdor en el paisaje.

Muy pendiente hacia el río toda ella, con una inclinación que pasa de los 30°, tiene cerca de la mitad de su descenso, un tramo menos inclinado y aun casi horizontal, sobre el que se sostienen algunas terrazas de tierra laborable, volviendo enseguida la pendiente acentuada, para alcanzar el río por despeñaderos casi verticales. Cabas, El Bord, La Solana y El Collado, no son sino otras tantas atalayas cortadas a pico sobre el río, como dominando sus curvas.

Numerosos barrancos la cruzan en su anchura naciendo en la misma ladera; tan sólo uno, el del Nacimiento, se prolonga tierra adentro para recoger todas las aguas del norte de Millares y gran parte de las de la Muela de Cortes.

Barranco del Agua.

Los barrancos

Partición, Cabas, Nacimiento y del Agua son sólo los que acrecientan el caudal del río, a pesar de que sus aguas están en la mayor parte captadas para todos los usos.

El barranco de la Partición, por ser límite del término municipal; el de Cabas, por estar dominado por el castillo de su nombre y ser asiento de antiguo despoblado; el del Agua, por descender bordeándolo la carretera provincial de Bicorp a Millares primero y la que va de ésta a la central eléctrica del Salto de la Hidroeléctrica después, son notables. El del Nacimiento merece especial mención.

Nacido en la unión de otros dos, a unos 12 km del río, deja nacer, hacia la mitad del trayecto de su rama originaria derecha, un caudal de aguas lo bastante abundante para aforar 150 litros por minuto en las épocas de mayor escasez.

Los barrancos originarios son los llamados del Nacimiento el de la derecha, y del Francés el de la izquierda, pero estos nombres no expresan la realidad de los hechos, ya que la porción que pasa ante el pueblo con el nombre del primero, no es continuación geológica del que da origen a las aguas y a la denominación, sino del segundo; es decir que la realidad señala un largo barranco, el del Francés, al que desemboca por su derecha otro más corto, el del Nacimiento, del que llegan las aguas continuas.

A las aguas que descienden constantemente por este barranco, bien pronto se opone una pequeña presa que las desvía hacia la derecha para que corran por un pequeño regato que las lleva primero por entre algunos escalonados campos de regadío y luego las precipita a nueva canalización, que toma sus aguas de una segunda presa.

También en esta ocasión siguen por la derecha del barranco, hasta que las dificultades del terreno obligan a pasarlas al otro margen, por el que llegan al pueblo después de haber perdido mucha altura.

Mientras tanto, por el lecho del barranco, numerosas fuentes y filtraciones vuelven a formar caudal, que es recogido sucesivamente por dos nuevas presas, antes de llegar al pueblo, donde es cruzado por un pequeño acueducto y un puente de la carretera provincial.

Aguas abajo existe un pequeño molino, aparte del que hay en el mismo pueblo; poco después, a los pies de las ruinas de otro, otra presa forma un lago artificial muy pintoresco que sirve de embalse regulador para una pequeña fábrica de electricidad, hoy dormida.

Las aguas sobrantes del embalse se lanzan en magnífico salto de 87 metros de altura, a un rincón tan bello que no tiene nada que envidiar a los más hermosos de Valencia, y muy poco a otros renombrados del Monasterio de Piedra, de la Sierra de Gredos o del Valle de Ordesa.

En el fondo de aquel rincón, al que se baja por una senda sumamente peligrosa, está situada la fábrica de que acabamos de hablar, y muy cerca, se ven las ruinas de un devastado molino, que es nada menos que aquel que construyó Antonio y que cita nuestra historia local...

Desde allí, a donde sólo se llega con verdadera exposición, es prácticamente imposible descender hasta el río, pues las aguas siguen un vertiginoso descenso entre peñascales peligrosísimos, hasta que se precipitan de nuevo en maravilloso salto, a cuyo pozo no es posible entrar sin ayuda de cuerdas y otros menesteres de trepador. Desde él hasta el río la distancia ya es corta, pero no llana; así llegan de espumosas al Júcar que ha de conducirlas al Mare Nostrum...

El curso del Júcar

Rumoroso, cantor por la vida que lleva en sus entrañas, veloz en su deseo de besar los pies a la sultana que descansa en los jardines de La Murta, Alzira, con prisas por salir de la estrecha cárcel por donde las fuerzas naturales le hicieron correr, marcha el Sucro, el Júcar poderoso, para enriquecer con sus linfas la ribera valenciana.

El sol lanza destellos de oro sobre sus espumas blancas, y en su correr cuotidiano por entre las rocas que cayeron a su lecho desde los vecinos cintos, los genios de las aguas lanzan su murmullo cuando no sus rugidos ante el constante chocar.

La descripción detenida de su curso ya la hicieron otros autores;[18] en todo lo que alcanza nuestra jurisdicción, forma la línea divisoria de los términos de Dos Aguas y Millares y una pequeña porción de Tous, y resbala angosta hoz entre enhiestos peñascos de muchos metros de altura, bargas inaccesibles y laderas prominentes. Hoces, precipicios, barrancos, rápidos, desfiladeros, todo intercepta o dificulta el paso al visitante.

Sobre su ladera derecha, única que en esta monografía nos interesa, hace la primera mella el barranco de la Partición, marcando en su confluencia, a 116 m sobre el nivel del mar, el Morro del Balí, límite del término municipal. Allí, un cable levante acorta considerablemente el camino de peatones a Dos Aguas.

---

18 José Mores Cervellón, *Descripción geográfica y estadística del río Júcar*, Valencia 1847. Mores Cervellón. *Plano topográfico del río Júcar*. E. Soler Pérez, «Por el Júcar, (Alberique-Cofrentes), notas y apuntes de viaje». *Boletín Soc. Geográfica*, 1905.

Sigue el río desfilando por paredes a las que el excursionista ha de asomarse descolgado y bien sujeto, y pronto los barrancos de Casulla y Cabas, abriendo brechas en los farallones inaccesibles, dejan un hueco para la Herboleja y la fuente del Tía.

Los barrancos de Los Lobos, La Losa, El Algezar, siguen, hasta después de La Solana en el salto descrito, conocido por El Tollo del Jorge, por donde se precipitan las aguas del Nacimiento.

Nuevamente fuente sin nombre escondida casi a nivel del río; enseguida leve puente colgante por do pasa la senda de Dos Aguas y Real de Montroy. Más tarde otros barrancos: Palomas, Parideras, Del Agua, acabado éste también por magnífico salto...

Y allí, la carretera que llega, un túnel que le da paso para que entre a la futura central, una presa de desvío, la explanada sobre la que se está construyendo la instalación, un rápido declive llamado Salto de Las Agujas, un pequeño puente provisional, y las montañas de Tous que asoman como queriendo ser tan quebradas como las que el río acaba de cruzar.

El actual puente municipal es colgante y se eleva 8 metros sobre el nivel medio de la corriente. Ha sido arrastrado varias veces como el Júcar se ha lanzado en fuerte crecida, pero el actual parece destinado a más larga vida que los anteriores que eran de dos arcos y se apoyaban sobre un pilar sustentado en mitad de la corriente.

La línea divisoria de las vertientes

Por donde comienza el rápido declive hacia el río, existe una línea más elevada de crestas, que divide en dos vertientes el terreno de Millares. Se dirige primero hacia el este desde la Muela de Cortes hasta La Parada, pasando antes por Pino Rives que es el punto más alto del término, y por El Cegarrón, de cuyas faldas nace el barranco del Francés.

Al norte de esta línea, queda un pequeño triángulo que comprende desde el río hasta el barranco de la Partición.

La línea de cumbres tuerce al sureste, y dejando un paso para el barranco del Nacimiento, sigue por El Carril, El Canalizo y El Cámaro, el monte de mayor visualidad por estar bien cerca ya del límite de las tierras altas.

Desde otro pico, Tolosa, sito casi en el centro del término, parte una línea divisoria secundaria que llega a El Canalizo, y que limita la cuenca del Nacimiento. El este de la primera marca las aguas que van directamente al Júcar; el oeste de una y el sur de otra forman en la parte de Millares la amplia cuenca de Las Ramblas.

Las ramblas

El resto del terreno, salvo las partes más altas que son altiplanicies, está surcado laberínticamente por innumerables barrancos de casi imposible descripción, que van a reunirse en tres amplias ramblas.

Fuente de los Escalones.

La más importante de ellas, la más boreal también, corre serpenteando en dirección casi paralela a la del río, atravesando el término de una parte a otra.

Ella recoge las aguas pluviales de gran parte de la Muela de Cortes y recibe a su vez el aporte de dos nuevas ramblas. Entra en Millares con el nombre de rambla del Sabinar, toma el de Valera al ser cruzada por la carretera, se llama después de Los Tornajos y más tarde, cuando lleva en su seno el camino viejo de Navarrés, de La Herradura, Seca y Abajo, sucesivamente.

Cerca de su salida del término de Millares deja su dirección primitiva para dirigirse hacia el sur y recibir dos afluentes que también nacieron en la Muela susodicha, si bien ya en término de Millares: La rambla de Calderón, Zurgacho o de Las Cañas primero, y la de Canillas, Seca o Tambuc después, se unen a ella, para al fin, morir en el amplio valle del Escalona, cerca de Navarrés.

Las tres ramblas, y más especialmente después de su reunión, son extremadamente despejadas, anchas, con piso formado por gruesa capa de cantos rodados. Sus laderas suben, en pendiente relativamente suave y muy escalonada, hasta alcanzar la altiplanicie. Ninguna de ellas lleva aguas, salvo en las épocas de lluvia, aunque no dejan de tener alguna fuente con exiguo caudal, que sólo sirve para el ganado. En fin, relativamente próximas en su curso medio, las alturas que las separan, quedan bastante por debajo de las otras que hay entre ellas y Millares o más allá, hacia Bicorp.

Los caminos

Hasta hace muy poco tiempo, en que, gracias a las poderosas e interesadas influencias de la Compañía Hidroeléctrica del Júcar, se ha conseguido de la Diputación Provincial una carretera para Millares; hasta que aquella no ha construido otra para atender a las necesidades de sus obras, el aislamiento de este pueblo era bastante para que en sus serranías bullesen, al abrigo de toda asechanza, piezas de caza mayor.

Sólo pésimos caminos de herradura, siguiendo los accidentes naturales del relieve, cruzaban estos montes; y la fama de Millares, al igual que la de Tous, poco tenía de favorable entre los habitantes de los vecinos pueblos.

A Cortes de Pallás, pasando por Otonel, se llega por un camino que mira hacia el NO y que es como cuerda de un gran arco que forma el río; cruza la Muela y marcha relativamente paralelo y bastante por encima de la carretera particular.

Hacia el Castillo de Arriba o *Corraliquio de Antón*, sube la senda; bordea pronto los peligros de «El Mal Paso», cruza luego el barranco del Francés y se bifurca, marchando un poco al norte la de Ayora, que aun queda a nueve horas de caminata. La otra rama penetra directamente en la Muela para cruzarla en cuatro horas y llevar directamente a Cortes.

Directamente hacia el río, bordeando el Castillo de Abajo o de *la Huerta*, y siguiendo rapidísimo descenso, está el camino de Dos Aguas y Real de Montroy. Cruza el río por el puente colgante descrito, para bifurcarse al otro lado del río en dos ramas: una más corta que bordea el río aguas arriba y se dirige al primero de ambos pueblos; otra, que sigue en ascenso hasta alcanzar La Ceja donde emite una nueva rama hacia Dos Aguas; desde La Ceja toma por la partida de La Canal hasta coronar la Sierra del Caballón, trasponerla y acercarse directamente a Montroy.

Pero el más transitado de todos estos viejos caminos es el que en dirección sur sube directamente a las alturas por la Cuesta del Agujero, pasa por entre El Canalizo y El Carril, y se separa al poco en cuatro ramas que llevan respectivamente a Tous, Navarrés, Quesa y Bicorp.

De estos cuatro es a su vez el más transitado el de Navarrés, por ser este pueblo el centro comercial más importante de la vecindad, y por ser el que lleva más pronto hasta el ferrocarril. La tal senda va por los altos hasta que desciende a la rambla de la Herradura, por ella llega hasta el Escalona, lo cruza y sube a la carretera, a las mismas puertas de Navarrés.

Un par de caminos, muy poco transitados hoy, vienen del Valle de Ayora, para dirigirse hacia Tous o a la Canal de Navarrés.

Las distancias a recorrer sobre cada uno de estos caminos, son, contando solamente a 4 km/h:

De Millares a Cabas	5 km (1 hora)
De Millares a Cortes, por Otonel	24 km (6 horas)
De Millares a Jarafuel, por Ayora	44 km (11 horas)
De Millares a Bicorp o Quesa	20 km (5 horas)
De Millares a Navarrés o Tous	24 km (6 horas)
De Millares a Dos Aguas, por el río	8 km (2 horas)
De Millares a Dos Aguas, por La Canal	16 km (4 horas)
De Millares a Montroy o Real	36 km (9 horas)
De Millares a Valencia, por Montroy	48 km (12 horas)
De Ayora y Teresa a Tous o Navarrés	44 km (11 horas)

Las distancias están marcadas en horas «de caballería»; el peatón puede marchar sin esforzarse a 6,5 km a la hora y su camino puede ser más directo. En realidad estas distancias se pueden considerar acortadas en un tercio mientras no sean superiores a las 6 horas (límite de cansancio) y en un cuarto hasta las 10 horas (límite de fatiga).

Las carreteras

Dos carreteras, una bien cuidada y otra casi perdida y ambas extremadamente pintorescas tiene Millares en la actualidad, si bien la primera es de propiedad particular y está dedicada al servicio de las obras de la Compañía Hidroeléctrica.

La carretera de la Excelentísima Diputación Provincial de Valencia, parte de Bicorp, mejor dicho, de Las Pedrizas, hasta donde llegó un intento que deseaba llevarla a Jarafuel. Es continuación de la que llega hasta aquel pueblo desde Navarrés, por Quesa, y es bastante peligrosa y pintoresca.

Comienza en Bicorp por una subida, magníficamente trazada que lleva al alto llamado de Las Pedrizas; son 4 km de fuerte ascenso. Aquel término lo abandona después de cruzar la rambla y la pinada de La Sarnosa.

Un pequeño trecho bordea los límites de Quesa y Bicorp, y entra en Millares por la partida del Mojón.

Sigue una zona de montes, curvas, subidas y bajadas, mientras va cruzando barrancos y las tres ramblas del Tambuc, Zurgacho y Valera, hasta que asciende a los llanos de La Cuarentena y cruza la rambla del mismo nombre para llegar al Llano del Alto.

Hasta ahora, su trazado ha seguido en lo posible el del camino viejo de Bicorp, pero al llegar al Alto, en su última porción, no en balde se construyó con ayuda de influencias poderosas, en lugar de bajar al pueblo por el camino más corto, que sería el que baja por la Cuesta del Agujero, se desvía considerablemente a fin de favorecer el ramal que ha de dirigirse hacia la Casa de Máquinas. Aquí llega a un punto denominado El Collado, de donde parte una ramificación que va a la referida central eléctrica. Junto al collado cruza el barranco del Agua, y al poco el del Nacimiento, junto a Millares, que no se ve mas que pocos metros antes de llegar.

La carretera provincial acaba a los pies del pueblo para continuarse con la carretera particular de la compañía.

Ésta se dirige bordeando el río a diferentes alturas, unas veces junto a él y otras perdiéndose entre los montes para evitar largos recorridos, primero a Cabas donde reside la dirección de las obras, más tarde a caseríos ocasionales, en que se distribuyen oficinas, dependencias y trabajadores, y entra en término de Cortes.

En él cruza el río por vistoso puente de pilares, aguas arriba de la nueva presa, y allí comienza el ascenso alcanzando primero el canal que lleva sus aguas al Salto de Rambla Seca, que acaba de dejar, luego el enlace con la carretera a Cortes de Pallás, más tarde el caserío de El Oro, la Muela del Oro, planicie impresionante tras el caos de montañas que se acaban de pasar. Pronto vemos la nueva carretera que va a las aldeas de Cortes y que se unirá a la de Requena y Almansa por Los Pedrones, un poco más allá la que llega de Dos Aguas, y en fin, la Fuente de la Chufa, el río Magro, el pintoresco Macastre y el populoso Buñol, y la carretera de Valencia...

Lo pintoresco de estas carreteras, la importancia de los trabajos de ingeniería que se realizan y el desconocimiento que los propios valencianos tenemos de estos rincones, bien merece la visita del turista que quiera deleitar su mirada con panoramas encantadores, que desee templar su ánimo en peligrosas excursiones, o que ansíe conocer panoramas ignorados

Es de esperar que con la inauguración del Salto de Millares, que será el mayor de España y uno de los mayores, si no el más, de Europa, y con el arreglo de las carreteras, hoy demasiado castigadas por el exceso de tráfico, sea la vía de Buñol, Macastre, El Oro, Rambla Seca, Cabas, Millares, Bicorp, Quesa, Navarrés, Sumacárcel... un camino de gran turismo y de hermoso porvenir. El tiempo hablará...

Capítulo cuarto

Geotectónica

Generalidades

Es el Júcar, por sus condiciones especiales en el terreno a estudiar, quien presenta en sus orillas los puntos de máximo interés geológico. Entre Millares y Dos Aguas labra su curso bastante sinuoso en los terrenos secundarios, ahondándose en pintorescos cañones cuyas enhiestas paredes son cornisas de las amplias tablas o sinclinales de altiplanicie, que con el nombre de *muelas*, y a veces en grandes extensiones como ocurre en las de Cortes, Bicorp y El Oro, forman llanuras de elevada cota.

Los terrenos geológicos vistos en Millares pertenecen a la era secundaria: Triásico y Cretácico, faltando en la parte reconocida el tramo medio o Jurásico.

La disposición geológica general es la de amplios plegamientos poco apartados en general de la horizontal y en los que el Cretácico, colocado sobre las arcillas y yesos abigarrados del Keuper señala, observado con atención, una transgresión del Aptiense al Cenomanense, mientras que aparentemente, todos los cantiles de las angosturas del río en su parte alta y en la superficie de la Muela pertenecen a la misma gruesa tongada de caliza.

La ausencia del Jurásico, y la presencia de algunos milonitos poco acentuados en la base de los horizontales calizos del Cretácico, nos hacen pensar más que en una transgresión, en un resbalamiento de los tramos duros del Jura y Creta, sobre los blandos del Trías, alejándose el primero en esta especie de *charriage* solicitado por las inmensas presiones de las pesadas masas del Cretácico.

En efecto, todo el borde de Las Pedrizas de Bicorp, mirando al río del Manal, está constituido exclusivamente por materiales del Jura, de estratificación muchas veces vertical, que descansan sobre extensa mancha de margas irisadas y yesos rojos del Trías.

Los pliegues geológicos se arrumban sensiblemente de NE a SO, paralelamente a la dirección ibérica y el borde mediterráneo, lo que unido al rejuvenecimiento en la corriente y desniveles del río, nos deciden a suponer supeditados al Terciario, quizá en sus primeras fases, el movimiento tectónico de la zona.

El Triásico

La disposición general de este terreno es ofrecerse ocupando el fondo de los ríos y barrancos debajo del Cretácico con el cual ondula en los plegamientos y entre el que asoma, como es natural, en los sitios de mayor erosión.

En el término de Millares sólo lo hemos visto en el fondo de los cañones del Júcar, pero indudablemente es continuación de la gran mancha triásica que asoma desde Cofrentes a Albacete, y que aflora también en Cortes de Pallás, en toda la Rambla Seca, lugar de máxima erosión bajo la Muela de El Oro; o en muchos puntos de los ríos Manal (Bicorp), Escalona (Bicorp y Quesa), Grande (Quesa), en fin, de todos aquellos que ocupan desde Enguera a Bicorp, por La Canal de Navarrés.

El basamiento de los estratos junto al río, únicos del Trías visibles en Millares,[19] presenta gran inclinación, llegando en pocas ocasiones a la vertical, y siendo la dirección E -18° N, O -18° S, que es también la de los manchones del Escalona en Quesa y Bicorp, y la de Cofrentes.

Aceptando la teoría de Beaumont sobre los sistemas pentagonales de plegamientos de montañas, estarían los pliegues de nuestro Triásico influidos por el sistema Turingerwerald sobre el que se ha hecho sentir su acción el trirrectangular volcánico del Tenaro, Alpes, y eje mediterráneo, de la misma inclinación.[20]

---

19 Se llama buzamiento en los estratos al grado de inclinación de la línea de máxima pendiente, es decir, al ángulo que formaría con la horizontal la línea marcada por una gota de agua que resbalase por la superficie del estrato. Dirección, es la que seguiría la recta de intersección del estrato con un plano horizontal. Los estratos horizontales carecen de buzamiento y de dirección, ya que por su posición ni hay línea de pendiente, ni podría ser cortado por otro plano horizontal.

20 La teoría de Beamont sobre los plegamientos de las montañas es algo larga de exponer aquí; se refiere a que tomando como base los más grandes acontecimientos geológicos conocidos, se ha visto que los plegamientos próximos repartidos en una zona pentagonal relativamente extensa siguen las mismas direcciones que las fundamentales de cada sistema. Así, conocida la dirección de una serie de estratos de un mismo sistema, se puede conocer la edad de un movimiento geológico en relación a otro que se toma como base. Ejemplo: Constituidos los plegamientos normales del secundario, sucedió probablemente el gran cataclismo del Mediterráneo; todas las masas anteriormente constituidas en el circuito del pentágono correspondiente sufrieron su influencia y así, sobre los plegamientos primitivos, que estaban influidos anteriormente por el levantamiento de la masa alpina, acudió la nueva modificación, con la correspondiente falla, en la dirección del eje mediterráneo.

Los horizontes triásicos que hemos podido comprobar son:

En la parte más baja, incluido entre las arcillas abigarradas, hay un episodio de calizas amarillentas tableadas que alcanzan un espesor de 20-30 m en las que se encuentran traquiópodos, entre ellos el *Myophoria Gold Fussi*, típica de los terrenos del Muchelkalk superior, aunque algunas veces la fáunula de los traquiópodos llega hasta el Keuper o parte alta de las arcillas y yesos de tonos rutilantes.

En las proximidades de la Fuente del Tía, quizá se puedan suponer subordinadas al Liásico las calizas milonitizadas que en este trecho se superponen al Muchelkalk y que quizá más propiamente deben referirse al Retiense o Supratriásico de los antiguos geólogos.

Existen también algunos islotes de este horizonte Triásico repartidos en algunos puntos del río, sobre todo donde se unen los barrancos del Algezar y de La Losa, y también en el Cuchillo de Las Terreras.

El yeso, unido a las arcillas, siempre se encuentra en constante disposición de acompañar al Cretácico en su parte inferior, y de aquella roca hemos visto afloramientos de escaso valor, en el mismo barranco del Algezar.

Fuera del término, pero en sus proximidades, los afloramientos del Trías son abundantísimos y tanto más cuando nos asomamos a Bicorp, desde Las Pedrizas, por allí hasta muy lejos, como cuando cruzamos el Júcar sea para entrar en Dos Aguas, sea para siguiendo la carretera bordear la Rambla Seca de Cortes, entramos en un manchón triásico en que los suelos están constituidos exclusivamente durante muchos kilómetros por las características margas irisadas.

El Cretácico

Compuesto casi exclusivamente de calizas de un espesor de varios centenares de metros, es el que forma casi todo el vaso del Júcar, prolongándose desde sus bordes hacia las Muelas, de las que ocupa toda su superficie, llegando incluso a formar toda la masa del pico Caroche.

En la parte más baja, asomando al vaso del río, después de pasar los tramos de calizas milonitizadas del Triásico superior, formando aquellas terrazas que describimos en el capítulo topográfico, se ofrecen otras capas calizas de la misma clase, alternadas con margas bastante resistentes donde encontramos Indiolites *(Hippurititae)*, demostrativos del Cretáceo inferior. Después, en algunos puntos, se superponen las arcillas abigarradas y las molasas de arenas silíceas y granos de cuarzo, y sobre todo, gruesos bancos horizontales de calizas poco estratificadas, de calizas tableadas, y de margas glauconiosas.

Bajando de la Muela hasta el río pueden verse las calizas de la cumbre que se presentan en ancha falla denudada por la erosión, mientras que bajo ellas las margas y las calizas se presentan inclinadas en condiciones de pronunciado resbalamiento y comidas aquellas por las cárcavas que produjo el agua pluvial.

La edad de estas calizas puede determinarse por los Vola *(Pecten)*, de las especies 4 costata y 5 costata, que se encuentran desde el Cenomanense al Santonense, tramos los más altos del Cretácico.

Sobre la superficie de las altiplanicies (Llanos de La Cuarentena, Del Alto, Muela de Cortes y Las Pedrizas), es decir, sobre los horizontes más modernos, hemos encontrado un afloramiento de gonfolitas, conglomerados formados por cuarcitas rodadas, calizas finas y fuertes, y fósiles de agua dulce, ello en el lugar conocido por las «Piedras de Lumbre» (¿por la cualidad de las cuarcitas?), pero no hemos podido determinar si tales rocas son autóctonas o provienen por arrastre de alguna pequeña mancha de terciario neogeno que haya en los altos de la Muela o de otra más importante que asome por las faldas del Caroche.

También en el Cretácico, pero en los tramos más inferiores, hemos comprobado la existencia de un filón insignificante de lignito, filón que se halló durante las excavaciones del túnel de conducción de aguas a la central eléctrica, en el tramo de Cabas, y se perdió en el mismo túnel; pero que debe estar en relación con el hallazgo de una considerable cantidad de impresiones vegetales fósiles, que se halló entre los escombros de los alrededores del Castillo de Cabas.

En el mismo túnel, en el tramo de La Partición, es decir, en el límite del término, apareció una bolsada o filón de imantita que puede ser de más interés ya que existen otros afloramientos denunciados como propiedades mineras en lugares tan próximos como Quesa, junto al famoso Cerro Negro, el punto volcánico más próximo a Millares.

Estratigrafía

En toda la altiplanicie es manifiesta la disposición horizontal de los estratos. Interrumpida la continuidad superficial de estos en barrancos y ramblas, pueden verse las concordancias entre los de uno y otro lado de la falla o brecha de erosión, en casi todos los casos.

Al acercarse al Júcar por un lado y al Valle de Ayora por otro, los estratos se inclinan fuertemente dejando en la línea de doblamiento y fractura un amplio tramo denudado.

Es muy probable, cosa que no hemos podido comprobar por la gran extensión de terreno que abarca el fenómeno, que se haya formado un gran anticlinal, que interrumpida por la falla del Escalona, se continuase a lo lejos con aquella otra de la Sierra de Enguera, hasta Montesa.

En las altiplanicies, y aun en el declive, el carácter de concordancia que presentan los estratos en las diversas fallas es notable. Como hemos dicho, en casi todos los barrancos pueden compararse perfectamente ambas paredes, e incluso seguirse uno a uno los estratos y ver cómo pasan de una a otra, conforme va ascendiendo la vaguada.

El horizonte varía en el vaso del Júcar, y no podemos, con gran sentimiento, dados los estrechos límites y la índole especial de esta obra, hacer todas las consideraciones que el estudio del caso nos ha sugerido, pero aunque existe una gran falla con dislocación, la disparidad de las dos superficies sólo es relativa.

En efecto, el vaso del río debía formar en la época cretácica un pequeño sinclinal que uniese en valle las sierras de uno y otro lado del Júcar.

El hueco que abrió el fuerte seísmo ocasionó el hundimiento de los materiales blandos del lado derecho (arenas y arcillas), sin que se hundiesen los del izquierdo (yesos y arcillas). Prueba de ello es que en los puntos más hondos del cauce, donde la erosión reciente ha abierto cauce en los materiales triásicos, la concordancia de los estratos en ambos lados es perfecta. Además, los materiales de nuestro lado están en condiciones de franco resbalamiento e inclinación hacia el río, salvo el punto extremo del término sobre la Casa de Máquinas, en que buzan hacia la Muela y puede que se presenten los terrenos jurásicos. En el lado de Dos Aguas y Tous, la horizontalidad es manifiesta a lo largo de toda la falla.

Las fuentes

Nacen casi todas las que hemos estudiado en Millares en terrenos cretácicos, salvo las dos que citamos junto al río, que son triásicas.

Las estudiadas en la pendiente hacia el Júcar están a nivel de la línea superior de fractura, es decir, donde acaban las grandes tongadas horizontales de calizas para comenzar los estratos inclinados de calizas y margas, arcillas y arenas. En las ramblas se presentan donde pequeños plegamientos del estrato horizontal encauzan el agua hacia ellas.

De todas las examinadas, la de más importancia por su caudal y por ser la que abastece al pueblo, es la llamada del Nacimiento. La tongada de caliza yace sobre una capa de arcilla, la cual sigue el curso del barranco, entre algunos estratos de arenas, apareciendo cada vez que los estratos de caliza pierden su continuidad, dando una nueva fuente en cada tramo.

Por su abundancia y constante manar, es seguro que la capa impermeable recoge las aguas subterráneas de una gran superficie de terreno. Las fuentes que aparecen en el barranco son: Nacimiento, Fraile, Donas, Escalones y Zomeño; las dos primeras aguas arriba del pueblo. El caudal de la primera, en estiaje es de 150 litros por minuto.

Las fuentes que he examinado son:

Junto al río, en terreno triásico: Tía y Del Puente. En el primer tramo de los estratos inclinados, cara al río: Capellán, Piojo, Agua y Algezar. En la línea de doblamiento de los estratos: Partición, Marín, Redonda, Zamora y Fuenteciquia. En diversas ramblas: Higueras, Tornajos, Blanca, Zurgacho, Tambuc, etc. Todas ellas de escaso caudal y de poco interés geológico. Claro que existen varias más que desconocemos.

Espeleología

Hemos visto la mayor parte de las casi incontables cuevas del término, propias todas ellas del terreno cretácico. La mayoría de ellas son simples cavidades en que se refugia a veces el ganado, pero algunas, aunque pocas, son dignas de visitarse tanto por el curioso como por el especialista.

Junto centralita Jover.

El nombre genérico de *cueva* se aplica por los habitantes de Millares a todas las cavidades naturales, y de ellas, en las profundas, a la parte en que suele refugiarse el ganado. La parte más profunda, la que se interna en las entrañas de la tierra y necesita de luz para ser visitada, es llamada por ellos el *zurgacho* de la cueva.

Las cuevas *sin zurgacho* ya hemos dicho que son muy numerosas, y sólo merecen especial mención, a lo sumo, la Cueva Tosca, labrada por las aguas que salen para formar la Fuente de Las Donas y la del Francés, por la belleza de las incrustaciones calcáreas, casi vírgenes debido al difícil acceso a la cueva.

Con *zurgacho* sólo existen tres, pues no merece tal nombre el de la cueva que da nombre a la rambla del Zurgacho, y que son: Palomas, Donas y Sima del Agua.

La cueva de Las Palomas, sita a unos 15 minutos del pueblo, es pequeña, unos 150 metros de profundidad, en forma de corredor, con el piso bastante inclinado en dirección perpendicular a la de los estratos entre los que se abre. Por lo fácil de visitar que es, se halla completamente destrozada. Hoy ha sido casi completamente cegada por los escombros de las obras de la Compañía Hidroeléctrica.

La Sima del Agua se presenta en forma de hoya, en cuyo fondo se abre el *zurgacho*. La profundidad y caracteres de ésta me son desconocidos ya que no la he visitado.

Pero de todas, la más notable es la de Las Donas, que se abre a unas tres horas del pueblo, y muy cerca de los límites del término de Quesa. Su boca, orientada al suroeste, es bien amplia, y un atrio de grandes dimensiones forma un excelente refugio para el ganado.

Más allá sigue recta, amplia, espaciosa, notablemente horizontal, permitiendo una exploración nada fatigosa ni peligrosa, pero no dura menos de un par de horas, dada su longitud que alcanza 1347 metros en dirección nordeste.[21]

En su interior, el agua a través de los siglos ha ido depositando sus sales en deliciosas columnas y raros dibujos, como dice Carreras Candi. Las gentes, con su incultura y con su afán digno de mejor causa, rompen y roban sus bellezas, pero aun en La Iglesia, La Escuela y El Lago, entre otros muchos rincones de su interior, puede verse la magnificencia de esta gruta.

21　Esta longitud hay que corregirla; en diferentes estudios posteriores se ha determinado que su longitud es de 600 metros aproximadamente. (N. del ed.).

La descripción que de ella se hace en la *Geografía general del Reino de Valencia*,[22] es ligeramente errónea, debido seguramente a la poca experiencia geológica del autor. En efecto, allí se habla de muchas ramificaciones y de la necesidad de guía para explorarla, cuando no existe ni una de aquellas, ni hay el menor asomo de peligro en recorrerla. Claro que siempre es mejor visitar las cuevas dos compañeros, y la visita es mucho más rápida si alguien conoce los secretos de la gruta, pero por lo que a nosotros respecta, después de haber visitado gran número de cuevas de la región, y de fuera de ella, en compañía de notables espeleólogos, podemos afirmar que es la cueva más fácilmente visitable (aparte de su distancia al poblado) de toda la provincia de Valencia. No hemos podido hacer todavía un estudio detallado de su fauna, entre la que encontramos algunos articulados de los órdenes arácnidos, crustáceos e insectos, y tal vez un par de especies de murciélagos. Tampoco, a pesar de nuestra cuidadosa búsqueda pudimos hallar ningún indicio de vida prehistórica pese a la buena situación de la gruta.

Su dirección, francamente horizontal, permite ver la posición de los estratos, a los que no atraviesa, sino cuya dirección sigue.

En fin, en uno de los tramos del túnel del canal en construcción, apareció una cavidad de tamaño para mí desconocido, y seguramente no muy grande, cuyo recuerdo perdurará entre los millarejos, pues virgen de toda visita anterior, era de gran belleza y suministró suficientes estalagmitas para adornar todas las casas del pueblo y algunas más. Concluidas las obras del citado túnel, fue cegada, y hoy, el paso del agua por tal obra, imposibilita totalmente todo intento de visita futura.

Litología

Los diferentes materiales que hemos podido observar como constitutivos del suelo de Millares son:

Calizas:

Mármol blanco sacaroideo, en masas pequeñas, de escaso o nulo valor comercial.
Piedra litográfica de grano fino.
Calizas diversas de tonos claros u oscuros, propias para la construcción.
Calizas tableadas, buenas para la extracción de cal viva.
Calizas descompuestas y de arrastre (cantos rodados o rocas fragmentarias).
Tobas calizas de algunas fuentes.

---

22   *Geografía General de Valencia*. Tomo II, p. 212.

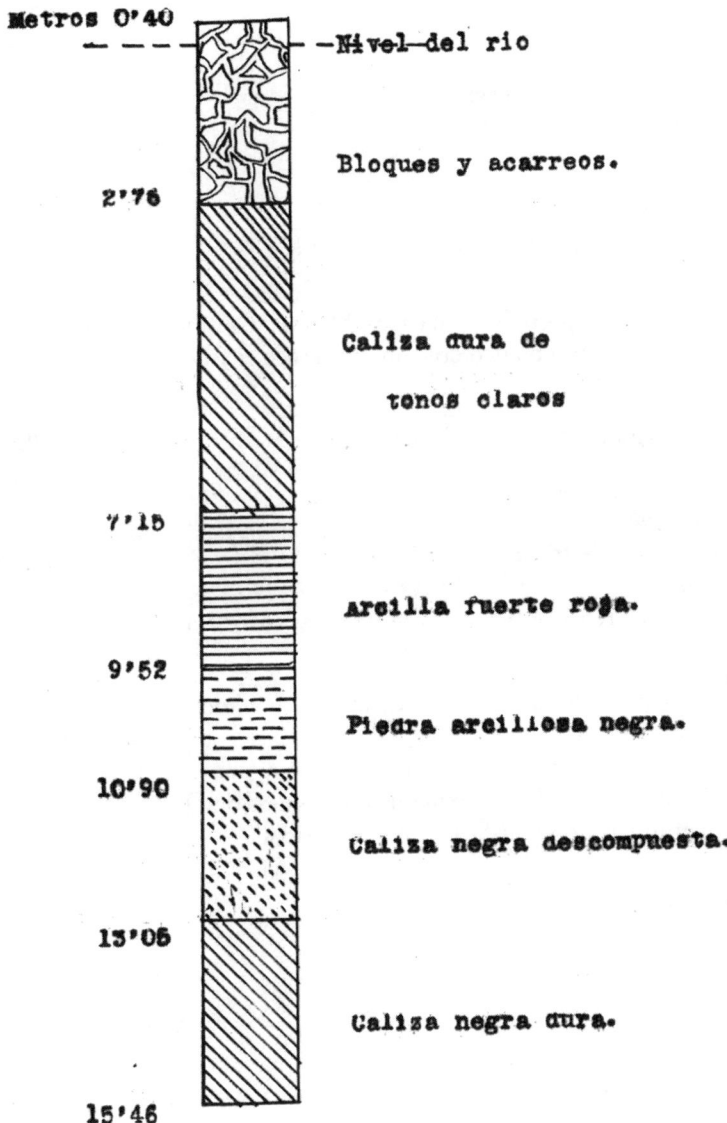

Cata de terrenos hecha en el emplazamiento de la casa de máquinas del Salto. Taladro núm. 5; en el ángulo de la central, aguas abajo, a la orilla derecha del Júcar:

Concreciones y depósitos de las grutas.
Calcita romboédrica.

Yesos:

Yeso alabastro, en escasa cantidad.
Yeso rojo, en capas finas, entre las de arcilla.

Arcillas:

Arcilla esmeótica.
Arcillas de tonos rutilantes: rojas, negras y grises.

Molasas:

Areniscas de grano grueso, amarillas, blancas, con mucha arcilla y escasos elementos de cuarzo blanco cristalino; todo en masas poco consistentes.

Margas:

Tierras de labor y algunas sedimentarias de las superficies de las altiplanicies.

Conglomerados:

Brechas calizas de fricción.
Pudingas.
Confolitas del terciario neogeno, autóctonas o de arrastre.

Minerales:

Lignito; pequeño filón, hallado al excavar el túnel del canal, bajo el Castillo de Cabas.
Imantita o magnetita; mineral de hierro compacto con geodas de hierro especular magnético. Idéntico al que conocemos de Quesa.
Talco; laminillas no identificadas con seguridad.

Capítulo quinto

CLIMATOLOGÍA

Generalidades

Se llama clima de un país a la resultante de la actuación de los diversos factores meteorológicos sobre sus especiales condiciones geográficas, o viceversa.

La característica climática estará influida por dos categorías de agentes: unos, aquellos intrínsecos, fijos e invariables, que correspondiendo a la facies geográfica del país, son propios del mismo y pertenecen a limitadas áreas de terreno. Otros, aquellos extrínsecos, variables en cada momento, que si bien relacionados con los primeros se producen en la atmósfera y con el nombre de meteoros, abarcan siempre extensiones más considerables.

La latitud geográfica, la altitud sobre el nivel del mar, la orientación, la naturaleza del suelo, la distancia de la costa, etc., pertenecen al primer grupo. La meteorología íntegramente, forma el todo de los segundos.

En sentido general la importancia del conocimiento del clima es tal, que de él pueden hacerse *a priori* interesantísimas deducciones, pues influye directamente sobre la naturaleza de las especies que lo soportan y con ellas, sobre el carácter y estado social del hombre, ya que favorece o dificulta, según sea, su establecimiento en los diversos lugares de la Tierra.

El asentamiento de las habitaciones, su forma general y la de sus tejados, la higiene pública y aun la íntima de los pobladores, están de tal modo influenciadas por las condiciones climáticas, que se presenta cada una de ellas con tantos tipos como se conocen de climas.

Factores intrínsecos

Latitud

La división de la Tierra en siete zonas climáticas en razón de su latitud geográfica, demuestra la importancia del conocimiento de este dato para el estudio de los climas en particular.

La Región Valenciana, y con ella el término municipal de Millares, están incluidos en la zona templada cálida, y su clima pertenece a la variedad mediterránea, caracterizada por sus temperaturas moderadas y sus veranos bastante secos.

Altitud

Las líneas isotermas que, sobre el mar o en las tierras llanas marchan paralelas al ecuador o poco menos, se alejan de él tanto más cuanto mayor es la elevación de un país sobre el nivel del mar.

Millares, por su altitud que oscila entre los 300 y los 500 m queda incluido en la región de los olivos y los algarrobos.

Orientación

La duración de la exposición solar es más o menos templada y prolongada según a cuál de los puntos cardinales esté orientado un país. Así, amanece más temprano en los países orientados al este que en los que miran a poniente, y el sol es más rato visible en los expuestos hacia el sur que en los al norte (en el hemisferio norte se entiende).

Así también, Millares que está orientado al noreste recibe algo más pronto que su vecino Dos Aguas los rayos matinales del sol, pero en cambio, durante las tardes de invierno, ya hace rato que dejó de recibirse en las calles del primero, cuando aun se ven brillar con los dorados reflejos y suaves resplandores de las puestas de sol los tejados no muy lejanos de la población citada en segundo lugar.

Distancia al mar

La influencia moderadora de las brisas marinas sobre la temperatura y humedad atmosférica es bastante conocida.

Aunque próximo a la meseta de Albacete, y muy oculto entre los montes que le rodean, resta todavía un buen resquicio para que lleguen los aires mediterráneos a Millares, por el vaso del Júcar.

No obstante, su situación intermedia entre La Mancha alta y la costa, la influencia de las brisas es bastante perceptible para que el clima sea más semejante al moderado valenciano que al extremado albaceteño.

Resumen

Por sus condiciones geográficas está situado Millares en el paralelo 39º 19, N, a 476 m sobre el nivel del mar, orientado al noreste, y lo bastante cerca del Mediterráneo para recibir la influencia moderadora de sus brisas.

Por tales condiciones su clima corresponde al llamado mediterráneo, de la zona templada cálida, caracterizado por sus medias termométricas entre 15 y 20ºC, estación fría moderada y corta, de escarchas más que de nieves, y con un mínimo de lluvias en la estación cálida.

Factores extrínsecos

Observaciones metereológicas

Todo lo que nos extendamos en consideraciones sobre el origen, modalidades y consecuencias de cada uno de los meteoros, será por tan sabido, sólo una forma de prolongar este trabajo, ya de por sí bastante extenso.

Nos vamos pues a reducir, en la exposición de estas observaciones, a una serie de números, cuadros y diagramas que iremos comentando sucesivamente.

Observaciones termométricas

Presentamos en forma de cuadro, las temperaturas correspondientes al cuadrienio 1928-1931, que luego exponemos por medio de una gráfica.

Meses	Año 1928			Año 1929			Año 1930			Año 1931			Cuatrienio		
	Máx.	Mín.	Med.	Máx.	Mín.	Med.	Máx.	Mín.	Med.	Máx.	Mín.	Med.	Máx.	Mín.	Med.
Enero	16,2	-2,8	6,7	14,3	-4,5	4,9	17,6	-3,2	7,2	13,4	-2,4	5,5	15,4	-3,2	6,1
Febrero	16,8	-2,9	6,9	17,4	-2,4	7,5	17,3	-1,5	7,9	16,2	-2,2	7	16,9	-2,2	7,3
Marzo	21,6	2,4	12	21,6	-1,6	10	20,7	1,1	10,9	20,4	-0,8	9,8	21,1	0,5	10,7
Abril	21,8	4,6	13,2	24,3	3,1	13,7	23,4	5,4	14,4	23,3	4,1	13,8	23,2	4,3	13,7
Mayo	24,3	8,1	16,2	25,8	8,6	17,2	25,7	9,7	17,7	24,1	7,3	15,7	25	8,4	16,7
Junio	25	11,6	18,3	27,1	12,3	19,7	25,9	12,3	19,1	25,2	11,6	18,4	25,8	11,9	18,8
Julio	28,4	14,2	21,3	28,3	15,1	21,7	29,8	14,6	22,2	27,3	13,7	20,5	28,4	14,5	21,4
Agosto	34,2	17,2	25,7	31,4	18,2	24,8	34,3	19,1	26,7	30,7	17,5	24,1	32,6	18	25,3
Septiembre	31	15,3	23,1	32	17,2	24,6	31,8	16,3	23,9	31,4	16,4	23,9	31,5	16,3	23,9
Octubre	30,6	11,6	21,1	29,6	14,9	22,2	29,8	12,4	21,1	28,2	11,6	19,9	29,5	12,6	21,1
Noviembre	22,5	8,1	15,3	23,3	9,1	16,3	19,4	10,2	14,8	11,4	10	10,7	19,2	9,3	14,3
Diciembre	15,4	-0,2	7,6	19,9	-1,1	9,4	18,3	0,5	9,4	10,1	-1,3	4,4	15,9	-0,5	7,7

Observaciones termométricas en grados centígrados. Millares (Valencia)

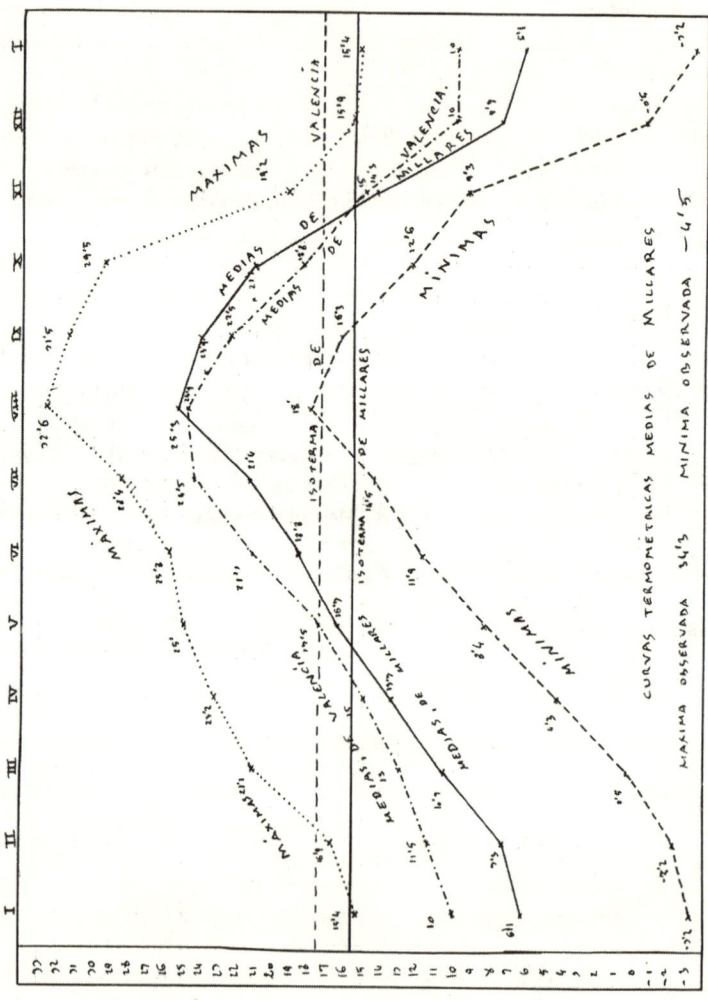

De su examen se deducen las siguientes conclusiones:

1ª: oscilación térmica anual

Desde un mínimo en enero, la temperatura asciende lentamente, con una pequeña oscilación a mediados de invierno y otra a fines de primavera, para alcanzar su máximo en agosto y conservarse relativamente elevada hasta que las lluvias de otoño, bien pronto convertidas en nieve en los altos del Caroche y Sierra Martés, la hacen descender bastante más rápidamente de lo que subió, para que de este modo los fríos se presenten casi repentinamente.

2ª: temperaturas medias

	Año 1928	Año 1929	Año 1930	Año 1931	TOTAL
Primaveral	15,9	16,9	17,1	15,9	16,4
Estival	23,4	23,7	24,3	22,8	23,5
Otoñal	14,7	16,0	15,1	11,7	14,4
Invernal	8,5	7,3	8,7	7,4	8,0
ANUAL	15,6	16,0	16,3	14,4	15,6

ISOTERMA DE MILLARES: **15,6 grados centígrados.**
ISOTERMA DE VALENCIA: **16,8 grados centígrados.**

La isoterma es algo, aunque poco, inferior a la de la capital. A mayor altitud sobre el nivel del mar, tiene Millares una temperatura bastante benigna por los montes que le rodean, que impiden la llegada de los vientos-fríos, pero basta subir a la próxima Muela de Cortes, expuesta a todos, para encontrarnos con un clima extremadamente crudo, que se convierte según algunos[23] en ártico sobre la cumbre del Caroche, en el vecino Jarafuel.

3ª: temperaturas extremas

El paralelismo de las líneas térmicas en el presente cuadro, ya demuestra por sí solo la correspondencia entre las diarias temperaturas extremas, con una oscilación relativamente pequeña.

La máxima observada ha sido de 34´5ºC el 7-8-1930.

La mínima observada ha sido de -4,5ºC el 7-2-1929.

4º: consecuencias

El calor no ha causado que nosotros sepamos, ningún accidente de consideración; a lo sumo, en plena canícula eritemas y cefalalgias pronto aliviadas.

Tampoco acaecieron heladuras en estos últimos años, recordándose como la postrera muerte por congelación la ocurrida en el invierno de 1921 en el punto denominado La Trinchera, cerca del pueblo.

---

23 A. Pascual, *Reseña agrícola de España.* La calificación de clima ártico al referirnos al Caroche es exagerada, pues muchos años sólo estaba cubierto de nieve unos días.

Las afecciones de las vías respiratorias y en especial las neumonías y bronquitis, son frecuentes en las primeras semanas de frío. Tampoco son raros los sabañones.

Observaciones higrométricas

Las observaciones en este aspecto realizadas en el mismo cuadrienio son las siguientes:

	Año 1928	Año 1929	Año 1930	Año 1931	MEDIA
Enero	64 %	61 %	62%	61 %	62 %
Febrero	65 %	60 %	61 %	58 %	62 %
Marzo	66 %	59 %	58 %	59 %	61,7 %
Abril	64 %	57 %	59 %	61 %	60,2 %
Mayo	60 %	58 %	59 %	60 %	59,2 %
Junio	57 %	60 %	59 %	60 %	58,7 %
Julio	59 %	58 %	60 %	59 %	59 %
Agosto	59 %	59 %	60 %	57 %	58,7 %
Septiembre	58 %	61 %	61 %	59 %	59,7 %
Octubre	60 %	57 %	62 %	60 %	59,7 %
Noviembre	62 %	62 %	62 %	61 %	61,7 %
Diciembre	62 %	62 %	59 %	62 %	61,7 %

HUMEDAD MEDIA DE MILLARES: **61,3 %**.

HUMEDAD MEDIA DE VALENCIA: **68,5%**.

Conclusiones

1ª; oscilación anual y humedad media

La humedad media de Millares varía dentro de muy estrechos límites durante todos los periodos del año.

Terreno ocupado totalmente por pastos y leñas o por cultivos de secano, con poca agua, tiene en su atmósfera tanta menos sequedad, cuanto más se aleja la observación de la época de lluvias. La máxima sequedad se corresponde perfectamente con la máxima termométrica y la mínima pluviométrica de los meses de junio, julio y agosto.

Comparada con la de Valencia que llega a ser del 68,5 %, notamos la menor humedad de esta zona, pero si tenemos en cuenta la extraordinaria sequía por la que han pasado los vecinos pueblos en el último bienio, habremos de suponer que la media real de Millares sea algo superior a la señalada, quedando entonces esta localidad entra las de clima semiseco.

2ª: medidas extremas

El mínimo grado de humedad observado es del 57 % y el máximo del 66 %, con una oscilación extrema de 9 grados. En general las variaciones están en correspondencia con las termométricas y pluviométricas, y son las propias de los lugares de media elevación, dentro del clima mediterráneo.

Observaciones pluviométricas

Observando el gráfico de las lluvias en el último cuatrienio, vemos cómo la menor cantidad de precipitaciones acuosas se presenta con el verano, y de éste, en el mes de agosto. El paso de este mínimo a la época de mayores lluvias es bastante rápido, para alcanzar el máximo a finales de otoño. El invierno queda relativamente estacionaria, para formar una nueva elevación primaveral, nunca tan alta como la del otoño.

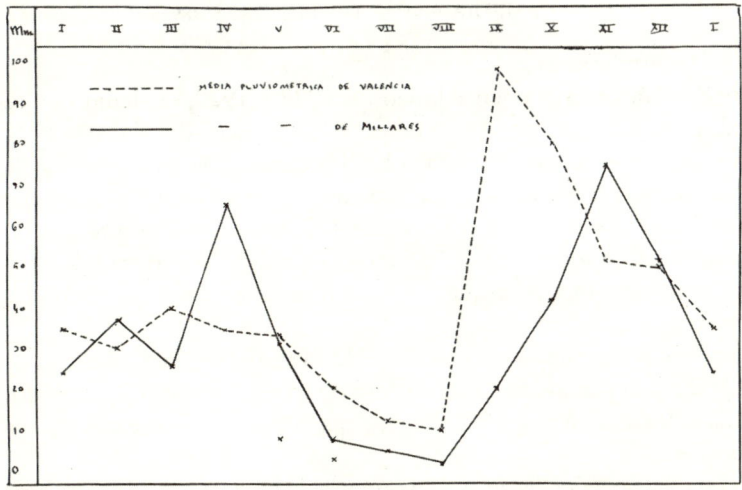

Cuadro de precipitaciones

Si comparamos la gráfica de Millares con la de Valencia, veremos cómo la elevación primaveral es mayor en este pueblo que en la capital, y cómo es más brusca la del otoño en la urbe que en la villa.

	Año 1928	Año 1929	Año 1930	Año 1931	MEDIA
Enero	36 mm	11 mm	40mm	24 mm	24 mm
Febrero	30 mm	48 mm	44 mm	30 mm	38 mm
Marzo	43 mm	41 mm	17 mm	3 mm	26 mm
Abril	79 mm	102 mm	64 mm	11 mm	64 mm
Mayo	9 mm	79 mm	16 mm	28 mm	33 mm
Junio	0 mm	36 mm	0 mm	0 mm	9 mm
Julio	0 mm	21 mm	3 mm	0 mm	6 mm
Agosto	2 mm	6 mm	0mm	0mm	2 mm
Septiembre	38 mm	16 mm	26 mm	0 mm	20 mm
Octubre	26 mm	62 mm	24 mm	52 mm	41 mm
Noviembre	102 mm	74 mm	52 mm	88 mm	74 mm
Diciembre	46 mm	50 mm	28 mm	104 mm	52 mm
TOTALES	411 mm	526 mm	294 mm	325 mm	389 mm

LLUVIA MEDIA ANUAL DE MILLARES: **389 mm.**

Régimen de lluvias

Sobre dos años relativamente lluviosos, 1928 y 1929, se siguió una sequía asombrosamente pertinaz que ha durado hasta mediados del año 1932.

Sus efectos se hicieron sentir sobre los campos de Millares y los de los pueblos vecinos con el agostamiento de toda la vegetación y la desecación de la mayor parte de las fuentes. En muchas de las localidades vecinas, Bicorp y Navarrés sobre todos, la falta de agua llegó hasta el extremo de necesitar de su racionamiento, cosa que también ocurrió en otros municipios de la provincia.

Por fortuna las últimas lluvias de 1931 lograron vencerla, entrando con el año 1932 en un periodo tan lluvioso (visto después de acabada la memoria presentada al Instituto Médico Valenciano), que haría modificar todos los cuadros estudiados.

La media de Valencia es de 439 mm y la de Millares de 389 mm, pero por las mismas razones que apuntamos al hablar de la humedad, creemos que la media pluviométrica será algo superior, habida cuenta de la sequía última.[24]

---

24 Esto que escribimos en la memoria presentada al Instituto Médico Valenciano en 3 de marzo de 1932, se ha visto confirmado por un año (hasta el momento de escribir ésta, en febrero de 1933) de excesivas lluvias, y tan húmedo como se quiera suponer. Las precipitaciones pasan de los 800 mm.

Consecuencias

Por las pronunciadas pendientes de la contornada, el agua pluvial desaparece rápidamente por barrancos y filtraciones, pero aun así en algunos puntos, quedan persistentes charcas en las que pulula la micro-fauna acuática de articulados, y un buen número de larvas de diferentes especies de mosquitos, entre los que no hemos visto ninguna de *Anopheles claviger*, propagador de la malaria.

Los pocos casos que he visto de paludismo, en esta villa, han sido todos importados de los campos de arroz.

Observaciones anemométricas

La situación especialmente encajonada del pueblo, en pleno vaso del Júcar, hace que los vientos recibidos sufran la influencia de su posición, sobre la intensidad y duración.

Domina el viento del SE, que viene del Mediterráneo, penetrando en la zona montañosa por el cañón del río para refrescar algo la humedad en el estío, o para traer nieblas bajas en las épocas de frío.

Es muy raro el poniente, 1/10 de los días, mientras que el NE y el E, cargados de nubes, no faltan en primavera y en otoño sobre todo.

	N	NE	E	SE	S	SO	O	NO	TOT.	%
Calma	2	8	20	16	10	0	4	4	64	16
Brisa	11	10	32	44	30	4	12	17	160	40
Fresco	3	17	10	48	24	4	2	4	112	28
Fuerte	4	8	2	15	6	3	5	1	44	11
Huracán	0	1	0	5	2	1	9	2	20	5
TOTAL	20	44	64	128	72	12	32	28	400	–
%	5	11	16	32	18	3	8	7	–	–

Colocado entre las bajas presiones de la Meseta y las altas de la costa, sufre Millares bastantes días de viento fuerte, no faltando los de huracanado, en proporción que no baja del 5%.

Durante cuatrocientos días consecutivos, en todo el año 1931, y parte del 32, hemos observado los siguientes:

Estado del cielo

No hemos anotado cuotidianamente el estado del cielo, mas si bien en invierno los días cubiertos son muy frecuentes, en las otras estaciones, aun en los días de copiosa lluvia, siempre que ésta no vaya acompañada de grandes depresiones del barómetro, puede y suele el cielo permanecer alternativamente despejado por completo, nuboso, o totalmente cubierto.

En primavera, los días despejados son frecuentes así como los nubosos tienen tendencia a disminuir. En verano, el cielo despejado no se apiada del labrador que pide agua para sus campos sedientos, o del pastor que sudoroso que busca una sombra donde descansar. Las nubes están ausentes de todo el cielo y ni con la mejor voluntad podemos llamar nublado a los tenues vellones de blancos vapores que al filo del mediodía parece que adornan la atmósfera, ni a los cirros y nimbos que muchas tardes reflejan los rayos de púrpura y violeta, últimos de un día que muere.

Por lo general, hasta entrar en noviembre, no vuelven las nubes a cubrir por completo el horizonte, y las irregulares lluvias otoñales dejan ver, casi siempre, entre jirones de nubes, el cielo azul. Por allí filtra el sol, y el alma puede extasiarse en la contemplación de un puente multicolor que cruza el río en un solo arco. ¡El arco iris!

¡Cuán diferente este panorama al que se presenta con la invasión de las nieblas y el frío…! Los nubarrones de tormenta y de nevasco se detienen pronto entre los picachos de las cercanías y con la falta de sol y la sobra de aguas que corren por las calles del pueblo convertidas en resbaladizas torrenteras, arrecia el frío y hasta que un rubicundo Febo o el violento Eolo no barren los velos que cubrieron la atmósfera, no se ven las coronas de nieve de las cumbres de Martés o del Caroche.

Observaciones barométricas

Tal vez sea, para el objeto principal de esta memoria la observación del barómetro el dato meteorológico de menor importancia.

En efecto, Millares ni es punto de origen de altas presiones atmosféricas, ni centro de grandes depresiones barométricas, y como lugar de paso entre la Meseta y la costa, más que influir con las presiones propias, sufre la acción de extremas del litoral o de La Mancha.

Cuadro de presiones medias en milímetros de mercurio

	Año 1928	Año 1929	Año 1930	Año 1931	MEDIA
Enero	756,1	760,2	755,5	756,7	757,6

	Año 1928	Año 1929	Año 1930	Año 1931	MEDIA
Febrero	758,9	756,6	755,5	757,8	757,2
Marzo	753,9	757,1	756,8	759,4	756,8
Abril	754,0	755,5	753,2	757,4	755,0
Mayo	758,0	754,9	758,1	760,8	760,0
Junio	758,4	757,7	758,1	758,8	758,0
Julio	758,9	757,6	758,9	759,2	758,6
Agosto	757,9	758,8	757,7	757,0	757,7
Septiembre	752,8	757,6	753,3	757,5	755,3
Octubre	754,0	755,9	755,7	756,1	755,4
Noviembre	752,6	754,4	757,5	755,2	754,9
Diciembre	757,7	756,7	758,9	754,3	756,9
Med. anual	756,1	756,8	756,6	757,6	756,8

LÍNEA ISÓBARA DE MILLARES: **756,8.**

Oscilación anual

La oscilación de la presión media es pequeña en el transcurso de los meses. El mínimo efectivo se presenta a mediados de otoño, coincidiendo con el periodo de más abundantes lluvias; otra serie de bajas presiones se nota al principio de la primavera, pero ella es mucho menos marcada que la anterior. A partir de ambas fechas, el barómetro sube con pequeñas oscilaciones para alcanzar el máximo absoluto en mayo y junio y otro relativamente en enero.[25]

Presiones xtremas

Las oscilaciones de la media diaria pueden llegar a ser bastante notables en los días de lluvia o fuertes vientos, pero la mensual suele mantenerse a un nivel relativamente constante.

En el cuadrienio de referencia la presión máxima observada ha sido de 765,9 mm el 3-1-1929, y la mínima de 747,6 mm el 13-11-1928.

Presión media

La altura de la columna de mercurio en el barómetro es inversamente proporcional a la del suelo sobre el nivel del mar.

---

25 Este detalle tan interesante puede ponerse de manifiesto muy fácilmente comparando los cuadros de temperaturas, presiones, lluvias y humedad atmosférica.

La situación relativamente elevada de Millares, más la proximidad de algunos importantes núcleos montañosos, hacen que esta influencia sea más notada y que por ello la media de presiones, bastante inferior a la de otras localidades más bajas, de la provincia.

Otros meteoros

La nieve no es frecuente en Millares, si bien en el término municipal ningún año deja de caer. El pueblo casi nunca llega a cubrirse, y en todo caso por muy breve tiempo; en cambio la Muela, y especialmente Caroche y Martés, quedan blancos todos los años durante muchos días, y a veces en toda la invernada.

El granizo es tal vez más común que la nieve pues raro es el verano que con alguna de sus rápidas tormentas, no deja caer sus perjudiciales nódulos. A pesar de ello no suelen las granizadas ocasionar grandes pérdidas, debido a la índole especial de los cultivos, casi todos de secano, y a la relativa benignidad de ellas.

En cambio las nieblas son más frecuentes, y por todos los barrancos asoman densas en los días de frío, a donde llegan por el vaso del río.

También en el invierno, después de las noches serenas en que es mayor la irradiación de calor, amanecen los campos con un aire blanquecino que les da la abundante escarcha. Tampoco ella daña en grado notable, ya que en su época sólo viven los árboles de secano, y pocos frutales, todos ellos bien resistentes al frío, más las matas de trigo de la última siembra, que pueden muy bien quedar bajo la nieve sin padecer.

El rocío en cambio raro es el día que no se presenta, claro está que si no hace bastante frío como para que se convierta en escarcha, las gotas de agua pendientes de todos los vegetales dan a la campiña un brillante aspecto y… al que pasea… un remojón inesperado.

Resumen climático

Con la aparición del invierno, el régimen de lluvias se encuentra en todo su apogeo. Las presiones bajas y las precipitaciones abundantes hacen más notable la sensación de frío, que se acrecienta con el viento del norte o del oeste, fuerte y helado.

Tras las últimas lluvias de diciembre la presión sube y la temperatura baja para alcanzar el mínimo de enero. Las escarchas se presentan con alguna frecuencia, y muy rara vez la nieve cae para cuajar, aunque cubra algunas sierras del horizonte.

Con cielo bastante sereno transcurre el mes de marzo, hasta que más o menos pronto se inicia una fuerte depresión en el barómetro y comienzan las lluvias de primavera.

Con la llegada de la bella estación las nieves se licúan, las escarchas pierden su albura convirtiéndose en rocíos, los vientos disminuyen de velocidad y saltan a los primeros cuadrantes y si todavía algún descenso termométrico tardío nos recuerda el ya pasado invierno, el florecer de las plantas y el bullir de las miríadas de insectos, nos recuerdan que la fecha de los amores naturales llegó: que la primavera renace.

El núcleo de presiones bastante elevado sigue durante todo el verano y sólo algunos días, bruscas depresiones del barómetro, anuncian que una tormenta de truenos y relámpagos, más o menos imponente, se va a presentar. Son esos los días temidos del granizo y del rayo, en que uno deshoja al árbol y el otro destruye al ganado.

Pero los días despejados son los más y, como antes dijimos..., pobre del que confía en las nubes para encontrar lluvia o sombra. La sequía es grande, y aquélla cuando cae, violenta y de poca duración, por lo que dan bien poco que agradecer a las sedientas solanas.

El calor, claro es que va descendiendo lentamente, y las noches en especial refrescan, al correr de las semanas, pero hasta que reiteradas lluvias no dan mayor humedad al ambiente, los fríos fuertes del invierno no se llegan a percibir.

Conclusiones finales

Zona templada cálida en el Mediterráneo occidental, mediana altura sobre el nivel del mar, aires puros constantemente renovados, tibio abrigo entre los peñascos que le resguardan de los fríos de Martés, Caroche o Albacete, abundantes pinos que dan ozono vivificador, sol constante que permite la helioterapia fácil, cotas elevadas en que el clima de altura permite la acción combinada de las bajas presiones y de los más puros rayos del astro rey, aguas abundantes donde la higiene personal puede satisfacerse sin escaseces, puntos magníficos para practicar cualquier deporte, rincones poéticos donde soñar en el amor...

La isoterma un poco más baja que la de la capital, demuestra la bondad del clima aun en invierno; la elevación de La Muela permite las curas de altura; su ambiente en que flota la fragancia de los pinos, atrae, ensancha el ánimo, y la belleza del panorama unida a la salubridad del clima, podría hacer de Millares, si sus comunicaciones fuesen mejores, una espléndida estación de veraneo, o un inmejorable refugio de anémicos, pre-tuberculosos, y toda aquella clase de semi-enfermos que tras la agitada vida ciudadana necesiten del absoluto reposo en un óptimo lugar...

Capítulo sexto

Botánica sistemática

Generalidades

El estudio completo de la fauna y flora de un territorio, aunque éste sea tan reducido como un término municipal, es labor que hemos de calificar de imposible en absoluto para una sola persona, aun si ésta se ve ayudada en su tarea por los mejores deseos y el mayor entusiasmo. Tanto más lo será para el médico rural en ejercicio, que a su abrumadora tarea cuotidiana, habrá de añadir un desconocimiento casi completo de la taxonomía linneana y una falta total de medios adecuados de investigación.

En efecto, sólo a dos fuentes de conocimientos puede recurrir quien desee la formación de uno de estos catálogos de las especies vivientes de un lugar determinado: a la bibliografía o a la naturaleza. La primera es todavía muy escasa en España por lo que a ciencias naturales se refiere y especialmente para nuestra región, son muy pocos los autores que han escrito. El escaso número de naturalistas que se ocuparon de la fauna y flora valentinas, y el amplio número de especies que en tan variado territorio se cobija, explica la escasez de datos.

Es más, bajo el punto de vista concreto de la confección de un catálogo regional, poco sirven los generales de la nación, pues en ellos cada especie suele llevar la indicación de la provincia, sin más datos, por lo que cualquier investigador no naturalista, carece de medios para averiguar la localidad ni el hábitat exacto de cada una de ellas; y en nuestro caso se expone a dar como especies de tierra adentro, las que son exclusivas del litoral, o viceversa.

Más a pesar de tales dificultades, aun las reúne mayores la investigación directa. La búsqueda de ejemplares es labor propia por lo menos de aficionados con sólidos conocimientos sobre la materia y con instrumental apropiado. La preparación y montaje de los hallazgos, y aun más, su determinación exacta, es necesariamente tributaria de un especialista concienzudo, que posea buenas colección y biblioteca.

Para catalogar los lepidópteros, pongo por caso, de una región, no basta con salir unos días por los campos, armado del cómico cazamariposas y de una almohadilla con medio centenar de alfileres, para luego comparar los ejemplares recolectados, con las láminas, más o menos inexactas del Buffon o del Espasa. Es necesario por el contrario poseer un grupo de aparatos que no es el caso describir aquí, una rica colección, una biblioteca especializada y bastante nutrida, y con unos profundos conocimientos en la rama, una paciencia a toda prueba y una gran afición a tales estudios.

Multiplíquense estas dificultades por el número de clases, grupos, órdenes, familias, etc., existentes, y hallaremos el absolutamente imposible con que encabezamos el presente capítulo. Más aun, una vez construido un buen catálogo local, su lectura nada dice al médico general pues, desconocedor de la técnica naturalista, no puede sacar deducción alguna de interés de la lista de nombres de etimologías griegas y latinas que se le presenta a consideración.

Prueba de nuestros asertos, y no se tomen como crítica, ya que también mis catálogos van a ser juzgados, nos la da el examen de los que en ésta y otras topografías médicas podemos hallar. Salvo uno o dos autores, nadie se lanzó en este capítulo a escribir un trabajo serio a prueba de discusiones, y aun en las de aquellos se notan muy crasos errores, como los habrá también en los míos. Pero expuestas quedan las dificultades con que se tropieza al escribirlos; tratamos al señalarlas, que se disculpen los que se hallarán en las listas que damos a continuación.

Geografía botánica

La vegetación dominante en este municipio es la que corresponde a los bosques de pinos con sus claros en que los pastos abundan rodeados de matorrales y leñas bajas. Naturalmente secano, sólo presenta ejemplares que necesitan de la humedad en las umbrías de algunos barrancos y artificialmente, en las huertas.

La facies general es muy semejante a la de todos los lugares semejantes de la provincia, con la variación propia de la variedad de alturas. Constituido su suelo por rocas en su mayor parte calizas, domina la vegetación calcícola, faltando completamente la silicícola.

En las huertas artificiales existen variados cultivos que detallaremos en la sección correspondiente.

Para la clasificación de las especies nos hemos valido de las clasificaciones dicotómicas de la *Flore française, de la Belgique,* etc. de Gillet & H. Magne, y de la *Flora española* de Lázaro e Ibiza.

Para investigaciones más completas hemos revisado los modernos trabajos de botánica de los Drs. Pau, de Segorbe, y Beltrán, de Valencia, encontrando, sobre todo en el primero, algunos datos de interés, si bien ambos autores han dedicado muchas más páginas a la provincia de Castellón, y en especial a la Sierra de Espadán, que al resto de la región.

El catálogo que presentamos a continuación es incompletísimo, pues ni hemos encontrado todas las plantas que por aquí se podían hallar, ni hemos podido determinar todas las recolectadas. Así mismo, por razones técnicas que no hemos podido vencer, nos hemos visto obligados a suprimir toda la parte de botánica microscópica.

Relaciones de la vegetación con la geología

La vegetación que cubre el suelo sirve a veces de poderoso medio para averiguar la naturaleza de las rocas que la sustentan y los límites que entre ellas existen. No todas las plantas pueden vivir en el mismo suelo, sino que por el contrario, según ellas sean, necesitan encontrar en éste determinadas condiciones físicas o químicas, lo que es causa de que constituyan verdaderas asociaciones al convivir sobre la misma base.

Inversamente y por consecuencia de esto, a igualdad de suelo y de formación botánica (bosque, prado, campo, dehesa, etc.), han de hallarse idénticas comunidades vegetales. Allí donde existen radicales diferencias en la composición de las rocas, y más que todo, cuando éstas provienen de ciertos compuestos químicos de esencial influencia fisiológica, la vegetación manifiesta a primera vista el cambio por la variación de los árboles, arbustos o hierbas que la integran.

En la vertiente norte que mira al río, por donde afloran elementos arcillosos, calizos y cuarcíticos, destacan especialmente las margas calizas por las prósperas hierbas que en ellas crecen. Y toda la superficie de Millares, tan rica en calizas, presenta una vegetación bastante variada como para permitir un catálogo relativamente nutrido.

Catálogo de la flora

Nos vamos a permitir una nueva modalidad en la forma de exponer el catálogo de esta flora. En lugar de herborizar y ordenar las plantas sistemáticamente, lo hemos hecho por lugares, es decir, por grupos fisiológicos, no anatómicos.

En fin, tengamos presente que por la forma de presentar este catálogo hemos de incurrir en algunas repeticiones ya que ciertas plantas, el pino por ejemplo, pueden estar en grupo de vegetación arbórea, y en el de plantas propias de la zona fría.

Grupo primero: vegetación arbórea

1. *Pinus pinaster*	Pino rodeno
2. *Pinus laricio*	Pino carrasco

3. *Juniperus sabinoides*	Sabina albar
4. *Fraxinus ornis*	Fresno
5. *Fraxinus oxiphila*	Fresno
6. *Hacer campestris*	Arce
7. *Populus alba*	Álamo blanco
8. *Populus nigra*	Álamo blanco
9. *Ulmus campestris*	Olmo
10. *Quercus iIlex*	Encina
11. *Celtis australis*	Almez
12. *Ficus carica*	Higuera
13. *Juglans regia*	Nogal
14. *Ceratonia siliqua*	Algarrobo
15. *Olea europaea*	Olivo

Excluimos de esta primera lista las especies que no se encuentran más que cultivadas.

Los pinos se encuentran formando bosques, si bien no en grandes extensiones. Las sabinas sólo podemos hallarlas en los puntos más elevados y fríos. El almez se cría sin necesidad de cultivo en las orillas de los campos de regadío. Las demás especies, se hallan en ejemplares sueltos por los diversos rincones y partidas.

Grupo segundo: vegetación de la zona fría

16. *Erninacea pungens*	Erizo
1. *Pinus pinaster*	Pino rodeno
3. *Juniperus sabinoides*	Sabina albar
4. *Fraxinus ornus*	Fresno
6. *Acer campestris*	Arce
17. *Anthyllis erinacea*	Erizo
18. *Ulex europeus*	Aliaga
19. *Cistus erispus*	Aliaga
20. *Cistus albidus*	Aliaga
21. *Asarum europaeum*	Orejas de fraile
22. *Polypodium vulgare*	Helecho
23. *Adiantum capillum veneris*	Culantrillo
24. *Asplenium cetera*	Doradilla
25. *Gesum montanum*	Doradilla
26. *Saxifraga granulata*	Saxifraga
27. *Viburnum timus*	Durillo
28. *Campanula rapunculis*	Campanilla

29. *Arbustus uvayurai*	?
30. *Vincetoxicum oficinalis*	?
31. *Digitalis purpurea*	Dedalera
32. *Teucrium chamaedrys*	?
33. *Teucrium polium*	?
34. *Teucrium aureum*	Aliso
35. *Calamintha officinalis*	?
36. *Lavandula vera*	Espliego
37. *Rosmarinus officinalis*	Romero
38. *Thymus vulgaris*	Tomillo
39. *Quercus coccifera*	Coscoja
40. *Juniperus comunis*	Enebro
41. *Ophrys apifera*	?
42. *Macocholca tenacissima*	Esparto

Merece especial mención el erizo, que es exclusivo de esta zona, la abundantísima aliaga, el enebro y la digital por su posible aprovechamiento farmacológico, el romero, muy apreciado como combustible, y sobre todo el esparto, el más útil del grupo.

Del aprovechamiento industrial de ésta y otras plantas, ya daremos cuenta en la sección correspondiente.

Grupo tercero. Vegetación de la zona media

En el término de Millares, pertenecen a esta zona las partes altas soleadas y las superiores de las orillas del Júcar. Esta zona, sin un límite exacto de separación con la anterior, presenta, entre las suyas propias, muchas de las plantas de la zona fría, notándose cómo se sustituyen conforme se va descendiendo de los puntos más elevados.

43. *Cistus populifolius*	Jara
44. *Cistus salvacifolius*	Jara
45. *Pistacia lentiscus*	Lentisco
46. *Rosa canina*	?
47. *Crataegus oxyacantha*	Espino albar
48. *Amaliancher vulgaris*	?
49. *Rubus fructicosus*	Zarzamora
50. *Cornus sanguinea*	Zarzamora
51. *Sambucus ebulus*	Zarzamora
52. *Ligustrum vulgare*	Aligustro
53. *Viola odorata*	Violeta

54. *Lavandula padunculata*   Cantueso

Además de las arbóreas ya citadas…

1. *Pinus pinaster*   Pino
2. *Pinus laricio*   Pino
4. *Fraxinus oxiphilla*   Fresno
7. *Populus alba*   Álamo
8. *Populus nigra*   Álamo
9. *Ulmus campestris*   Olmo
10. *Quercus illex*   Encina

Grupo cuarto. Vegetación de la zona cálida

El límite inferior de esta zona se confunde, en el término de Millares, con la orilla del Júcar. El superior se extiende en las solanas hasta los 800 metros de altitud y en las umbrías hasta los 600. Abarca toda la parte que mira al Júcar, y las porciones más soleadas de las ramblas.

A. En los bosques de pinos y sus lindes, sotos, etc.

55. *Pulsatilla vulgaris*	
56. *Anemone silvestris*	
57. *Arabis hirsuta*	Estas plantas carecen
58. *Hutchinsia petrea*	de nombre vulgar.
59. *Dictamanus albus*	
60. *Potentilla arenaria*	
61. *Vilburnum lantana*	
62. *Innula viscosa*	
63. *Centaura montana*	Me es desconocido
64. *Adonis aestivalis*	el nombre vulgar
65. *Gentiana cruciata*	de estas especies.
66. *Ophrys muscifera*	
67. *Orlaya grandiflora*	

B. En los caminos, campos, repechos soleados, etc.

68. *Adonis vernalis*
69. *Nivella arvensis*
70. *Erysium odoratum*
71. *Erysium occidentale*
72. *Orobanque azureuas*
73. *Orobanque pilosellus*
74. *Bupleurum rotundiflora*

75. *Nonnea pulla*
76. *Saendix pecten–veneris*
77. *Caucalis daucoides*
78. *Anagallis coerulea*
79. *Stipa pennata*
80. *Centaura calcitrapa*
81. *Tussilago farfara*

C. Formando el monte bajo, por matorrales.

82. *Aira caryophillaea*	Heno
83. *Rhamus alternus*	?
84. *Myrthus comunis*	Murta
85. *Vinca major*	Hierba-doncella
86. *Cerinthe major*	?
87. *Verbena officinalis*	Verbena
88. *Nerium oleander*	Adelfa o baladrero
89. *Salix viminalis*	Junco
90. *Cyperus longus*	Mimbre
91. *Papaver somniferum*	Adormidera
92. *Papaver rhoeas*	Amapola o ababol
93. *Paganum armala*	?
94. *Pistacea therebinthus*	Pistacia
95. *Genista tinctorea*	Cornicabra
96. *Lonicera caprifolium*	Madreselva
97. *Calluna vulgaris*	Brezo
98. *Arbustus ubedo*	Madroño
99. *Erytraea centaurea*	Centaurea
100. *Verbascum thapsus*	?
101. *Melissa officinalis*	Melisa
102. *Ruscus aculeatus*	Brusco
103. *Smilax aspera* Zarzaparrilla	
104. *Bellevallia comosa*	Jacinto
105. *Lygeum spartum*	Albardín

De este grupo merecen especial mención: el heno por su utilidad, la adelfa por la idea que de su toxicidad tienen las gentes, y la melisa, la zarzaparrilla y la adormidera, por su posible uso medicinal.

Grupo quinto. Vegetación de la zona semitropical

La sola planta de interés que ofrece este grupo en la flora que estudiamos es:

106. *Chamareops humilis*   Palmito o margajón

Grupo sexto. Vegetación de la zona de regadío: orillas de las acequias, charcas, parte más húmeda de los barrancos

107. *Potamogeton lanceolatum*	Lengua de oca
108. *Lemna minor*	Lenteja de agua
109. *Carex vulpina*	?
110. *Setaria viridis*	?
111. *Imperata cylindrica*	?
112. *Arum italicum*	Flor de haro
113. *Juncus lamprocarcus*	Junco
114. *Asparragus acutifolius*	Espárrago
115. *Asphodelus fistulosus*	Gamonera
116. *Iris germanica*	Lirio
117. *Urtica urens*	Ortiga
119. *Euphorbia segetalis*	Lechetrezna o lletera
120. *Euphorbia exigua*	Lechetrezna o lletera
121. *Euphorbia serrata*	Lechetrezna o lletera
122. *Malva rotundifolia*	Malva
123. *Alysum calcinatum*	Aliso
124. *Lytrum salicaria*	Salicaria
125. *Trifolium repens*	Trébol
126. *Trifolium tomentosum*	Trébol
127. *Clematis flemula*	Botón de oro
128. *Ranunculus repens*	Ranúnculo
129. *Reseda luteola*	Reseda
130. *Convulvulus althoeoides*	Enredadera
131. *Borrago officinalis*	Borrajas
132. *Lavandula mentha*	Menta
133. *Mentha rotundifolium*	Menta
134. *Salvia verbenacea*	Salvia
135. *Campanula erinus*	Campanilla
136. Bellis perennis	?
137. Senecio vulgaris	?

Merecen especial mención por sus usos medicinales: la silacaria, la salvia, la menta y la borraja.

Grupo séptimo. Hongos macroscópicos

138. *Agaricus phalLoides*	Tóxico
139. *Agaricus truncotrum*	?
140. *Lactarius deliciosus*	Comestible

141. *Lactarius torminosus*	Tóxico
142. *Ammanita cessarea*	Comestible
143. *Ammanita verna*	Tóxico
144. *Ammanita mappa*	Tóxico
145. *Bovista gigantea*	?
146. *Boletus satanas*	Tóxico
147. *Boletus luridus*	Tóxico
148. *Clavaria flava*	Tóxico
149. *Clitopulus prunculus*	Comestible
150. *Helvella nitra*	Comestible
151. *Lycoperdum pyriforme*	?

Nos excusamos insistir sobre la importancia médica que este discutido grupo presenta. Compuesto por especies tóxicas unas, susceptibles hasta de causar la muerte, y deliciosamente comestibles otras, todavía no están de acuerdo los micólogos sobre los caracteres de diferenciación de ambas secciones. En lo que respecta a Millares, la utilización de setas no ha dado lugar en los últimos años a ningún envenenamiento.

Grupo octavo. Algas, musgos, líquenes y helechos

El número de especies que de esta agrupación podemos presentar es el más incompleto de este catálogo; tributarias del microscopio como condición *sine qua non* para su determinación exacta, señalamos aquellas fácilmente separables y aquellas otras que ya conocíamos con anterioridad.

Tanto su papel económico como médico es de escasa importancia, pues generalmente carecen de propiedades especiales para uno u otro aprovechamiento.

Líquenes

152. *Psora testacea*
153. *Verrucaria nigrescens*
154. *Lecanora subfusa*
155. *Parmelia plumbea*
156. *Evernia purpuracea*

Hepáticas

157. *Riccia glauca*
158. *Atemaris corsicana*
159. *Marthantia paleacea*

160. *Marthantia polimorpha*
161. *Prionolobus dentatus*
162. *Frullaniella pseudoriccia*

Musgos

163. *Sphagnum rigidum*
164. *Sphagnum medium*
165. *Sphagnum molle*
166. *Sphagnum crassiclaudum*
167. *Sphagnum platyphyllum*
168. *Weissia viridula*
169. *Alcina alcides*
170. *Fumaria serrata*
171. *Fumarium albicandis*
172. *Dreppanium subculaceum*

Helechos

173. *Polypodium vulgare*
174. *Cheilantes odora*
175. *Pteryx aquilina*
176. *Equisetum arvensis*
177. *Ediantus capillum-veneris*

Grupo noveno. Vegetación cultivada

Debido a las necesidades del consumo, propias de cada mercado, y a las dificultades del transporte cuotidiano ha sido precisa en muchos puntos la aclimatación para el cultivo, previa importación, de muchos vegetales que de otro modo no se cultivarían nada más que en otros lugares.

La lista de plantas cultivadas de un país no pertenece a la flora espontánea, por lo que la excluiremos del presente catálogo, para incluirla en el de agricultura.

Utilización de la vegetación espontánea

Si fuésemos a estudiar cada una de las posibles aplicaciones de cada una de las plantas halladas, tal vez hiciésemos una mediana labor, pero nos saldríamos por completo del plan de este trabajo. La utilización de estas especies en Millares es por demás rudimentaria.

Salvo el almez, que en los ribazos de las huertas sostiene elevados los campos vecinos y sus ramas se exportan para la construcción de cayados, horcas, etc., de todos los restantes árboles y arbustos, la leña es el producto principal.

El esparto sigue en importancia por su abundantísima utilización por los naturales.

El palmito o margajón es exportado en grandes cantidades, ya como palma, para la construcción de escobas, bien por la parte comestible de su raíz.

Las plantas de tipo herbáceo como el heno, etc, son consumidas *in situ*, por los ganados, relativamente abundantes.

En fin, la zarzamora, etc., por sus sabrosos frutos, es buscada en su época por chicos y grandes, para acabar con las frescas mórulas que endulzan los labios y oscurecen los dientes.

Las setas, en las temporadas lluviosas de noviembre, no son raras, siendo cuidadosamente recogidas por legiones de hombres y mujeres, para enviarlas a mercados más ricos.

No conocemos ninguna planta medicinal que sea racionalmente utilizada por la ingenua medicina natural de estos habitantes.

Capítulo séptimo

Zoología sistemática

Al contrario que en la botánica, las especies zoológicas son menos características de cada zona, puesto que se adaptan al medio con mayor facilidad y necesitan de variaciones más considerables para dejar de subsistir. Exponemos a continuación un catálogo reducido, comprendiendo las más clásicas especies vistas.

Tipo invertebrados

Clase protozoarios

Clase tanto más interesante cuanto que es la menos estudiada de nuestra región, más aun, ya que muchas de las especies que abarca influyen en la economía por ser o parásitos del hombre u otros animales, o por intervenir como factores principales de las descomposiciones orgánicas.

Las especies parásitas habrán de buscarse sobre sus huéspedes según técnicas especiales de cada caso. Las de régimen libre se hallarán en los puntos donde haya materiales en descomposición, heces fecales, etc. También mediante lavados y decantaciones sucesivas o preferentemente con un aparato llamado «manga de plancton», podrán encontrarse en las aguas estancadas y en los lodos de muchas fuentes.

La preparación de los materiales recolectados sigue las reglas de la técnica microscópica con su fijación, su tinción, etc. Las especies podrán separarse mediante cultivos especiales o selecciones meticulosas.

El número de las que existen en la región valenciana, y de ella en Millares, debe ser muy crecido; faltos por completo del material adecuado, solamente hemos podido aislar las que siguen:

Rizópodos (todos en aguas estancadas)
1. *Rotalia alba*
2. *Rotalia aphaerinifula*
3. *Rotalia texturaliformis*
4. *Uniloculina minima*
5. *Biloculina globula*

6. *Biloculina major*
7. *Triloculina hellwigi*
8. *Plannulina orbiculata*
9. *Planorbulina fluviatilis*
10. *Globigerina milligenii*
11. *Textularia serrata*
12. *Textularia porifera*

Esporozarios

13. *Gregarina ictiodolens*   Parásito de rana
14. *Coccidium oviforme*   Hígado de cordero
15. *Plasmodium malariae*   Importado, en sangre humana
16. *Haemameba laverani*

Infusorios

17. *Balantidium coli*   En aguas y deyecciones
18. *Balantidium duodeni*   En agua e intestino de rana
19. *Opalina ranarum*   En agua e intestino de rana
20. *Opalina lumbrici*   Intestino de lombrices
21. *Cercomona intestinalis*   Deyecciones humanas
22. *Trichomona vaginalis*   En el flujo vaginal
23. *Vorticella pennicillum*   Sobre tallos de algas
24. *Vorticella microstoma*   Sobre tallos de algas
25. *Epystilis cannani*   Tallos de esparto macerados
26. *Spirochaeta pallida*   Sangre humana

Todas estas especies carecen de nombre vulgar y son desconocidas por las gentes. Presentan menor interés entre las citadas, las acuáticas, cuya acción se reduce, puede decirse, a activar la descomposición de las sustancias orgánicas sumergidas. Mayor lo tienen las que parasitan en los animales y en el intestino humano, pero a nuestro objeto son merecedoras de la mayor atención las especies productoras del paludismo y la sífilis.

La espiroqueta de Schaudin fue importada a este pueblo en época no lejana y hoy se halla parapetada en un heredosifilítico, y es casi polifármaco-resistente. El paludismo llega a temporadas, después de la siega del arroz a la que acuden muchos jornaleros de este pueblo.

Vencido el primero por la medicación salvarsánica activa y el segundo por un clima seco, de altura, la sífilis parece que no ha de reproducirse hasta la llegada de nuevos casos exógenos. El paludismo da lugar a algunas recidivas atajadas pronto.

Clase espongiarios

Grupo casi exclusivamente marino, tiene un representante que se ha hallado en el Júcar, pero que en el término de Millares con tan rápida corriente y tan alejado del mar no puede vivir.

Se trata de la *Songilla fluviatis* que se ha visto en el lago de la Albufera y en la desembocadura del Júcar.

Clase pólipos

También marinos en su mayor parte los seres de esta clase, tienen algunos representantes en las aguas dulces.

Entre las alg*as acuáticas de ciertas umbrías, hemos encontrado la inofensiva...*
27. *Hydra fluviatilis*

Clase equinodermos

También exclusivamente marina y sin representación viviente en la zona que estudiamos.

Clase gusanos

Clase interesantísima por el gran número de especies parásitas que contiene. Éstas hay que buscarlas, como todas las de cualquier otra clase, según técnicas especiales para cada caso. Las especies libres se encuentran en todas las tierras que contengan materias orgánicas mediante cribado, debajo de las piedras, en los lodos y barros y en las aguas estancadas o corrientes. Para su captura basta una azadilla, una criba, una red, un par de pinzas de hoja blanda y un frasco con alcohol. Para su conservación deben mantenerse sumergidos en frascos con unos líquidos llamados conservadores.

Las especies que hemos identificado son las siguientes:

Platelmintos

Llamados lombrices solitarias, habitan en el intestino de diferentes animales, y sus anillos pueden encontrarse en las correspondientes deyecciones.

28. *Tenia solium*
29. *Tenia saginata*
30. *Tenia serrata*
31. *Tenia canina*
32. *Tenia medicoanellata*
33. *Distoma hepaticum*   Duela del hígado

Nematelmintos

34. *Tileutis tritici*   Parásito del trigo
35. *Trichina spiralis*   Ganado porcino

36. *Ascaris lumbricoides*	Intestino humano
37. *Ascaris megalocephala*	Intestino del caballo
38. *Oxiurus vermicularis*	Intestino humano
39. *Oxiurus alveolata*	Intestino del ratón
40. *Oxiurus covula*	Intestino del caballo
41. *Ascaroides myxtax*	Intestino del perro
42. *Anguillula intestinalis*	Intestino humano y canino
43. *Anguillula aceti*	Gusano del vinagre
44. *Gordius acuaticus*	Piedras sumergidas
45. *Giganthorrynchus moniliformis*	En el Blaps

Anélidos

46. *Lombricus terretris*	Lombriz de tierra
47. *Hololobophora herculea*	Lombriz de tierra gigante
48. *Hirudo officinalis*	Sanguijuela
49. *Hirudo sanguisuga*	Sanguijuela
50. *Limnotis limnotica*	Sanguijuela
51. *Dina blassei*	Sanguijuela

De entre las numerosas especies citadas es de notar la falta, entre los parásitos de los *Bothriocephalus* y *Filaria*. El abundante surtido de tenia y demás especies intestinales lo hemos hallado gracias a las numerosas observaciones sobre heces, que hicimos en busca de coleópteros coprófagos.

La tenia, a pesar de lo numeroso de sus especies, no es muy abundante en ejemplares. No ocurre lo mismo con los *Ascaris* y *Oxiurus*, que se presentan, tal vez, en el 10% de los chicos del pueblo.

En cuanto a la *Trichina*, si bien no conocemos ningún caso actual, ha producido en otras temporadas pequeñas epidemias entre el ganado de cerda.

Las lombrices de tierra influyen sobre ella por la remoción de materiales (acción benefactora), y por el consumo de materia orgánica (acción perjudicial).

Las sanguijuelas no son peligrosas, y el temor de las gentes a que, al beber, se agarren a la laringe o a la faringe, está completamente desprovisto de fundamento.

Clase artrópodos

El número de grupos y órdenes en que se divide esta clase, y la cantidad de especies que contiene, realmente asombrosa, nos obliga a separar los diferentes grupos naturales, como antes hicimos con las clases.

Arácnidos

Sus costumbres, siempre carnívoras e incluso caníbales, y su adaptación a los más diversos medios de vida, hacen muy variados los métodos de caza de estos articulados.

Para las especies acuáticas basta una red de malla fina o la de plancton; para las terrícolas es necesario una azadilla, una pinza larga de hoja blanda y un chupador; las tejedoras deben capturarse con la pinza de raqueta; las florícolas se capturan abundantes con el quitasol articulado o la manga de Bolívar; etc. Se encuentran preferentemente en los rincones de las habitaciones, en las cuevas, entre las matas, bajo las piedras y troncos caídos, escondidos en galerías en las fisuras del suelo, bajo las cortezas de los árboles, en las flores, en los remansos de las aguas, etc.

Los ácaros, en cambio, son parásitos en su mayor parte, de toda otra clase de animales, y se encuentran sobre éstos, en los pliegues articulares o entre los pelos, o también sobre los cadáveres ayudando a su descomposición. Para la conservación de estos articulados, deben pegarse bien sobre portaobjetos, con las patas extendidas y mantenidos en líquidos adecuados.

No hemos podido clasificar la mayor parte de los ácaros parásitos de insectos. He aquí el catálogo de las especies observadas:

Quernetos

52. *Chelifer pini*	Cortezas de pino
53. *Chelifer hispanicus*	Bajo las piedras

Ácaros

54. *Uropoda nummularia*	Cadáveres desecados
55. *Trachynotus cadaverinus*	Cadáveres desecados
56. *Glyciphagus cursor*	Cadáveres desecados
57. *Glyciphagus spinipes*	Cadáveres desecados
58. *Tyroglyphus sire*	Cadáveres y quesos desecados
59. *Tyroglyphus longier*	Cadáveres y quesos desecados
60. *Tyroglyphus entomophagus*	Sobre coleópteros cropófagos
61. *Tyroglyphus siculus*	Sobre coleópteros coprófagos
62. *Serrator necrophagus*	Cadáveres desecados
63. *Serrator amphibius*	Sobre ciertos hongos
64. *Carpophagus echinops*	Bulbos vegetales en descomposición
65. *Atax histrionicus*	Garrapatas
66. *Ixodes reduvius*	Garrapatas
67. *Ixodes ricinus*	Garrapatas
68. *Phitopus vitis*	Piojo de la vid

69. *Sarcoptes scabiei*	Sarna

Escorpónidos

70. *Butus europaeus*	Escorpión o alacrán
71. *Euscorpius flavicaudis*	Escorpión o alacrán

Arácnidos

72. *Lycosa albofasciata*	Tarántula
73. *Lycosa radiata*	Tarántula
74. *Lycosa narbonensis*	Tarántula
75. *Tegenaria domestica*	Araña casera
76. *Pochylomerus edificatoribus*	Araña casera
77. *Ero aphana*	Araña casera
78. *Filistrata insidiatrix*	Araña casera
79. *Salticus scenicus*	Alguacil de moscas
80. *Phalangium opilio*	Cuevas y lugares húmedos
81. *Thomisus longimanus*	Cuevas y lugares húmedos
82. *Anophtha troglodytes*	Cuevas y lugares húmedos
83. *Eresus cinaberinus*	Araña de agua
84. *Simena globulosa*	Plantas y flores
85. *Mangora acalepha*	Plantas y flores
86. *Laxosceles distinctu*	Plantas y flores

y numerosas sp. que no hemos podido determinar.

El número de especies que podríamos citar, es indudablemente mucho mayor, mas no nos ha sido posible conseguir la determinación exacta del resto de ejemplares hallados.

De entre todos los grupos citados, el más interesante para nosotros es el de los ácaros, pues en él está incluido el molesto parásito «arador de la sarna». Siguen en importancia médica a esta especie, la serie que se alimenta de cadáveres desecados. En efecto, son ellos los que constituyen aquella «sexta cuadrilla» de que habla Magmin, al describir los artrópodos que forman la «fauna de los muertos».[26] Si bien las ideas de dicho autor han sido muy discutidas, y hoy se aceptan en medicina legal completamente modificadas, estos pequeños arácnidos, no dejan de tener todavía un gran interés. Las garrapatas, por su escasa acción sobre los ganados, casi no merecen especial mención.

---

26 Megnin, *La faune des tombeaux.*

Otro grupo que atrae nuestra atención es el de las tarántulas, con sus quelíceros venenosos, y el de los escorpiones con su reservorio yuxtaanal. Las picaduras de las primeras son levísimas, y si el alacrán causa sus molestias, también éstas pasan pronto sin causar graves alteraciones.

El grupo que podemos llamar doméstico, tiene el papel antihigiénico de almacenar polvo en las habitaciones. Ello no sería grave en Millares, donde no reina la limpieza en algunas casas, si no existiese la nefasta costumbre de cubrir con telarañas los pequeños rasguños y erosiones, que como es de suponer, se infectan con gran facilidad gracias a tal «protección».

Crustáceos

Especies todas de régimen hidrófilo, se encuentran en las aguas marinas o dulces, y de éstas en las quietas, que contienen más materia orgánica.

En Millares solo hemos observado escasas formas casi microscópicas planctónicas, que se capturan mediante la red de plancton, y otras de lugares húmedos que se hallan bajo las piedras o en los rincones oscuros de las cuevas.

Deben conservarse en líquidos adecuados, como los otros articulados de caparazón blando.

Las especies identificadas son:

87. *Daphnia pulex*	Pulga de agua
88. *Cypris bispinosum*	
89. *Cypris hispanus*	
90. *Cyclops pardoi*	En las balsas de
91. *Gammarus pungeus*	macerar esparto
92. *Gammarus fluviatilis*	
93. *Talitrus locusta*	
94. *Palemon serratus*	
95. *Palemon antenarius*	Gamba
96. *Caridina longirrostris*	

Éste es el grupo de los acuáticos o planctónicos.

El de terrestres o isópodos comprende:

97. *Armadillo officinalis*	Cochinilla de humedad
98. *Porcelio ornatus*	Bajo las piedras,
99. *Armadillium vulgare*en	los lugares húmedos
100. *Ligia italica*	
101. *Ligrostoma troglodytes*	Cueva Donas

La importancia médica de todas estas especies es escasísima o nula. Las planctónicas, por vivir en las aguas de los pozos, pueden ser interesantes en las localidades donde éstas existan. Las cochinillas de humedad intervienen consumiendo restos orgánicos de corrales y cuadras, pero su papel, como se comprenderá, es bastante limitado.

Miriápodos

Esta subclase está bastante poco estudiada en la fauna española, y el número de sus especies conocidas es bastante corto. Se encuentran abundantemente bajo todos los refugios que ofrece la naturaleza en forma de piedras, macetas, troncos caídos, etc. Basta para capturarlos buscar en tales sitios y llevarlos al frasco de alcohol con la pinza de hoja blanda. Para su conservación seguiremos las mismas reglas que para los arácnidos.

Las especies que conocemos en Millares son:

102. *Julus terrestris*	Ambas especies son abundantes en natura, si bien no conocemos
103. *Julus sabulosusnatura,*	que se les nombre por «cardadores» como dicen los libros.
104. *Scolopendra morsitans*	Ciempiés

No nos ha sido posible clasificar las restantes especies.

También el interés que presenta este grupo es pequeño, a parte del escaso número de especies que comprende. La *Scolopendra* tiene en sus quelíferos pequeñas cantidades de veneno, pero al contrario que los escorpiones, no ataca nunca, siendo su picadura tan poco tóxica como la de las tarántulas indígenas.

Insectos

Tan extraordinario es el número de especies que abarca esta división, y en tantos órdenes se divide que nos vemos precisados a desmembrarla, como hicimos ya con la clase articulados, así como a eliminar gran número de ellas para no hacer interminables estas listas.

Rama la mejor estudiada de la fauna valenciana, hemos podido comparar la mayor parte de nuestras cazas con las colecciones Moroder, Quilis, y mía, bastante completas, cada una de ellas en su modalidad.

Orden Neurópteros

Orden extraordinariamente polimorfo, comprende los insectos de más sencilla constitución orgánica. Su tamaño, así como sus costumbres, son extremadamente variados.

Sus larvas son todas carniceras, y se esconden entre la tierra para cazar a los insectos de otros órdenes que lleguen a su alcance. Dadas sus costumbres tan variadas, las expondremos junto a cada uno de los grupos.

Las especies identificadas son:

Suborden primero: Ápteros

Sección primera: tisanuros

Insectos alargados, ápteros, con el cuerpo cargado de escamas; viven en la oscuridad de las cuevas, debajo de las piedras, etc. Deben capturarse con un pincel empapado de alcohol, y conservarse sumergidos en él.

105. *Campodea staphylinus*	Sin nombre vulgar
106. *Tapyx moroderi*	Sin ojos atróficos, y exclusivo de Valencia
107. *Lepisma sacharina*	Polilla de los libros
108. *Machylis poliposa*	Bajo piedras, muy saltador

Sección segunda: colémbolos

De régimen biológico semejante a los de la sección anterior, gustan más de los lugares húmedos, hojarasca, etc.

109. *Aschorutes armatus*	Sin nombre vulgar
110. *Entomobrya nivalis*	Sin nombre vulgar
111. *Sminthurus viridis*	Sin nombre vulgar

Suborden segundo: Neurópteros propiamente dichos

Sección primera: odonatos, o caballitos del diablo

Comprende el antiguo orden de los arquípteros, y sus larvas son acuáticas. Viven sobre los vegetales o en vuelo, pero son entomófagos. Se los caza con la red de malla ancha, y deben transportarse en triángulos de papel dispuestos a propósito. Para su preparación, así como para la del resto de insectos, deben ser clavados por el tórax con alfileres de Carlbads y extendidos en montadores especiales hasta su completa desecación. Las grandes especies deben protegerse contra las deformaciones con dispositivos especiales.

112. *Libellula hervilia*	Todos llevan el nombre vulgar común, indistinto de libélulas, caballitos del diablo y parotes.
113. *Libellula depressa*	
114. *Libellula 4-maculata*	
115. *Libellula coerulescens*	(En La Ribera, parotets, marotetes, y los de gran tamaño, parots de basa).
116. *Anax imperator*	
117. *Calopterix haemorrhoidalis*	
118. *Orthetrum chrisostigma*	

119. *Orthetrum nitidinerve*
120. *Orthetrum cancellatum*
121. *Sympetron flaveolus*
122. *Sympetrum sanguineum*
123. *Cordulegaster annulata*
124. *Agrion splendens*
125. *Cordulia aenea*   Toreret

Sección segunda: oxinatos o neurópteros, sensu stricto.

Salvo las tres últimas especies que son lucífugas, y se hallan bajo las piedras, las demás, voladoras, se cazan al vuelo o posadas sobre las plantas. Su caza se practica fácilmente de noche, pues acuden a las luces. Se utiliza un proyector o lámpara potente, una superficie blanca, y un frasco de boca ancha que contenga una pastilla de cianuro de potasio. Carecen de nombre vulgar, y el de hormiga león de una, y el de termites, de otra, sólo son conocidos por las gentes cultas.

126. *Clocon dipterum*
127. *Perla marginata*
128. *Ascalaphus longicornis*
129. *Myrmeleon formicarius*
130. *Myrmeleon distinguendus*
131. *Chysopa vulgaris*
132. *Sympherobius tenellum*
133. *Dilar pumilus*
134. *Coniopteryx tenuiformis*
135. *Salis fuliginosa*
136. *Raphidia baetica*
137. *Mantispa cruciatus*
138. *Graphosocus perla*
139. *Termes lucifugus*
140. *Embia cephalotes*
141. *Panorpa meridionalis*

Suborden tercero: Tricópteros

Sección única

Especies todas del mismo régimen de vida que las del suborden anterior y son larvas acuáticas.

142. *Phigaena striata*
143. *Anabolia nervosa*

144. *Lepidostoma hirsuta*
145. *Odontocerum albicorne*
146. *Leptocerus braueri*

El interés médico de casi todas estas especies es nulo. Salvo las hormigas blancas (termes), que en ocasiones se introducen en las viviendas y causan algunos desperfectos en las vigas, los demás carecen de influencia en la vida humana, aunque en realidad todas ellas están incluidas entre las beneficiosas a la agricultura por ser entomófagas y destruir gran número de insectos nocivos.

Orden ortópteros

De mucho mayor interés que el anterior, bajo nuestro especial punto de vista, por sus hábitos herbívoros tan perjudiciales a la agricultura, y por incluir especies que eligen como viviendas, las humanas.

Se capturan a mano o con la red de malla ancha, llevándose al laboratorio en pequeños cartuchos o cucuruchos individuales. Deben montarse con su par de alas extendido y otro plegado, pinchándose por el lado derecho del protórax.

He identificado como de la fauna local las siguientes especies:

147. *Forficula auricularia*	Tijeretas
148. *Forficula pubescens*	Tijeretas
149. *Anisolabis annulipes*	Tijeretas
150. *Labia minor*	Tijeretas
151. *Labidura riparia*	Tijeretas
152. *Anoplotera hispana*	Tijeretas
153. *Peroplaneta orientalis*	Cucaracha casera
154. *Loboptera decipiens*	Cucaracha casera
155. *Blatta germanica*	Cucaracha casera
156. *Ectobia pallida*	Cucaracha de campo
157. *Grillus hispanicus*	Grillo
158. *Grillus domesticus*	Grillo
159. *Grillus burdigalensis*	Grillo
160. *Liogryllus bimaculatus*	Grillo
161. *Gryllothalpa gryllothalpa*	Alacrán cebollero
162. *Mantis religiosa*	Pregadeus
163. *Fischeria baetica*	Pregadeus
164. *Empuria viridissima*	Pregadeus
165. *Empuria egena*	Pregadeus
166. *Bacillus unicolor*	Mimético de las ramillas
167. *Corilidia boscai*	Saltamontes
168. *Stauronothus genei*	Saltamontes

169. *Acrida nasuta*	Arzobispo
170. *Locusta viridissima*	Langosta verde
171. *Iris oratoria*	Pregadeus
172. *Tetix subulatus*	Saltamontes
173. *Edypoda coerulescens*	Saltamontes
174. *Truxalis nasuta*	Saltamontes
175. *Ephipiggera peresi*	Grillo

Y un gran número de especies sin identificar.

Para nuestro objeto, podemos considerar las siguientes categorías entre los ortópteros citados:

Primera: Tijeretas. Grupo inofensivo que comparte con algunos miriápodos el terrorífico nombre de «tallacames». Sin interés médico.

Segunda: Grillos y saltamontes. Grandes devoradores de sustancias vegetales, entre los que se halla la famosa langosta emigrante. No causando plaga, son inofensivos.

Tercera: Mántidos. Entomófagos, y por ende, beneficiosos a la agricultura; son relativamente raros, tanto en especies como en ejemplares.

Cuarta: Cucarachas. También inofensivas, si bien su presencia en las casas es molesta para algunos espíritus sensibles. Tienen de beneficiosas el consumo que hacen de las basuras, y de perjudiciales, el de cosechas tiernas.

Orden himenópteros

Grupo interesantísimo, por contener especies como la abeja, de tan gran utilidad como por lo molesto de sus picaduras.

Deben cazarse con las pinzas de raqueta o la red, y conservarse picadas por el tórax, secas. Los ejemplares de pequeños pueden pegarse sobre cartulinas adecuadas o cuadradillos de celuloide transparente.

Su régimen de vida, en la mayor parte de las especies, florícola, y consecuentemente melífico. Algunos grupos son cazadores, y tras adormecer a sus presas mediante picaduras en ciertos ganglios, las trasladan a sus nidos para alimento de sus larvas.

176. *Paururus juveneus*	Sin nombre vulgar
177. *Tenthredo peneja*	Sin nombre vulgar
178. *Ichneumon doderci*	Sin nombre vulgar
179. *Silbum pubescens*	Sin nombre vulgar
180. *Crematogaster scutellaris*	Sin nombre vulgar
181. *Mutila punctata*	Sin nombre vulgar
182. *Mutila plebeja*	Sin nombre vulgar

183. *Scolia bidens*	Abejorro
184. *Scolia regia*	Abejorro
185. *Scolia gigus*	Abejorro
186. *Elis 5-cincta*	Sin nombre vulgar
187. *Sphex flavipennis*	Sin nombre vulgar
188. *Cerceris quilisi*	Sin nombre vulgar
189. *Megachile argentata*	Sin nombre vulgar
190. *Bembex bolivari*	Sin nombre vulgar
191. *Bembex valentinus*	Sin nombre vulgar
192. *Vespa crabro*	Avispa
193. *Vespa germanica*	Avispa
194. *Vespa garcia-merceti*	Avispa
195. *Polistes gallica*	Avispa
196. *Polistes vulgaris*	Avispa
197. *Eumenes picteti*	Sin nombre vulgar
198. *Eumenes coarctatus*	Sin nombre vulgar
199. *Eumenes nitens*	Sin nombre vulgar
200. *Xilocopa violacea*	Abejorro
201. *Xilocopa valga*	Abejorro
202. *Bombux agrorum*	Abejorro
203. *Bombux italica*	Abejorro
204. *Bombux terrestris*	Abejorro
205. *Apis mellifica*	Abeja
206. *Apis punctata*	Abeja
207. *Osmia annellata*	Sin nombre vulgar
208. *Osmia tricornis*	Sin nombre vulgar
209. *Osmia coerulea*	Sin nombre vulgar
210. *Campronothus silvaticus*	Hormiga
211. *Ophaenogaster barbara*	Hormiga roja
212. *Formica rufa*	Hormiga roja
213. *Cryptogaster brunnea*	Hormiga castaña

Como en los otros órdenes de insectos, quedan sin determinar muchas especies del que acabamos de anotar, pero de éste en particular, está haciendo un concienzudo estudio nuestro amigo Dr. D. Modesto Quilis, de la Granja Fitopatológica de Burjasot, que no ha podido proporcionarnos a tiempo la clasificación de las cazas que le remitimos para su estudio.

Tienen mayor importancia entre las especies que acabamos de citar: la abeja, por su utilización en serie por los apicultores de Millares, la avispa, por lo molesto de sus picaduras, y la hormiga, por su voracidad sobre toda clase de semillas o sustancias animales.[27]

Orden hemípteros

Comprende esta agrupación, insectos de muy variada morfología, que viven parásitos de otros animales o de diversos vegetales, con un corto número de especies acuáticas zoófagas de régimen libre.

219. *Cimbere femorata*	Sobre clase de
220. *Amoris oscura*	hojas verdes.
221. *Hilotoma atrata*	Sin hábitat especial conocido
222. *Hilotoma dimidiata*	Sin hábitat especial conocido
223. *Hilotoma edonis*	Sin hábitat especial conocido
224. *Hilotoma pagana*	Sin hábitat especial conocido
225. *Hilotoma pullata*	Sin hábitat especial conocido
226. *Lophirus pini*	Sin hábitat especial conocido
227. *Lophirus laricis*	Sin hábitat especial conocido
228. *Hoplocampa minuta*	Sin hábitat especial conocido
229. *Athalia glabricollis*	Sin hábitat especial conocido
230. *Athalia lineolata*	Sin hábitat especial conocido
231. *Athalia lugens*	Sin hábitat especial conocido
232. *Athalia rufoscutellata*	Sin hábitat especial conocido

Familia cynipedae

233. *Cynips tinctotea*   Sobre quercus, en agallas

Familia ychneumonidae

234. *Hoplismenus tertificus* Wam.
235. *Amplyteles castigator* F.
236. *Amblyteles fossorius* L.
237. *Amblyteles atratus* Brth.

---

27 Habíamos escrito lo que antecede y ya estábamos a punto de entregar nuestra memoria, cuando hemos recibido de dicho Sr. Quilis, la siguiente lista de Heminópteros de Millares, entre la que se repite alguna de las especies ya citadas:
FAMILIA TENTHREDINIDAE

214. *Lepla populi*	Sus larvas atacan las hojas de chopo y de pino.
215. *Lepla erytrocephala*	
216. *Cephus pygmaeu*	Tallos de trigo
217. *Sirex gigas*	Larvas sobre pino
218. *Cimbere connata*	Sobre toda clase de hojas verdes

238. *Amblyteles amatorius* Mull.
239. *Amblyteles culpatorius* L.
240. *Amblyteles inermis* Bret.
241. *Platytalus dimidiatus* Gr.
242. *Phygadenon bellator* Fousc.
243. *Pygadenon bidens* Th.
244. *Phygadenon fumator* Gr.
245. *Odonthomerus striatus* Brll.

Familia brachonidae

246. *Vipio terrefactor* Vill.
247. *Yphianlax impostor* Scop.
248. *Bracon brevicornis* Wam.
249. *Apanteles albipennis* Nees.
250. *Apanteles congestus* Nees.

Nuestros ejemplares han sido determinados por D. Emilio Moroder, autor del *Catálogo de hemípteros de la región valenciana*.

251. *Apanteles difficilis* Nees
252. *Apanteles vipio* Reih.
253. *Eutadizon extensor* L.

Familia calcicidae

254. *Torymus abdominalis* Bch.
255. *Torymus auratus* Fons.
256. *Menodontomerus nitidus* Newp.
257. *Leucospis bifasciata* Kl.
258. *Leucospis gigas* F.
259. *Asaphes vulgaris*

Familia chrysididae

260. *Ellampus aureus* Pnz.
261. *Ellampus auratus* L.
262. *Holopyga gloriosa* F.
263. *Hedycridium flavipes* Er.
264. *Chrysis coeruleiventris* Ab.
265. *Chrysis cyanura* F.

Familia formiciadae

266. *Camponotus lateralis* Ol

267. *Formica fusca* L.
268. *Formica rufa* L.
269. *Leptothorax tuberum* F.
270. *Pheidole pallidula* Vit.

Familia scolidae

271. *Mycine lincata* Mich.
272. *Xiphia morio* F.
273. *Xiphia femorata* F.
274. *Scolia flavifrons* F.
275. *Trielis maculata* L.

Familia sphegidae

276. *Sceliphron spiniger* L.
277. *Sceliphron destilatorium* Ill.
278. *Cerceris arenaria* L.
279. *Bembex sculata* Latr.

Familia vespidae

Vide catálogo general.

Familia euclimidae

280. *Euchemus arbustorum* Panz.
281. *Euchemus pomiformis* F.
282. *Rhygdrium oculatum* Panz.
283. *Odynerus bifasciatus* L.

Familia apidae

284. *Prosopis variegata* F.
285. *Halictus 4-cinctus* Hr.
286. *Halictus planulus* Panz.
287. *Halictus marbinatus* Brull.
288. *Andrena florea* F.
289. *Dasipoda dusmeti* Qulis.
290. *Anthophora acervorum* L.
291. *Anthophora migrocincta* Lppr.
292. *Macrocera nana* Mos.
293. *Melecta ornata* Panz.
294. *Nonada agrestis* F.
295. *Nonada alterna* Kay
296. *Xilocopa valga* Gers.

297. *Ceratina callosa* F.
298. *Megachile argentata* F.
299. *Osmia tridentata* Mor.
300. *Osmia bicolor* Schrnk.
301. *Osmia bicornis* L.

Estas especies son de pequeño tamaño y sin nombre vulgar.

302. *Thyreocoris scarabaeoides*	Estas especies carecen
303. *Geotomus punctulatus*	de nombre vulgar
304. *Schirus dubius*	y son fitófagos.
305. *Odontoscelis nanus*	Estas especies carecen
306. *Irochrotus lanatus*	de nombre vulgar y se
307. *Odontotarsus grammicus*	encuentran sobre varias
308. *Eurygaster hottentota*	especies vegetales.
309. *Tarisa flavescens*	Sobre *Salsola vermiculata*
310. *Graphosoma semipunctatum*	Sin nombre vulgar
311. *Podops dilatata*	Sin nombre vulgar
312. *Aelia acuminata*	Sin nombre vulgar
313. *Carpocoris fuscispinus*	Sin nombre vulgar
314. *Zicroma coerulea*	Sobre *Vitis vinifera*
315. *Gonocerus juniperi*	Sobre *Juniperus*
316. *Phyllomorpha lacinata*	Sobre *Paronichia argentea*
317. *Spilosthethus lusitanicus*	Sin nombre vulgar
318. *Spilosthethus aequestris*	Sin nombre vulgar
319. *Melanocoryus albonaculatus*	Sin nombre vulgar
320. *Ischnorrhynch ericae*	Sobre *Erica multiflora*
321. *Macroplax fasciata*	Sobre *Cistus salvasifolius*
322. *Aphanus funereus*	Sin nombre vulgar
323. *Aphanus saturninus*	Sin nombre vulgar
324. *Galeatus maculatus*	Sin nombre vulgar
325. *Tingis kiessenwetteri*	Sin nombre vulgar
326. *Phymata crassipes*	Sin nombre vulgar
327. *Pyrates hybridulus*	Sin nombre vulgar
328. *Coranus aegyptius*	Sin nombre vulgar
329. *Nabis latriventris*	Sin nombre vulgar
330. *Cimex lenticularia*	Chinche doméstica
331. *Hydrometra stagnorum*	En las charcas
332. *Leptopus marmoratus*	En los hormigueros
333. *Ochtherus marginatus*	Orillas del Júcar

334. *Nepa cenerea*	Alacrán de agua
335. *Ranatra linearis*	Entre el barro
336. *Notonecta glauca*	Entre el barro
337. *Cicada plebeja*	Cigarra
338. *Tettigia orni*	Cigarra
339. *Sphaenidius moroderi*	Sobre el *Ulex parviflorus*

De entre todas estas especies merecen especial mención el conocido chinche doméstico por ser parásito del hombre. Las restantes son inofensivas para el hombre aunque no lo sean para los vegetales, salvo las de régimen acuático cuya picadura es ligeramente dolorosa.

Junto a las especies citadas hay que incluir una lista interminable de pulgones (familias *Aphididae* y *Coccidae*), de importante papel en patología vegetal. Hemos reconocido las siguientes especies:

340. *Aphis granariae*	Pulgón del trigo
341. *Aphis brasicae*	Pulgón de la col
342. *Aphis persicae*	Pulgón de los frutales
343. *Aphis fabae*	Pulgón de las leguminosas
344. *Aphis rosae*	Pulgón de las rosas
345. *Aphis cucumis*	Pulgón de las cucurbitáceas
346. *Aphis quilisi*	Pulgón de los cardos
347. *Ceroplastis caricae*	Pulgón de la higuera

Enormemente perjudiciales a la agricultura todos estos pulgones, se ha iniciado en la actualidad contra ellos, una guerra científica mediante el cultivo y cría de ciertos heminópteros que ponen sus huevos sobre ellos. Son los Calcídidos, con sus numerosas y pequeñísimas especies.

Pero el mayor merecimiento entre los insectos de este orden lo presentan los zoóptiros o piojos, por su papel en la transmisión de muchas enfermedades, y por las molestias que ocasionan.

348. *Ptirius capitis*	Sobre la cabeza del hombre
349. *Ptirius vestimentae*	Sobre los vestidos
350. *Ptirius canis*	Sobre el perro
351. *Ptiriolus gallinae*	Sobre las aves de corral
352. *Pediculus pubis*	Ladilla

No hemos podido identificar las variadas especies que se encuentran en la casa, etc.

Orden lepidópteros

Casi de exclusivo interés para la patología vegetal, ya que sus larvas son todas sin excepción fitófagas. Entre los adultos hay un corto número copro y necrófagos.

Deben capturarse en estado de larvas, ya que es el único procedimiento de obtener ejemplares numerosos e impecables. Para capturarse adultas, precisan: si diurnas, la red de malla ancha y una caja con sobres pequeños triangulares; si nocturnas, un foco luminoso, una superficie blanca, un frasco de boca ancha con una pastilla de cianuro potásico, y una caja con fondo de turba.

353. *Papilio podalirius*	Sobre la ruda
354. *Papilio machaon*	Sobre umbilíferas
355. *Pieris napi*	Sobre el nabo
356. *Pieris brassicae*	Sobre la col
357. *Pieris crataegui*	Sobre la patata
358. *Parnasium apollo*	Sobre el pino
359. *Colias phicomonae*	Sobre la alfalfa
360. *Venesa atalanta*	?
361. *Venesa cardui*	Sobre los cardos
362. *Argynis pandora*	?
363. *Melitaea plabae*	Sobre las habas
364. *Melitaea maturna*	Sobre los tomates
365. *Satyrus aegeria*	Sobre las labiadas
366. *Satyrus maera*	Sobre las labiadas
367. *Sesia tipuliformis*	?
368. *Sphynx convolvuli*	Sobre las convulvuláceas
369. *Deilaphila aeuphorbiae*	Sobre la euphorbia
370. *Achrenthia atropos*	Sobre la patata
371. *Macroblossa stallatorum*	?
372. *Zygaena sarpedon*	Sobre los juncos
373. *Zeucera menthastri*	Sobre la menta
374. *Arctia púdica*	?
375. *Cnetocampa procesionea*	Sobre el pino
376. *Pithyocampa pithyocampa*	?
377. *Lasiocampa pini*	Sobre el pino
378. *Stauropus phagi*	Adultos coprófagos
379. *Fodonia pinaria*	Sobre el pino
380. *Plusia noctambula*	Sobre el esparto
381. *Tinea sarcitella*	Sobre las telas

382. *Tinea pelionella*	Sobre las pieles
383. *Tinea granella*	Sobre los granos
384. *Aglosa pinguinalis*	Sobre las pieles
385. *Aglosa cuprealis*	Sobre las pieles
386. *Tineola bisiliella*	Sobre las pieles

Merecen especial mención las últimas especies por formar parte de las citadas «legiones de obreros de la muerte» descritas por Magnin. Tienen interés en medicina legal.

También merecen especial mención *Stauropus* por sus aficiones coprófagas, *Tinea* por ser las polillas caseras. Las restantes son todas más o menos perjudiciales a la agricultura según el tamaño y voracidad de sus larvas, número de huevos por puesta, y planta y parte de la misma sobre la que viven.

Orden dípteros

El grupo más conocido de los médicos por el papel de transmisores que tienen muchas especies, sobre determinadas enfermedades.

Deben cazarse con la pinza de raqueta o a mano, sin temor a picaduras, ya que la trompa no es el elemento de ataque sino el de alimentación.

Bajo nuestro especial punto de vista, consideramos los siguientes grupos:

A. Uno de extraordinaria importancia en medicina legal por ser todos sus componentes devoradores de cadáveres:

387. *Musca domestica*	Mosca doméstica
388. *Musca vitripermis*	Mosca doméstica
389. *Curtoneura stabulans*	Moscarda
390. *Calliphora vomitoria*	Moscarda
391. *Lucilia cesar*	Mosca verde
392. *Sarcophaga carnaria*	Moscardón
393. *Sarcophaga arvensis*	Moscardón
394. *Sarcophaga laticrux*	Moscardón
395. *Piophila pentasioni*	Mosca de los retretes
396. *Antomya pluvialis*	Moscarda
397. *Antomya scalaris*	Moscarda
398. *Antomya vesicularis*	Moscarda
399. *Tyreophora furcata*	Moscarda
400. *Tyreophora antropophaga*	Moscarda
401. *Lonchea nigrimana*	Moscarda
402. *Ophyra cadaverina*	Moscarda
403. *Phora blattiphaga*	Parásito de las *Blatta*

B. Que viven en los jugos orgánicos de animales vivos:

404. *Nicteribia biartikulata*	Sobre los murciélagos
405. *Hippobosca equina*	Mosca borriquera
406. *Hippoderma aries*	Mosca borreguera
407. *Tabanus masulicornis*	Tábano
408. *Tabanus bovinus*	Tábano
409. *Asilus rufus*	Moscarda del campo
410. *Asilus chrysites*	Moscarda del campo

C. Mosquitos. Es de notar la ausencia del *Anopheles*.

411. *Culex pipiens*	Mosquito común
412. *Culex revans*	Mosquito común
413. *Tipula cinarescens*	Grandes mosquitos
414. *Tipula fasciata*	Grandes mosquitos

D. Pulgas.

415. *Costocephalus canis*	Pulga del perro
416. *Costocephalus cuniculi*	Pulga del conejo
417. *Sphenotus musi*	Pulga de las ratas
418. *Pulex irritans*	Pulga del hombre

Orden coleópteros

Grupo el más numeroso de cuantos se han creado, comprende los insectos más variados en morfología y costumbres. Los métodos de caza que para ellos se han de emplear son tantos como tipos, y no cabe describirlos en el corto espacio de que disponemos. La cantidad de especies que disponemos de Millares es tal, que nos vemos obligados a reducir considerablemente la lista a fin de no hacerla interminable, colocando solamente los más notables.

A. ENTOMÓFAGOS. Beneficiosos a la agricultura.

419. *Cincidela campestris, flexuosa*
420. *Carabus rogesus levantinus, y latus alicantinus*
421. *Benbidion rapicola, andreae, decortrum, punctatus, etc.*
425. *Chalenius velutinus y vestitus*
427. *Licinus granulatus*
428. *Harpalus aenus, pubescens, hispanus, cupreus*
432. *Pterostich barbarus, alterrimus, etc.*
434. *Calatus circunseptus, melanocephalus, mollis, etc.*
437. *Agonum ruficorne*
438. *Anara aenea, montivaga, apricaria, simplex*
442. *Zabrus Sp.*

443. *Metabletus obscurogustatus, abeillei, nigrita, etc*

B. ACUÁTICOS ZOÓFAGOS

446. *Haliplus lineatocollis*
447. *Cenmidotus rotundatus*
448. *Yola bicarinata*
449. *Bidessus minutissimus, genuinus, thermalis, ocellatus...*
453. *Hydraperus clarki, nonatus, moestus, bombycynus...*
457. *Noterus laevis*
458. *Laccophilus hialinus, obscurus, virescens, etc.*
461. *Agabus brunneus, dydimus, bipunctatus, etc.*
464. *Gyrinus urinator, marinus*
466. *Aulonigyrus striatus*

C. ACUÁTICOS FITÓFAGOS

467. *Helophorus rufipes, mulleri, alternicostatus, etc.*
470. *Ochyebius impressicollis, pilosus, viridis, etc.*
473. *Hydraena angustata, testacea, etc.*
475. *Berossus affinis*
476. *Hydreus pistaceus*
477. *Helochares lividus*

D. FITÓFAGOS TERRÍCOLAS O VOLADORES

478. *Agriotes sordidus*
479. *Antaxia morio, cardui, bicolor, serrata, etc.*
483. *Poeciloneta decipiens*
484. *Capdonis tenebrionis*
485. *Acmaeodera adspersula, virgulata, moroderi, etc.*
488. *Chaloecphora mariana, florentina, etc.*
490. *Ergates faver*
491. *Cerambys cerdo, miles, velotinus, etc.*
494. *Vesperus xatarti*
495. *Dorcadion suturale*
496. *Crioceris lilii, asparagi, pici, suturalis, etc.*
500. *Criptocephalus rugicollis, bimaculatus, fulvus, menthae, etc.*
504. *Chrysomela menthastri, americana, banksi, diluta...*
508. *Timarcha tenuicornis, fallax, moroderi...*
511. *Longitarasus obliteratus, tabidus, menthae, candiculus*
515. *Poliphilla fullo*
516. *Anoxia orientalis, australis*

E. GORGOJOS, perjudiciales a la agricultura

518. *Otuyrrhinchus cribicollis*
519. *Polydrosus alveolus, bohemanni, etc.*

521. *Lixus mucronatus, algirus, etc.*
523. *Larinus vulpes, genei, cardui, etc.*
526. *Cicnus olivieri, sconherri, vervasci, etc.*
529. *Calandra, granariae, oryzae*
531. *Apion tubiferum, moroderi, aeneum, rufimanum*

F. SOBRE VEGETALES EN DESCOMPOSICIÓN

535. *Staphilinus maxillosus, olens, minor, etc.*
538. *Stenus biguttatus, minor, hispanus, nigrum...*
542. *Philonthus fuentei, ebeninus, castanneus, bimaculatus...*
546. *Ragonycha melanura, fulva, nigrocollis...*
549. *Cryptophagus pilosus, pubescens, mollis ibericus...*
553. *Anthicus venator, rhodriguesi, 4-guttatum, plumbeus...*
557. *Blaps gigas, lusitanicus, mucronatus, laethifera...*

G. VESICANTES, de uso farmacológico

561. *Meloe, majalis, autumnalis, proscarabeus...*
564. *Zonabris varians, 4-punctatus, fuentei, 10-spilota...*
568. *Zenitis flava, nigripennis, scutellaris, praeusta...*
572. *Litta vesicatoria*

H. COCHINILLAS O MARIQUITAS, útiles para la agricultura

573. *Coccinella 7-punctata*
574. *Thea 22-punctata et var*
575. *Chilochorus bipustulatus et id*
576. *Exochomus 4-pustulatus et id*
577. *Propilaea 14-punctata et id*
578. *Scymnus apetzi, interruptus, nigricans, flexuosus...*

I. NECRÓFAGOS, interesantes en medicina legal

582. *Necrobia ruficollis, rufipes*
584. *Dermestes lardarius, undulatus, sardous, frischi*
588. *Anthrenus museorum, pimpinellae, dilicarus, goliath...*
592. *Silpha oscura, venatoria, tistis...*
595. *Thannathopilus tuberculatus, sinuatus...*
597. *Hister major, 12-striatus, binaculatus, cadaverinus...*
601. *Saprinus politus, seneus, semistriatus, curtulus...*

J. COPRÓFAGOS, interesantes en higiene

605. *Aphodius merdarius, tersus, longispina, gineri...*
609. *Ontophagus taurus, furcatus, rugosus, vacca, lemur...*
614. *Scarabaeus sacer, laticollis*
616. *Geotrupes niger, spinuger*
618. *Thorectes intermedius*

Etc.

La lista de las especies que podríamos incluir es infinitamente más larga, pero dada la índole especial de este trabajo la hemos reducido en lo posible a la extensión relativa de los otros grupos.

Entre los que hemos considerado dentro de los coleópteros, el interés de cada uno de ellos es muy diverso: así, el grupo de los entomófagos, es beneficioso a la agricultura por destruir otros insectos nocivos. Los acuáticos son indiferentes; perjudiciales los zoófagos por destruir la pesca menuda.

Fitófagos y gorgojos son nocivos para la agricultura por destruir plantas y semillas. Los coprógrafos hacen un verdadero papel de depuradores naturales, y los necrófagos unen a este su importancia en medicina legal desde los estudios de Megnin.

Clase moluscos

Constituida por los caracoles, «pechinas» y babosas, presenta en Millares escasos ejemplares, que pueden hallarse sobre las plantas, bajo las piedras, o en las aguas corrientes o estancadas. Para su conservación es suficiente la desecación de la concha, única parte que se puede guardar en las colecciones. Para su estudio interno deben ser pasadas por la piedra de esmeril.

619.	*Vertigo pygmaea*	Sin nombre vulgar, caracoles
620.	*Zonites nitidulus*	Sin nombre vulgar, caracoles
621.	*Pupa cylindracea*	Sin nombre vulgar, caracoles
622.	*Pupa aragonensis*	Sin nombre vulgar, caracoles
623.	*Pupa polyodon*	Sin nombre vulgar, caracoles
624.	*Helix pulchella*	Sin nombre vulgar, caracoles
625.	*Helix acuta*	Sin nombre vulgar, caracoles
626.	*Helix quadrasi*	Sin nombre vulgar, caracoles
627.	*Helix boscai*	Sin nombre vulgar, caracoles
628.	*Helix calceata*	Sin nombre vulgar, caracoles
629.	*Helix vermiculata*	Sin nombre vulgar, comestible
630.	*Helix adspersa*	Sin nombre vulgar, comestible
631.	*Limax abrestis*	Babosa
632.	*Limax gineri*	Babosa
633.	*Limax beltrani*	Babosa

Presentan escaso interés médico, tanto por su régimen de vida como por su corto número. Son interesantes las especies comestibles. No hemos hallado ni *Limnaea* ni *Planorbis*, los huéspedes obligados de *Fasciola hepatica* y *Dicrocoelium lanceolatum* respectivamente.

TIPO VERTEBRADOS

Clase peces

Los ejemplares que se citan a continuación han sido todos pescados en el río Júcar o barrancos afluentes.

634. *Anguila acutirrostris, latirrostris*	Anguila
636. *Anguila mediorrostris, brevirrostris*	Anguila
638. *Barbus caninus, graellsi*	Barbo
640. *Labrax lupus*	Llobarro
641. *Cyprinus carpio*	Tenca
642. *Lebias ibera*	Samaruch
643. *Acanthopsis teniae*	Samaruch
644. *Mugil cephalus, lebeo, capito*	Lisa
648. *Gasterosteus aculeatus*	Samaruch
649. *Squallus vulpes*	Samaruch
650. *Scorpaena porcus*	Escorpa
651. *Trutta fario, salmonis*	Trucha

El interés médico de este grupo puede reducirse al carácter de «comestibles» de algunas de las especies que comprende.

Clase batracios

652. *Alytens obstreticans*	Sapo
653. *Bufo vulgaris*	Sapo
654. *Rana sculenta*	Rana

No es utilizada como comestible esta última, en Millares.

Clase reptiles

También abarca escaso número de especies. Su interés estriba en ser algunos de ellos venenosos. Habitan con preferencia los secanos, donde se alimentan de otros pequeños vertebrados, ello con excepción de las especies acuáticas que habitan entre el fango y se alimentan casi exclusivamente de «samaruchs».

655. *Coluber scalaris*	Sacre
656. *Vipera lastastei*	Víbora
657. *Tropidonotus matrix*	Culebra de agua
658. *Tropidonotus viperina*	Culebra de agua
659. *Zamenis hidrofuga*	Culebra de secano
660. *Psammodromus hispanicus*	Lagartija
661. *Psammodromus cinereus*	Lagartija

662. *Chalcides bedriagai*	Fardacho
663. *Lacerta ocellata*	Fardacho
664. *Platydactilus mauritanicus*	Salamanquesa
665. *Emys leprosa*	Tortuga de río

Son importantes dentro de este grupo: la víbora por sus efectos venenosos; la tortuga por su rareza. La picadura de la primera, sin ser leve, no es mortal, o por lo menos no se recuerda en Millares ningún caso que llegase a tal resultado. De las tortugas, Boscá en su *Fauna Valenciana* dice: «La *Emys leprosa* tal vez esté ya extinguida, habiéndose recogido en los términos de Buñol y Dos Aguas los últimos ejemplares», siendo así que nosotros hemos visto ejemplares indígenas, y no muy raros.

Clase aves

En exceso conocidos los hábitos, régimen de vida, y métodos de caza de las aves, nos limitaremos a dar el catálogo de las capturadas en Millares, hasta hoy.

A. RAPACES

666. *Aquila parda*	Águila
667. *Gyps fulvus*	Buitre
668. *Sturnus vulgaris*	Estornino
669. *Falco columbarius*	Halcón
670. *Ynnx torquilla*	Hormiguero
671. *Neophron pernoctarus*	Milopa
672. *Asic vulgaris*	Mochuelo

B. ZANCUDAS

673. *Ardea purpurea*	Garza roja
674. *Cedicnemus cedicnemus*	Alcarabán
675. *Gallimago major*	Becada
676. *Himantopus candidus*	Canallonga
677. *Totanus candidus*	Caningrogo
678. *Porfirio veterum*	Gallo de cañar
679. *Grex grex*	Guala
680. *Nycticorex griseus*	Martinete de olivera
681. *Ibis falcimellus*	Torrellana
682. *Ortigometra porzana*	Polla de agua

C. PALMÍPEDAS

683. *Anax strepera*	Ascle
684. *Sterna anglica*	Correo
685. *Daphila acuta*	Junquillo
686. *Hidrochelidon nigra*	Negrilla

D. PÁJAROS

687. *Alcedo hispida*	Martín pescador
688. *Pica caudata*	Urraca blanca
689. *Muscipapa atricapilla*	Papamoscas
690. *Calamoherpes turdoides*	Ruiseñor de agua
691. *Fringilla carduelis*	Cagarnera
692. *Alauda calandria*	Calandria
693. *Gallerida cristata*	Cogujada
694. *Corvus vorax*	Cuervo
695. *Saxicola aurita*	Culiblanco
696. *Parus major*	Totestiu
697. *Cypsellus apus*	Falsia
698. *Fringilla aerinus*	Gafarrón
699. *Turdus merula*	Tordo
700. *Irundo urbica*	Golondrina
701. *Passer domesticus*	Teuladín
702. *Erythacus luscinea*	Ruiseñor
703. *Caprimulgus europaeus*	Engañapastores
704. *Alauda arvensis*	Terrerola
705. *Phryngilla choloris*	Verderol

E. PALOMAS

706. *Perdix rufa*	Perdiz
707. *Columba palumus*	Paloma torcaz
708. *Columba aenas*	Paloma sisella
709. *Columba livia*	Paloma montesa

F. TREPADORAS

710. *Upopa epopus*	Pulput
711. *Cuculus canorus*	Cuclillo

G. GALLINÁCEAS

712. *Coturnis coturnia*	Guala
713. *Gallus domesticus*	Gallina

Clase mamíferos

Si bien dentro del reino animal no es muy grande el número de especies que comprende, es tal vez Millares de toda la provincia de Valencia, quien tiene de la fauna regional la más completa representación.

714. *Equus caballus*	Caballo
715. *Equus asinus*	Burro
716. *Equus caballus & asinus*	Mulo
717. *Sus scrofa*	Cerdo
718. *Ovis aries*	Oveja
719. *Capra hircus*	Cabra doméstica
720. *Capra hispanica*	Cabra montés
721. *Lepus granatemsis*	Liebre
722. *Oryctolagus cuniculus*	Conejo
723. *Pytymis ibericus*	Talpón o topo
724. *Pytymis centralis*	Talpón o topo
725. *Apodemus dicrurus*	Rata careta
726. *Mus hispanicus*	Rata casera
727. *Mus musculus*	Rata casera
728. *Heliomys quercinus*	Lirón
729. *Sciurus numatinus*	Ardilla
730. *Talpa europaea*	Topo
731. *Erinaceus vagans*	Erizo
732. *Meles marianensis*	Tejón
733. *Martes foina*	Fuina o garduña
734. *Mustela vulgaris*	Comadreja
735. *Putorius furo*	Hurón
736. *Lutra lutra*	Lludria o nutria
737. *Genetta genetta*	Gineta
738. *Vulpes vulpes*	Zorra
739. *Canis familiaris*	Perro
740. *Felis gatus*	Gato doméstico
741. *Felis elegans*	Gato de Angola
742. *Felis tartessia*	Gato montés
743. *Placotus auritus*	Murciélago
744. *Vespertilio boscai*	Murciélago
745. *Pipistrellus savii*	Murciélago
746. *Myotis miotys*	Murciélago
747. *Homo sapiens*	Los vecinos y el autor

La relativa abundancia de especies debe atribuirse a las dificultades de caza en un terreno donde todavía puede decirse que no han llegado los cazadores, y en que los animales encuentran excelentes refugios entre las breñas, más o menos inaccesibles para el hombre, que forman el término municipal. Esto, unido a la contigüidad con las extensas pinadas de los términos vecinos, hace de la zona que estudiamos el paraíso de los cazadores.

Últimamente, ocupados casi todos los hombres del pueblo en los trabajos de la compañía hidroeléctrica, goza la caza de una tranquilidad que le permitirá muy pronto resarcirse de cazas anteriores, si bien la novedad de las carreteras, el excesivo tráfico, el ruido de los barrenos, etc., ha ahuyentado las cabras monteses y algunas fieras, de las cercanías del pueblo donde antes no era difícil verlas.

Capítulo octavo

LA VILLA DE MILLARES

Urbanización general

Hasta hace muy poco tiempo, pues es la construcción del Salto de Millares por la Compañía Hidroeléctrica del Júcar, SA, quien ha alterado el pausado ritmo de vida con que tal pueblo regía, las habitaciones estaban todas agrupadas constituyendo un núcleo único.

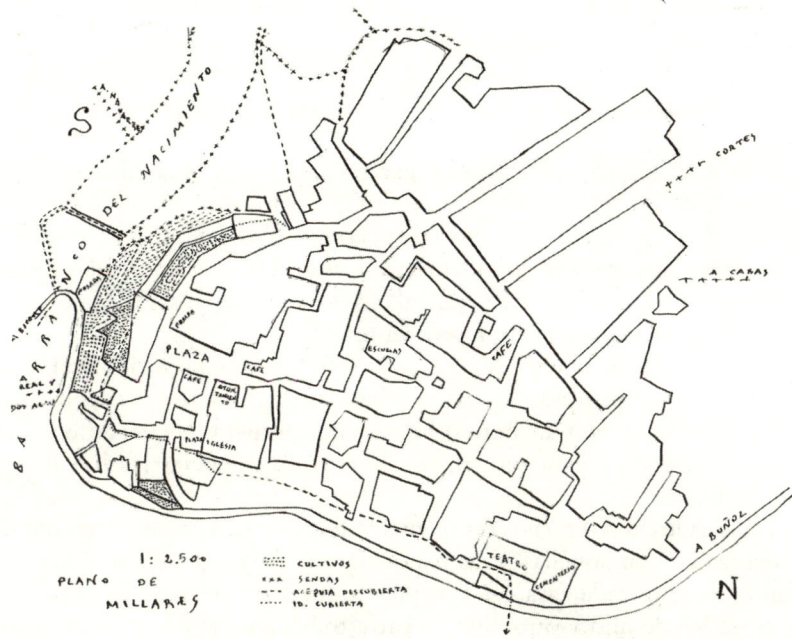

263 edificios formando el pueblo, reunidos como polluelos junto a la clueca, sobre un reducido y desnivelado trozo de terreno bajo el amparo del castillo y hasta catorce refugios o casillas diseminadas por los montes para solamente guardar aperos de labranza o ser convertidos en dormitorios pro-

visionales cuando el excesivo cansancio del día de labor o la amenaza de la tormenta, impiden al labriego regresar al hogar, formaban no hace más que seis años la masa de Millares.

Hoy, tras el empuje formidable que sobre el pueblo dieran las referidas obras, le vemos con 365 edificios densamente habitados formando el principal núcleo de población, a la par que para las necesidades del personal y oficinas, se han creado cuatro caseríos con 129 viviendas de planta, más infinitos albergues «chabolas» que durarán a lo sumo como las obras de construcción del Salto.

Los edificios aislados en el monte, meros cobijos del labrador, no merecen especial mención. Los que forman núcleos separados del principal y dependen más o menos directamente de las obras, serán reseñados en la sección especial que les dedicamos en forma de apéndice.

Ahora nos ocuparemos solamente del pueblo de Millares.

Plano del pueblo

Hemos dicho ya varias veces que Millares está edificado sobre la falda de un monte que mira al norte, y que está cortado al este por el barranco del Nacimiento.

Asomando casi a pico sobre el barranco, la pendiente es más suave si se asciende desde las huertas, y las calles siguen dos direcciones dominantes: unas, las que paralelas a la cinta de la carretera, bordean el monte variando muy poco de nivel, y se dirigen de este a oeste. Otras, las que suben decididamente a las alturas, y perpendiculares a las primeras, siguen la dirección norte-sur, la línea de máxima pendiente.

Si en nuestro plano hubiésemos dibujado las líneas de nivel, veríamos cómo las ipsoipsas siguen paralelas a la carretera y perpendiculares al barranco, y cómo las heteroipsas fluyen perpendicularmente a aquéllas, y paralelas a ésta siguen, con ligeras divergencias las líneas de su vaguada.

Las calles más o menos horizontales, las más transitables, están por tanto cruzadas con aquellas otras pendientes que zigzaguean en el descenso. En éstas, ante cada casa, ha sido preciso levantar un muro de contención y entre los de uno y otro lado, la parte transitable se estrecha en algunos puntos de modo casi inverosímil.

La parte más vieja de la villa está edificada sin orden ni concierto, sin plan alguno, y las edificaciones siguen sólo los caprichos de sus dueños primeros o las irregularidades del terreno. La parte moderna, más saludable, ya presenta sus calles alineadas y sus casas más grandes, soleadas e higiénicas.

Tres plazas y cerca de treinta calles abren su laberinto en tan empinado suelo.

Las plazas

La plaza de la Iglesia, tan tranquila y retirada deja en silencioso reposo la mansión de Dios, para que los espíritus que a Él acudan puedan entregarse a la oración lejos del mundanal ruido.

La plaza Mayor, con su posada, sus cafés, sus tiendas de carácter ambulante, y su casa de la villa, es el punto céntrico de reunión donde los graves labradores cuarentones hablan de política y de negocios, y los jóvenes juegan a pelota o chicolean a las mozas que a la fuente van, mientras los viejos se quejan de sus achaques más o menos reales.

Pequeño cuadrilongo de piso horizontal, no tiene carácter arquitectónico alguno, y sólo por ser el punto de mayor iluminación y amplitud, es el preferido. Formando una de sus caras existe un edificio conocido por «El Castillo», que modernizado, es un antiguo palacio árabe de que todavía conserva ventanales, corredores, etc.

La plaza de las Peñas no es más que un casual ensanchamiento donde se reúnen algunas calles. Su piso inclinado y pedregoso y su situación un tanto apartada hacen que sólo sus vecinos o los de sus alrededores transiten por ella, o acudan a tomar el sol de invierno.

Casa del Juan del Rojo.

Las calles

Las calles, algunas de ellas sin salida, no presentan el mayor interés, pues sin edificios notables por su construcción o antigüedad, y sin destellos propios, no son más que una agrupación de casas viejas, sin llegar a antiguas y colocadas sin ningún orden.

Las tres más importantes son las de La Balsa y Enmedio, que salen de la plaza formando ángulo recto, y la de Juan de Lucas, que cierra con los extremos de aquéllas, en un triángulo, la parte vieja de Millares.

Sólo hacia el sur, a lo alto, suben rectas las calles de La Habana, San Roque y Nueva, amplias, alineadas, limpias, soleadas, las mejores del lugar.

En total, dando curvas, subidas y bajadas, irregulares, las calles son:

Almazara	Clot	Nueva
Alta	Del Medio	Pandán
Bajada a la Huerta	Enmedio	Parral
Bajada a la Iglesia	Ereta	Parra
Bajada a las Eras	Granero	Peñas
Balcón	La Habana	Puerta Molana
Balsa	Horno	Quinco
Cabo Lugar	Juan de Lucas	Reloj
Calvario	Laurel	San Roque
Castillet	Manclón (Manolón)	Subida a las Peñas
Molino		

Millares desde el Puntal (1971)

Pavimento de las calles

Al leer la *Topografía médica de Villavieja de Nules*, del Dr. Abad Monzó (p. 54), pensaba yo en los resbalones del compañero recordando los míos propios sobre el suelo de Millares.

El tipo más común de «pavimentación» en este pueblo, es el antiguo empedrado en grandes cantos desnivelados y mal alineados que se sujetan al suelo con una ligera capa de argamasa.

Las calles pendientes todas presentan este molesto empedrado que sólo permite el equilibrio a los que calzan «esparteñas» o a quienes con zapatos lleven exquisito cuidado. Por lo menos mi experiencia personal me ha demostrado la necesidad de meditar cada paso y la de calzar botas con suela de goma o *crep*, so pena de dar algún resbalón no menos cómico que lamentable.

En muchos puntos la roca que forma el monte donde se asienta el pueblo, aflora a la superficie y allí forma el piso natural, tras las nivelaciones que impusiera la explosión de numerosos barrenos.

Tan sólo en contados puntos, en las calles horizontales, el pavimento es de tierra apisonada y el tránsito se hace con relativa comodidad... hasta que caen cuatro gotas y se forma un barrillo arcilloso sumamente resbaladizo. En general el pavimento es malísimo, pero es el común de todos los pueblos montañosos de la región.

Las aceras

Pueblo en cuyo interior el tránsito queda reducido a contadas caballerías, y donde los carros no pueden penetrar, casi son aquéllas innecesarias.

Ante las casas de las calles pendientes, el suelo ha sido relativamente nivelado formando algunas como terrazas donde los habitantes se solazan en corrillo mientras trabajan el esparto.

La estrechez de las calles horizontales impide su establecimiento, y ante muy pocas casas modernas y «de ricos», es donde se ven estrechas cintas de cemento que quieren poder ostentar el nombre de aceras.

En realidad en la práctica, se puede contar con su ausencia.

Albañales y alcantarillados

Faltan por completo. Las aguas pluviales y las que tiran los amables vecinos, buscan por el centro de cada calzada la línea de mayor inclinación y por allí se precipitan formando los días de lluvia tantos arroyos como calles, por donde es difícil transitar sin resbalar e imposible sin mojarse hasta el borde superior de las polainas... o más.

Ah! Los días de frío se congela, sobre todo la de procedencia casera, con lo que el reseñado peligro de resbalar aumenta considerablemente.

ARBOLADO

De este atributo de pueblo limpio y culto... ni hablar; y no por falta de limpieza y cultura precisamente, sino porque los árboles no pueden vivir sobre la roca dura que forma el pavimento.

Habitaciones privadas

La forma general de las viviendas es pobre; carecen de caracteres típicos, se colocan desordenadamente en las calles, no poseen más que una planta baja con desván o «cambra», y están siempre sin enlucir al menos en su fachada.

Las casas siguen en su morfología el tipo primitivo, y por lo general solamente puede medirse su edad por la altura de techos y dinteles.

Carecen de cimientos pues se asientan sobre la roca viva que forma el solar. El piso ha sido previamente nivelado, mediante numerosos barrenos, y los pedruscos resultantes cuidadosamente guardados para su posterior utilización como materiales de construcción.

Las paredes se alzan a diferentes alturas (debido a la constante inclinación de los solares) y están formadas por los citados pedruscos unidos con argamasa.

La fachada, pocas veces enjalbegada, menos aún enlucida y aún sin terminar, da acceso y luz a la casa mediante una puerta casi siempre pequeña y varias ventanas sin alféizar.

Se entra a una pieza rectangular, «la entrada», que está colocada casi constantemente en el lado izquierdo. Ella presenta una puerta en su lado derecho por donde se llega a «la habitación» o dormitorio. Más allá se prolonga a la derecha ensanchándose tanto como la habitación para formar en una sola pieza el comedor y la cocina.

Al fondo se abren dos o tres puertas que dan, la una directamente enfrentada con la entrada, al corral, la otra siempre cerrada al dormitorio de la prole, y una tercera nunca defendida más que por una cortina, cuando la hay, que conduce al desván.

El pavimento del piso bajo que acabamos de describir, es casi siempre de tierra apisonada, con un paso central de cantos rodados, para las bestias; muy pocas veces el resto es de pavimento o de loseta.

El dormitorio de los padres y el de los hijos tienen siempre ventana defendida por maderos que no se abren nunca, dando la de los primeros a la calle y la de los segundos al corral.

Éste es una pieza descubierta en mayor o menor grado, que tiene un pequeño trozo sotechado para defensa de las aves de corral, cerdo, caballería, etc. Desde la cocina, por una escalera de bóveda atrevida y de escalones estrechos y altos, se puede llegar al desván. Éste, que no existe en todas las casas, sirve para infinidad de menesteres y tan pronto es dormitorio para el hijo mayor, como granero o cuarto de «los trastos».

El techo de la planta baja está formado por bovedillas que van de viga a viga; los huecos que quedan sobre ellas se rellenan de cascote, etc. El del desván se construye regularmente con teja vana unida solamente por pequeñas porciones de barro y a lo sumo apoyadas a veces sobre un enrejado de cañas.

Tal es el tipo de casa que podríamos llamar de «jornalero». El mobiliario, como es de suponer, sigue el patrón del edificio.

La entrada no enseña más que dos filas simétricas de sillas bajas o altas, de anea o de esparto.

El comedor está amueblado con otras varias sillas de semejante calidad y por dos o tres mesillas bajas, de madera de pino, a veces chapadas con zinc. En la pared del fondo hay empotrado un aro de metal que sirve de palanganero y en él una pieza con agua sucia de grasa demuestra su escaso uso para la limpieza personal.

Uno de los lienzos de pared, casi siempre el del fondo, presenta un hueco para la cantarera no artística, y sobre ella una o dos estanterías de obra, sostienen un tenderete de cazuelas, vasos y platos de cerámica valenciana, etc.

Y en la parte más escondida el hogar, la chimenea que sirve de cocina y de estufa, el trozo de raíl sobre el que se apoyan los leños y coronando el conjunto una pintura mural tan poco artística que vale más no mentarla.

Es el dormitorio de los padres la habitación más amueblada a la moderna, pues a una cama relativamente blanda y de factura acabadita, se unen una cómoda con tablero de mármol rojo, ocupado por una gran cantidad de figurillas, una mesita de noche, un par de sillas de rejilla, y un espejo grande que se defiende de las ofensas de las moscas estando cubierto por un trozo de muselina roja.

El de la gente joven, en cambio, carece completamente de mobiliario; ésta se echa a dormir sobre jergones de hojas de maíz. Lo más corriente es que se apoyen sobre tablas elevadas por unos banquillos o cajones; menos veces existe la cama con somier, pero siempre de bajísima calidad.

En el sotechado del corral, los aperos de labranza, el cerrado para el «chino» cerdo, y en ocasiones el pesebre para las caballerías. Casi nunca el retrete.

En todas las casas de este tipo, el arte está representado por cromos de calendario de anuncio y algunas viejas litografías que cuelgan de las paredes de entrada y cocina, una colección numerosa de vírgenes, santos y ángeles que guardan a los durmientes y sobre el testero de la chimenea, un paisaje que pintó el artista del lugar (hoy el pintor de Quesa) y que carece totalmente de proporción, de perspectiva y, aún, de colorido real.

Conforme la posición social del propietario mejora, la casa gana en amplitud y comodidades. La del que podríamos llamar «labrador acomodado», tiene siempre mayor número de habitaciones y en ella nunca falta la «cambra». Además, el corral más grande siempre lleva unida una cuadra con su o sus caballerías, burros o mulos.

El mobiliario también siente la influencia del dinero, y mejores camas, bonitas mecedoras, muebles de adorno, labores de mujer, etc., todo hace conocer la próspera situación de la casa.

La característica de las casas de los «señores» es el ornato interior: los muebles más caros, el pavimento enladrillado o entarimado, la fachada bien terminada y pintada de colorines… El gran corral tiene otra puerta de servicio y las caballerías y los peones pueden excusarse de atravesar la pieza principal.

En estas casas, aprovechando el primitivo desnivel se construyó también una cueva, y en ella el número más o menos crecido de cubas o tinajones atestigua la importancia de las cosechas de vino y aceite, y la cantidad de cerdos sacrificados.

El tipo de edificios destinados a establecimientos no existe, pues aquéllos quedaron instalados en las respectivas casas tras ligeras modificaciones que cada caso aconsejó.

Edificios públicos

Carece por completo el pueblo de Millares de edificios públicos. Ni matadero, ni mercado, ni cementerio, ni escuelas, ni lavadero, ni casa Ayuntamiento… Valencia, la provincia más rica de España, la más hermosa, aquella donde se unen el arte y la abundancia en la armonía más perfecta, donde los vergeles nublan la vista con la sinfonía de sus colores, la que guarda en sus huertas y jardines pueblos los más bellos de la patria, dejó de lado desde tiempo inmemorial a estos de la sierra, y la riqueza y la civilización, como cansadas de galopar por la verde llanura, descansaron en ella sin atreverse a penetrar en las fragosas montañas del interior.

Los altos montes que se han de cruzar para llegar a Millares imponen, y ambas quimeras, temerosas de alcanzar la meta, dispneicas y taquicárdicas, prefirieron sin duda la molicie y el descanso, con el abandono de estas gentes, que el fatigoso cabalgar por montes y valles.

Sustituyendo a los que oficialmente debían existir, hay algo que «dicen» son tales construcciones. Veamos.

Casa Ayuntamiento

Formando una de las cuatro esquinas de la plaza Mayor, y precisamente en la casa más pobre, que además está habitada por sus correspondientes inquilinos, hay realquilado un cuartucho, no merece otro nombre, al que se entra por una puerta de 1,60 por 0,80 m exactamente. El «salón» de sesiones, en que está el Juzgado, ambas secretarías, archivo, etc., todo en una pieza, no mide más que 5 x 5 x 3 m, es decir, 75 metros cúbicos.

Una ventana que da a la plaza ilumina tan vasta dependencia durante el día. En invierno, tapada con celofana, roba luz e impide toda ventilación; en verano, completamente abierta, permite el paso a toda una legión de moscas, etc. Una estantería-archivo ocupa toda la pared de la derecha; la mesa del Sr. secretario, la del Juzgado, el Arca Municipal, y hasta cuatro sillas, hacen imposible todo movimiento en cuanto se reúne allí alguna gente, y en especial, cuando el concejo está de sesión o el juzgado en funciones, entre el humo de los cigarros, la concentración de la gente, y la pequeñez del local, parece que la asfixia amaga al atrevido que por allí asoma.

Y conste como nota cómica, pero verídica, que todo el que entra allí, si talla más de 1,60 m, ha de doblarse como en señal de vasallaje o darse el gran trompicón, y si no, que lo cuente el compañero Dr. Malboysson, tan alto él.

En fin, el cuarto de espera no es más que la «entrada» de la casa, y las gentes han de esperar en unión de los vecinos, la resolución de sus asuntos municipales o judiciales.

Escuelas

También están instaladas en una casa particular de dos pisos. El bajo está destinado a escuela de niños y consta de una entrada que se ensancha hacia la cocina y dos habitaciones a la derecha que utiliza el maestro, una para su uso particular, otra para «almacenar» los chiquillos que no caben en la sala general. La de niñas es el desván de la primera, Tiene tejado de teja vana y un boquete por donde se echaba el pienso a las bestias antes de estar la casa destinada a escuela.

Ambas carecen de retrete y los niños han de utilizar el corral para satisfacer sus necesidades, mientras que las niñas, para hacer pipí, tienen que refugiarse en el callejón inmediato.

Con el mobiliario corriente, por el edificio en que se encuentran, es difícil dar idea de su pobreza con esta descripción. El maestro, tras las horas de clase, sólo puede en el edificio de la escuela dormir, y la maestra, temerosa de las ratas, y sin cocina, ha de vivir en otra casa como pupila o como inquilina.

Cementerio

El cementerio no es más que un cuadrilátero de pocos metros de lado, tapiado, que tiene en su cara oeste una puerta desvencijada y en el rincón suroeste un cobertizo medio deshecho. Repleto de tumbas hasta más no poder, da el macabro espectáculo de, cada vez que se ha de verificar un enterramiento, obligar a la extracción de restos diversos, que aparecen en diversos estados de putrefacción al vaciar el terreno para la nueva sepultura.

Cipreses, capilla, campanas, cuidados, aseo, todo está ausente, y si no fuese por su piso tan permeable que permite la más rápida de las descomposiciones, sería aquello el más antihigiénico y pestilente foco de toda la comarca.

Está situado dentro del pueblo y solo un garaje separa sus tapias de las paredes del teatro. Tan cerca está y tan descuidado el cobertizo que sirve de depósito, que las emanaciones de muchos difuntos, llenan la atmósfera en algunas noches de verano, haciendo imposible la estancia en el café ni en sus proximidades.

Sólo en una de sus paredes, la más próxima al pueblo, hay a ras de suelo una fila de nichos sumamente antiguos y descuidados que recuerdan tiempos mejores para el ya imposible cementerio. Conste en mi descargo, como Inspector Municipal de Sanidad que soy de la Villa, que se ha presentado la correspondiente denuncia y que ya existe el proyecto de su traslado.

Lavadero

De una balsa que hay en la calle de su nombre, tras haber alimentado un abrevadero y cruzado el jardín de la «Casa del Capitán», llega al lavadero la acequia que antes surtió de aguas al pueblo.

Sobre un tapial de la calle citada, se abre un estrecho callejón y a su final, formando ángulo recto, se extiende un estrecho pasadizo por el que corre algo elevada sobre el suelo la acequia que mentamos antes. Con el piso de cemento y a cielo descubierto: eso es el lavadero público de Millares.

Su corte transversal daría tres porciones: una, la más alta, por donde discurre el agua; otra, inclinada hacia la primera, formada por las losas donde se apoyan las mujeres para su trabajo; la tercera, más baja, donde se colocan ellas y que se va llenando, conforme transcurre el día de agua y fango...

Allí lo mismo se lavan las ropas de enfermos, que vajillas y cuanto se les ocurra a millarejas y forasteras en contra de la higiene; después de dicho ésto se comprenderá el afán con que muchas mujeres van a utilizar directamente las aguas del barranco cuando éste las lleva.

La iglesia

Si dijésemos sin comentarios que la iglesia es el único edificio público que existe en Millares, tal vez se prestase nuestra afirmación a lucidos comentarios, pero... no extrañe al tribunal que ha de juzgar esta memoria, ni al lector, esta aparente anomalía.

La iglesia de Millares tan mala como corresponde a los edificios públicos descritos, se hundió casi por completo en el pasado siglo, y al reedificarla se ha tenido ya en cuenta lo necesario de la solidez de esta clase de construcciones.

Madoz dice que fue mezquita, Carreras Candi dice que no lo fue y nosotros no estamos seguros de lo uno ni de lo otro a pesar de que opinamos como Madoz. Hoy es un templo bastante capaz, destinado al Señor en el Misterio de la Transfiguración.

Construida de tipo renacimiento, renovada el pasado siglo a raíz de su hundimiento, y con la fachada reconstruida en 1926, no presenta nada en particular bajo el punto de vista artístico.

Su interior consta de una sola nave amplia, con cinco capillas laterales dedicadas al Sagrado Corazón de Jesús, San José, San Ramón, la Virgen del Rosario y al Patrón del pueblo San Blas.

La escultura del titular representa al Santísimo y venerado Cristo de la Salud, imagen de relativo mérito artístico, pues parece datar del siglo trece.

Carece de otra clase de obras de arte y ni púlpito, ni baptisterio, ni cálices, ni pinturas, etc., merecen la menor atención del artista.

La torre, de planta cuadrada, deja en su base un pórtico por donde se entra desde la carretera a la plaza de la Iglesia. Aquella, de 14 m de altura, soporta tres campanas que fueron fundidas en 1925, y un estropeado reloj de torre, único en el pueblo pero que no funciona desde hace ya varios años.

Adosado al templo está el lugar del primitivo cementerio y bajo él hay por lo menos una cripta de enterramiento, la cual fue llenada de escombros y tapiada cuando las últimas obras del templo.

Servicios públicos

Alumbrado

Hasta hace unos diez años el petróleo, el acetileno y principalmente los candiles de aceite, más las teas de pino, eran los pocos medios de alumbrado utilizados.

Allá por el año 1920 se instaló, aprovechando el salto del Barranco del Nacimiento, una pequeña central eléctrica movida por sus aguas.

Resentimientos políticos entre los dos bandos en que se agrupa el vecindario, hicieron que solamente se abonasen a tan útil servicio los amigos del industrial, siguiendo con el uso del candil la mayoría de las gentes. Mas el buen sentido se ha impuesto, los viejos rencores parecen dormidos o extinguidos, y tanto calles como casas están provistas casi sin excepción, de su correspondiente instalación. Ahora, que al industrial le resulta más económico comprar el fluido a la compañía hidroeléctrica, que fabricárselo él, por lo que su pequeña central está sin funcionar desde hace algunos años.

Abastecimiento de aguas

Sin verdadero exceso, pero también sin que nunca falten, son de buena calidad las de que se surte el vecindario. Ellas provienen casi en su totalidad de la Fuente del Nacimiento, sita en el barranco del mismo nombre, de donde fueron recogidas por presa y canal que ya se describió, canal que llega descubierto al pueblo para formar un rebalse conocido por El Henchidor, donde se llenan las vasijas... Este es el punto a donde acuden las mujeres por sus cargas de agua, y corresponde al último y más limpio trozo de la acequia. De allí pasan a la balsa de riego situada a continuación, llenan enseguida el abrevadero de las caballerías y se trasladan luego al lavadero, al molino y a las sedientas huertas.

El defecto de que podríamos acusar a tales aguas es el de llegar descubiertas, lo que permite que los estercoleros situados en la parte superior a su curso, y las tierras acarreadas por las lluvias, enturbien e infecten las aguas que venían puras y cristalinas.

Solamente el curso de la corriente es cortado en verano algunas horas, para el servicio de riegos de las huertas, y en esas ocasiones las mujeres acuden a las fuentes del Zomeño y de las Donas, del mismo barranco, o a las del Piojo y Capellán, en la carretera, algo más separadas del pueblo que el Henchidor.

Los análisis practicados por la Srta. Carmen Salvador en su laboratorio de Navarrés, a cuya jurisdicción farmacéutica pertenece Millares, acusan los siguientes resultados:

	Río Júcar	Millares	Central	Cabas
Calcio (en Oca)	0,17	0,10	0,12	0,21
Magnesio (en OMg)	0,05	0,02	0,09	0,01

Análisis del agua de Millares, tomada del Henchidor:

Limpidez	Absoluta
Conservación	Buena
Olor y color	Nulo
Sabor	Agradable
Residuo fijo a 150°C	0,957 gr.
Grados hidrotimétricos	21
Anhídrido carbónico por litro	0,025
Carbonato cálcico por litro	0,0945
Sales cálcicas (no carbonatos) expresadas en SO-4	0,042
Sales magnésicas expresadas en sulfatos	0,090
Nitratos e hidrógeno sulfurado	0,000

Disuelven bien el jabón.
Cuecen bien las legumbres.

Merecen el calificativo de excelentes

Evacuación de inmundicias

Tal vez haya sido notada la falta de retrete en la descripción de las viviendas de Millares, pero tal vez también se haya visto que carecen de él hasta las escuelas.

Los métodos de evacuación personal por orden de utilización son: establos o corrales, campos, vía pública y retretes.

El número de éstos que señala el padrón de viviendas es de 19 %, la mayor parte construidos en «honor» de los forasteros llegados con motivo de las obras. Las gentes, como en otros muchos pueblos de la provincia, utilizan la cuadra en lugar de aquéllo, y las heces de las caballerías, más la excreta humana, se mezclan indistintamente hasta que la cantidad acumulada obliga a su extracción.

Salvo un wáter recién estrenado y tres retretes que dan sobre la acequia, los demás cubren un hueco hecho con barrenos en la roca viva que forma el piso.

Desgraciadamente, para la limpieza pública, casi tanto como estos procedimientos, se usan los de evacuar directamente en los campos vecinos, solares y callejones. A pesar de todas las recomendaciones hechas en honor de la sanidad y la moral públicas, es de ver en muchas calles, y especialmente en el callejón junto a las escuelas, cómo las deyecciones se alinean en gran número junto a las paredes.

¿Cómo se limpia cada cosa?

La calle, con las aguas de lluvia, si la precipitación es lo bastante abundante o violenta como para arrastrar las inmundicias.

Los retretes, con la extracción manual, nocturna, y su traslado en cubos a los estercoleros más próximos, en los que se hace un hoyo, donde se ocultan.

Los corrales y cuadras, con el transporte directo a lomos de caballerías, mezclado todo en forma de estiércol.

En unas y otras ocasiones la vista se siente ofendida por el sucio espectáculo del transporte, y más aún por el su «producción directa»; el olfato padece más si se encuentra uno con el paso de tales convoyes; y hasta el calzado sufre en algunas noches oscuras el contacto molesto con tan desagradables materiales.

Y lo más serio de todo es que sólo se vacían corrales y retretes cuando la luna está en cuarto menguante para evitar, según los vecinos que «se aviven las pulgas». ¡Como si no se pudieran cazar todos los días sin ningún esfuerzo…!

Resumen

Pueblo de montaña, sin edificios públicos, con casas viejas de pésimas condiciones higiénicas; calles pinas con malísimo pavimento, sin género alguno de limpieza; ausencia casi total de retretes, deyecciones abundantes por las calles, estercoleros excesivamente próximos, cementerio en las peores condiciones que se pueden imaginar…

Y exclusivamente a la salubridad del clima, a la vitalidad de la raza y a las defensas que la sabia madre naturaleza concede a todo ser viviente, puede atribuirse la supervivencia de Millares contra todas las asechanzas que el más absoluto desconocimiento de la higiene haya podido crear en el transcurso de los siglos.

Cuando hablemos especialmente de la higiene de este pueblo, incluiremos los capítulos de ventilación, etc. de las casas, y los de policía urbana y sanitaria que en otras topografías se incluye en el presente.

Segunda parte: Estudio del poblador de Millares

Capítulo noveno

Etnografía

Historia racial

La primitiva raza pobladora del suelo de este pueblo debió ser, según dejamos consignado en el capítulo primero, la ibérica, y si hasta hoy no hemos encontrado de su paso indicios ciertos, el hallazgo de tantos yacimientos próximos nos induce a tomar como cierta esta hipótesis.

La índole de la dominación romana y la identidad étnica entre las razas invasora y autóctona, nos hace suponer que la influencia de la primera sobre la segunda ha sido relativamente escasa.

Los «bárbaros del norte» tampoco pudieron intervenir en la formación definitiva de estos pobladores, pues a su especial régimen prohibitivo de matrimonios con los nativos, largo tiempo mantenido, hay que añadir la particular circunstancia de su escaso dominio sobre el oeste de la región Valenciana.

Es para nosotros indudable que la más profunda de las influencias raciales que ostentan los actuales pobladores de Millares, es la típica árabe, cuya dominación fue tanto tiempo sostenida.

A pesar de su expulsión, de la posterior repoblación y de tantas vicisitudes históricas por las que ha pasado el territorio de referencia, aún es el tipo árabe el tipo que predomina, y los millarejos, como tantos otros Valencianos de idéntico origen, pueden pavonearse, si ello es galardón, de su indudable ascendencia mora.

Aunque si aceptamos las ideas de Spengler, convencidos por la lectura de *El ocaso de Occidente*, tendremos que convenir que no es la ascendencia sino la influencia mesológica mediterránea la que da a estas razas el marcado matiz árabe que presentan.

Caracteres individuales del tipo medio

Es difícil encontrar el tipo medio de hombre que representa al habitante de Millares, puesto estando el observador expuesto a dejarse llevar por la primera impresión, y no siendo etnólogo, cabe muy bien el error causado por las múltiples influencias psíquicas de la convivencia y la amistad. Procuraremos a pesar de ello acercarnos todo lo posible a la realidad.

Talla mediana más bien baja, hábito exterior no muy fuerte, más bien delgado, con las carnes duras, aunque no lleguen a hacer ostensibles los relieves musculares, piel tostada por el sol, con poco vello; pelo castaño, frecuentan la constitución gastro-hepática, con predominio de las afecciones caracterizadas de estos órganos.

Antropometría

Ante la cantidad realmente numerosa de observaciones que llevamos reunidas, gracias a los exámenes individuales practicados a los obreros de Hidroeléctrica, nos hemos visto ante el dilema de incluirlas todas presentando una lista interminable, o bien hacer una selección que presentase los principales tipos sin modificar el resultado final, y hemos optado por esta solución.

Y de cien observaciones de ambos sexos tomadas al azar, de entre todas, hemos entresacado los siguientes veinticinco tipos que aparecen en la tabla siguiente:

	Sexo	Talla	Peso	P.Tor	In.V.	In.F.	In.N.	I.C.H.	I.C.V.	Edad
1	V	1,551	62	82	531	671	590	65	63	27
2	V	1,601	79	79	562	583	595	75	71	31
3	H	1,610	80	84	536	514	645	81	72	52
4	H	1,568	63	80	571	659	625	87	69	46
5	V	1,571	55	89	462	672	625	68	70	37
6	V	1,501	52	83	443	677	546	80	71	35
7	V	1,480	55	66	571	566	645	86	70	28
8	V	1,621	62	84	501	713	532	74	70	31
9	V	1,638	61	80	422	464	612	73	69	42
10	H	1,620	71	86	447	552	632	71	68	40
11	H	1,642	84	85	486	689	812	79	72	39
12	H	1,549	66	71	511	670	545	73	68	39
13	V	1,579	58	90	444	430	659	62	69	27

	Sexo	Talla	Peso	P.Tor	In.V.	In.F.	In.N.	I.C.H.	I.C.V.	Edad
14	V	1,628	71	81	443	571	625	80	68	52
15	V	1,659	59	81	489	704	538	81	71	36
16	H	1,682	67	82	512	583	571	89	75	26
17	V	1,707	92	84	444	695	627	69	70	31
18	V	1,636	65	88	396	695	632	76	68	47
19	H	1,591	61	84	510	546	706	87	74	38
20	H	1,641	66	93	440	711	681	70	79	27
21	H	1,650	63	98	466	667	680	78	68	25
22	H	1,649	54	87	491	454	532	81	68	40
23	V	1,631	69	83	523	511	541	71	69	44
24	V	1,555	60	82	500	700	612	71	72	44
25	V	1,660	62	78	421	656	618	73	68	56

Observaciones: talla en m; peso en kg; p. tor. = perímetro torácico en cm; In. V = índice de vida;
Ind. F = índice facial; Ind.N = índice nasal; I.C.H. = índice cefálico horizontal; I.C.V.=
índice cefálico vertical.

Previamente, permítasenos hacer una serie de aclaraciones y explicaciones para una mejor lectura de estos datos por parte del lector no instruido en esta terminología.

Recibe el nombre de ficha antropométrica el conjunto de mediciones de cada individuo, de las cuales puede extraerse la característica antropológica. En el cuadro puede verse que hemos obtenido la medida exacta de talla, peso, perímetro torácico y edad, además de los índices vital, facial, nasal y cefálico horizontal y vertical.

Talla es la altura del individuo desde la planta de los pies a lo más alto de la cabeza.

Perímetro torácico es la circunferencia del tórax a nivel de las tetillas.

El índice vital es el cociente de dividir la talla por el perímetro torácico.

El índice facial depende de los diámetros vertical y transversal de la cara.

El índice nasal se obtiene dividiendo la longitud del dorso de la nariz por la mitad de la anchura de la base.

El cefálico horizontal depende de los diámetros anteroposterior y transversal máximos.

El vertical se calcula por la división basilo bregamático por el antero-posterior.

La clasificación a que corresponden los habitantes de Millares, por cien, es:

TALLAS (EN %):

Menores de 1500 mm	4
De 1500 a 1549 mm	8
De 1550 a 1599 mm	28
De 1600 a 1649 mm	44
De 1650 a 1699 mm	14
De 1700 o más mm	4

PESOS (EN %):

Menos de 50 kg	0,5
De 50 a 59 kg	24
De 60 a 69 kg	56
De 70 a 79 kg	8
De 80 a 89 kg.	8
Más de 90 kg.	3,5

PERÍMETRO TORÁCICO (EN %):

Menos de 70 cm	4
De 70 a 79 cm	12
De 80 a 84 cm	44
De 85 a 89 cm	20
De 90 a 94 cm	12
Más de 95 cm	8

ÍNDICE VITAL (EN %):

Mesaticélicos	56
Braquiacélicos	36
Macroscélicos	8

ÍNDICE NASAL (EN %):

Platirrinos	56
Mesorrinos	36
Leptorrinos	8

ÍNDICE FACIAL (EN %):

Leptrosopos	56

Mesoprosopos	32
Cameprosopos	12

ÍNDICE CEFÁLICO HORIZONTAL (EN %):

Dolicocéfalos	48
Braquicéfalos	36
Mesaticéfalos	16

ÍNDICE CEFÁLICO VERTICAL (EN %):

Platicéfalos	64
Ortocéfalos	32
Hipsicéfalos	4

De todo lo anotado hasta ahora, se deduce que el hombre medio de Millares es:

Talla media: de 1600 a 1649 mm
Peso medio: de 60 a 69 kg
Perímetro torácico medio: de 80 a 84 cm
Índice vital: mesaticélico.
Índice nasal: platirrino
Índice facial: leptoprosopo.
Índice cefálico horizontal: dolicocéfalo.
Índice cefálico vertical: platicéfalo.

Capítulo décimo

ÉTICA

Caracteres psíquicos y sociales

¡Cuán difícil resulta enjuiciar con absoluta imparcialidad a los que en el presente son amigos y convecinos a la par que clientes! La simpatía personal de los unos, la esquivez de los otros y el trato constante con todos, influyen cuotidianamente sobre el ánimo del observador inclinándose en ocasiones a emitir juicios seguramente erróneos.

Es el millarejo antes que nada trabajador. Durante los que son días laborables acude a su campo o a su ocupación acostumbrada, desde las primeras horas del día y aún las últimas de la noche, si el lugar del trabajo radica lejos del pueblo, o de donde descansa.

Igual que trabajador, es sociable y divertido. Así, cuando el mal tiempo le impide acudir a su tarea habitual, o cuando la festividad del día le inclina al descanso, los cafés se ven concurridos desde primeras horas de la mañana, y animados corrillos llenan de vida la plaza Mayor o se forman en las puertas de las casas, aprovechando según las estaciones, aquellos trozos que más apetezcan por lo soleados o frescos.

Este carácter sociable se manifiesta hasta en los negocios que muchas veces se llevan a medias. No aparece aquí el marcado individualismo de otras comarcas Valencianas, pero no por ello deja el millarejo de ser un poco desconfiado. En efecto, en todos los asuntos, públicos o privados creen que quien interviene en ellos lo hace por afán de lucro, y unos a otros se vigilan y observan para evitar todo posible engaño.

Pero tales engaños deben ser siempre escasos, porque el habitante de Millares es honrado. Las puertas, todas abiertas o por lo menos con las llaves en las cerraduras y la ausencia total de robos, lo atestiguan desde hace muchos años.

Pero en cambio son bravucones. Al igual que sus vecinos de Tous, los rencores familiares o personales han acabado muchas veces en riña sangrienta o «escapándosele el tiro» al más decidido. Hoy, afortunadamente, sea por el incremento de la cultura, sea por la presencia de la Guardia Civil, sea por lo que fuere, parece que la era de la sangre fácil pasó sin trazas de volver.

En fin, son un poco murmuradores, por lo que todas las mujeres y considerable número de hombres y chiquillos se dedican a medir honras, sopesar virtudes y propalar mentiras y verdades como chismes de vecindad.

Pudiendo asegurar que son afables, serviciales, atentos y amables con el forastero que les visita.

Grupo de mujeres.

Usos y costumbres

El bautizo

Antes del tercer día de vida, «no sea que se muera el *crianzo*», como dicen los indígenas, es llevada la criatura al bautismo por dos o tres chiquillas mayorcitas en el próximo día de fiesta, al atardecer, para que los hombres, ya de regreso al hogar, puedan asistir al convite, se forma el cortejo que marcha en pos del infante.

Los padrinos en traje de fiesta, otros tres muchachuelos que llevan el uno la jarra con agua, el otro, su trozo de pan, y el menor su fina servilleta. Detrás cuantas amistades lo desean, van al templo y ven cómo tras la administración del sacramento, el cura limpia sus manos con la miga, las enjuaga con el agua y las seca con la servilleta.

El camino de regreso queda sembrado de una cantidad de confites y calderilla tanto mayor cuanto lo es el rumbo de los padrinos. En casa, una mesa con puros baratos, aguardiente, ajenjo, pastas y el imprescindible botijo esperan para satisfacción de los invitados.

La parturienta, cuando puede salir de casa, acude al templo con la madrina, dedicando una misa al santo de su mayor devoción.

La primera comunión

Hasta las once de la mañana de un día soleado del mes de abril, jubilosas las campanas de la iglesia, parecen con su volteo llamar a los ángeles, y éstos, los rapaces del pueblo, no son rebeldes para acudir a este llamamiento. Todos los que cumplieron siete años, y mejor los de ocho o nueve, sin que deje de hacerlo ni el más pobre ni el más rico, ni el más radical-socialista, pongo por caso, se preparan para recibir la hostia.

Pocos días faltan para el jueves de Corpus, cuando las madres hacen y rehacen presurosas sus viajes a Valencia. Sólo se trata de comprar en el Águila o en los almacenes de la calle de la Bolsería, las cruzadas chaquetas azules o los blancos trajes femeninos que servirán para vestir a sus hijos o a sus hijos.

Y el día grande se come caldero en las casas… sí, se come, pero las madres, a cuál más orgullosa, acuden a ver cómo sus tiernos retoños, embutidos en trajes confeccionados en serie, toman al señor, sin sacar las manos de los guantes de blancura impoluta y sin soltar ni el ramo de azucenas artificiales, ni el libro de oraciones que llevan… ¡hasta los analfabetos!

Las quintas

No sé si los mozos llegan a sentir un poco de temor ante lo desconocido, pero pronto queda disipado entre la constante reunión de todos ellos, el estruendo de los cohetes, las copiosas comidas y algún que otro vaporcillo de alcohol. Cenas, *gazpachás*, pólvora, cantos, vino en botas, en porrones, embotellado; a esto se reducen las «juergas» que preceden a la incorporación a la marcha.

La víspera de la marcha acuden a despedirse de sus parientes y amigos y cada uno de éstos entrega voluntariamente su óbolo para ayudar de mejor pasar en los primeros días de cuartel.

El matrimonio

¡Qué poco esperan cuando regresan del servicio militar! Hombres cuyo porvenir modesto puede decirse que está automáticamente asegurado desde que nacen, sólo sueñan con el término de su labor de soldados para unirse a la compañera que eligieron antes de marchar.

El novio y sus familiares por una parte, y la novia y sus amigas por otra, cuando ya esta compró los muebles y preparó la casa, avisan a cuantos creen conveniente, el día en que comienzan las amonestaciones.

La víspera de la boda una alegre cuadrilla formada por la feliz pareja, los endomingados padrinos y las hoy envidiosas amigas, recorre las casas de los invitados para recordarles a tiempo la fecha y el momento.

Hasta hace poco la ceremonia se efectuaba en las primeras horas de la madrugada y así podían salir los recién casados en sendos mulos para llegar a real de Montroy a tiempo de tomar la diligencia de Valencia, aunque es fama, que combaten los de Millares, que en cuanto llegaban a las alturas de el caballón, enviaban a casa al espolique… y perdían la diligencia. Hoy, con mejores vías de comunicación y con bastante circulación por sus carreteras, se casan las gentes en pleno día y aprovechan para su viaje alguna camioneta particular.

El mocerío queda en casa de la novia donde almuerza, come, cena y baila (cuando no se trasladan para ello a los casinos), no faltando acordeones y guitarras o pianillos y gramófonos que redunden en aumento de la algazara y alegría.

La muerte

Triste escena para todos, tanto para el médico que fue de cabecera, como para los que rodean al enfermo, cuando asoma la trágica mueca de la muerte. Expuesto el cadáver con tanto lujo como lo permiten los medios económicos de la familia, las mujeres cubiertas por su negro manto, rodean al difunto dedicándole su monótono rezo.

Pero el efecto más fantástico de la capilla ardiente lo da una copiosa iluminación de candiles. Cada asistente lleva tantos como posee para que ardan mientras el difunto está en la casa, y si el que murió era pobre una alcuza con aceite para la continuidad de la iluminación. Y allí se une lo sagrado a lo profano, lo sentimental con lo práctico: nadie deja de llevar bajo su brazo el haz de esparto, y quien no hace cuerdecilla (*cordelillo*) o trenza (*recincho*), sostiene la lezna con que prepara su par de esparteñas. Así se vela al difunto en su casa.

Hasta que se organiza el cortejo fúnebre y marcha hacia la iglesia para desde ella trasladar el cadáver al camposanto por la calle de en medio. Tras la caja los dos amigos de confianza de la casa llevan sendos capazos con medias velas que van entregando a todos los que quieren seguir la conducción.

En tanto no se acaben las misas y los rosarios, los herederos esperan, y al final de ellos, más o menos amorosamente, vienen a repartirse tierras o dineros que la herencia les deparó.

Diversiones colectivas

Es indiscutible que los chiquillos en sus juegos siguen la moda con los sucesos de cada lugar habitado. No hace más que muy pocos años el entretenimiento de los pequeños de Millares era el *chavo*, la pedrea, la «fruta del cercado ajeno»... hoy, con la llegada de películas americanas del oeste, con el gran tráfico de camiones, con la construcción del túnel, la gente menuda juega a mineros, a chóferes, a indios, a *cow-boys*, etc. Y las niñas siguen la costumbre general con sus muñecas, sus comiditas, su vajillita, etc.

Por parte de los mozos, las distracciones son muy otras: el baile y la pelota. Las mañanas domingueras, en las calles de la balsa o de el molino, y en la plaza Mayor, el aperitivo o la comida son muchas veces apostados a la destreza de cada bando, como pelotaris. Por las tardes el baile «agarrao» atrae a toda la gente moza que se apretuja a los sones de la banda de Bicorp, o a los menos pretenciosos de algún acordeón, y quienes por su edad no pueden se reúnen en la periferia del salón para observar y murmurar un poquillo.

La noche del domingo la reparten las gentes entre los cines y los cafés y tabernas. En éstos es constante la formación de partidas sin que falten los «corros de mirones». El tute subastado, y el julepe, de cartas; el dominó, el chamelo y la correlativa, de fichas; y modernamente el *parchessi* son los que reúnen mayor número de catecúmenos en torno a los altares del azar.

También los dos cines están muy concurridos, pero es probable que uno, si no los dos, acabe cuando las obras den fin; el gusto artístico del público queda plasmado con señalar aquellos programas que obtienen más éxito: películas del oeste americano y episodios detectivescos.

En fin, el solo hábito campestre colectivo que reconocemos a estas gentes es la *gazpachada*, en que bien armados, bien pertrechados, y con algún conejo de casa por si acaso, salen unos cuantos amigos a pasar varios días lejos del trabajo y cerca de la naturaleza, para poder beber cuanto quieran, matar lo que puedan y comer tanto gazpacho como sus estómagos admitan.

Festividades de origen religioso

Difícilmente se encuentra pueblo en España que no tenga su imagen venerada, objeto de la máxima fe entre los espíritus campesinos. No había de ser Millares una excepción, y así, tiene la suprema advocación al Santísimo Cristo de la Salud, cuya imagen antiquísima se atribuye a los ángeles que vestidos de peregrinos la trajeron no se sabe desde dónde. No se poseen datos ciertos de su procedencia. Escultura muy perfecta, ennegrecida por la pátina del tiempo, y cuya data tal vez no baje de 500 años, preside el altar mayor y se halla cubierta con doble telón, pintado al óleo el uno, y bordado en seda el otro.

Es corta la religiosidad del pueblo de Millares que no se honra con su asistencia masiva al templo. La afluencia escasa de gente a los oficios religiosos es manifiesta, y sólo aquellos funerales y demás funciones que por ser motivo de mundana ostentación permiten la humana vanidad y la exhibición de vestidos y bellezas, se ven grandemente concurridos, tal vez también por amor a la causa que los causó.

Las fiestas religiosas o paganas que se celebran en Millares son:

Día diecisiete de enero: San Antón. Al segundo toque de misa, salen los propietarios con sus animales, especialmente caballerías, para que sean benditos en nombre del patrón santificado.

Días 2 a 6 de febrero: Feria. Fiestas dedicadas a La Candelaria, San Blas, el Cristo de la Salud y San Roque. Tomadas hasta ahora a cargo de los ayuntamientos monárquicos, son las más importantes del pueblo. La calle de San Roque se adorna con guirnaldas de flores y verdura, los puestos ambulantes de chucherías abundan, y entre los disparos de tracas y el gentío que sube y baja por la calle, se mueve una algarabía inusitada.

En carnavales no se nota más que un aumento ligero en la animación de los bailes, otro considerable en su duración y un gasto crecido de harina por la costumbre de salir con capacetes para empolvar a los paseantes.

Corpus es el día señalado para la primera comunión.

Los días siete y dieciséis de agosto hay nuevas fiestas dedicadas a San Roque, y solamente en la primera de estas dos fechas hay procesión y feria.

Las hogueras de San Antón, las fiestas de la Pascua de Resurrección, la Semana Santa, la misa de las solteras a la Inmaculada, no son exclusivas de este pueblo y no presentan particularidad alguna digna de mención.

Costumbres políticas

Indudablemente no hay pueblo de mediana categoría hacia menos en que sus gentes no estén divididas por odios políticos y rencores ancestrales. Como profesional de la medicina he recorrido afortunadamente pocos pueblos, como turista con ribetes de observador he cruzado más, pero como orador político he visto muy de cerca aquel conjunto de odios, de intereses creados, de bajezas y servilismos, que el cacique rural y la pública incultura aunadas, crearon.

No es lugar este capítulo, como no lo fue el prólogo para otro tema, de discutir hechos que a nosotros nos parecen indiscutibles, hacemos únicamente observaciones afirmativas y tratamos de sacar las correspondientes consecuencias.

Millares es un pueblo de costumbres caciquiles, como lo son otras muchas villas españolas. Tal vez la mayoría, aunque pese a los nuevos republicanos. En nada ha cambiado su vida con el advenimiento del gobierno republicano, y todo sigue, salvo la asistencia a las procesiones como a principios de siglo.

Dos caciques han venido rigiendo desde hace largo tiempo el destino de Millares, con menoscabo de los intereses del municipio y mejora de los propios. Dictadores del pueblo por sus influencias políticas en la capital del partido judicial y de la provincia, y por su capital, fueron los dueños y señores y tal vez continuasen en tal situación si no se hubiesen demostrado públicamente sus fullerías.

Habiendo conocido el pueblo que entrambos se repartían el dinero dado por cierto diputado para la compra total del censo electoral, algunas personas más honradas o tal vez descontentas del mal, para ellos, resultado del reparto, iniciaron la fundación de una sociedad para oponerse a tales canalladas. Se lanzó la idea, se aplaudió la causa, se lograron adeptos y tras algunas reuniones secretas para evitar la lucha antes del nacimiento, cuando los caciques unidos trataron de evitar lo que se les venía encima, llegaron tarde; la Sociedad Obrera La Fundamental de Millares abría sus puertas y las listas de socios aumentaban rápidamente, tanto que apenas fundada se acordaba emitir un empréstito, y se iniciaba con esos fondos y «por peonadas» la construcción del edificio social.

Hoy dicha Sociedad, aunque atravesando una crisis aguda, es indudable que cuenta con más del 60 % de los votos del lugar, y casi con el 50 % de socios, saliendo de ella la mayoría del Ayuntamiento, el juzgado, y puede decirse que toda la gobernación del pueblo.

Y los dos caciques, mejor dicho, sus fuerzas desengañadas, se han unido de «La Alegría de la Huerta», unos afiliados al partido Unión Republicana Autonomista de Valencia; otros, sin afiliación definida, pero con tendencias más derechistas; en fin, un pequeño grupo disidente ha formado una asociación de carácter socialista, pero ni uno sólo de ellos, puedo asegurarlo, posee la más remota idea de lo que es un programa político, y así luchan solamente por la mezquindad de la administración local.

La Sociedad La Fundamental tiene, según sus reglamentos, mandato sobre los concejales electos, y obra y acuerda por asamblea o junta general. Cuando se trata de elecciones, el día de «las votás» se obsequia a los votantes con cacahuetes y aguardiente, saliendo los gastos del bolsillo de los candidatos. Para el bando victorioso es inevitable el paseo en manifestación a los poco acordes sones de la «banda» de Bicorp.

No me creo capacitado para juzgar al primer ayuntamiento republicano, pues su corto mandato aún no da lugar a ello, pero al menos los proyectos de matadero, escuelas, cementerio, parece que se han desenterrado y llevan buen camino... el tiempo será testigo de sus obras en Millares. (Cuando se escribe esta copia del original presentado al concurso, ya hace un año que se inauguró el matadero, muy bien situado por cierto, y dos o tres meses que se dio apertura al cementerio, sin que por fortuna hasta ahora lo haya ocupado más que un feto).

Cultura

El número de millarejos analfabetos es tan crecido que causa verdadero desconsuelo. Entre los adultos especialmente es asombrosa su cantidad. Y es que el desarrollo de la enseñanza en este pueblo tropieza con considerables dificultades.

Es la primera el escaso interés que padres y autoridades de los anteriores ayuntamientos prestaron a la delicada misión cultural. Los padres, en general, sobre todo en épocas anteriores en que el pueblo era más pobre, preferían la ayuda directa de los hijos en el laboreo de las tierras o la obtención de carbón que su instrucción de utilidad para ellos desconocida.

Es la segunda la mala condición, y que me perdonen la crítica, de los maestros anteriores, muy poco trabajadores, según las gentes, lo que aumentaba la primera dificultad.

En fin, es tal vez la más importante la pésima condición higiénica de los locales. Sobre dos plantas de treinta plazas, que ya se han de colocar apretadas, se aglomera una matrícula de 77 niños y 69 niñas (más de ciento de cada sexo al copiar el original), y ante la imposibilidad de tal cabida los pequeños se apretujan, habiendo por tal aglomeración que distribuirlos en departamentos secundarios de la escuela.

A pesar de los buenos deseos del profesorado, competentísimo y atentísimo el de hoy, D. Juan Ferrer y D.ª Amparito Ariño, no es posible que tal pajarera llegue a alcanzar los grados de limpieza y cultura que fuera de desear. El exceso de chiquillos y el defecto de asiduidad siguen dificultando la labor pedagógica del profesorado.

No obstante lo expuesto parece notarse un movimiento favorable hacia la cultura, se ha creado el Consejo Local de Primera Enseñanza, y Millares, antes incomunicado casi totalmente, se encuentra en la actualidad tan en contacto con extraños que parece haber aprendido la necesidad de saber, conduciéndole a un considerable incremento de la matrícula escolar y una asistencia más asidua.

El sistema pedagógico empleado es el mutuo, es decir, el de enseñanza directa del maestro a los mayorcitos y de éstos a los pequeños que no pueden ser atendidos por aquél. El método empleado es el interrogativo, consistente en el cruce de preguntas y respuestas entre los profesores y sus alumnos.

Últimamente, al menos entre la gente menuda el analfabetismo ha decrecido en términos realmente halagadores. Las cifras que arroja el censo de 1930 sobre una población de residentes presentes de 1485 habitantes, abstracción hecha del personal flotante que pertenece a las obras del Salto, son:

Mayores de 25 años:
Saben leer y escribir	152
Son analfabetos	561

Menores de 25 años, con edad escolar:
Saben leer y escribir	424
Son analfabetos	229

Vestido y adorno personal

Los amigos del folklore, los amantes del tipismo y el regionalismo, los enamorados de la tradición y del arte, no tienen más remedio que la queja ante la desaparición casi total del vestido Valenciano típico. La «standarización», séanos permitido el vocablo, de la vestimenta, es un movimiento que podemos calificar de universal, por lo menos en lo que a países civilizados se refiere. Así resulta que hasta en los más apartados rincones tiende el traje, y más el femenino que el masculino, a seguir la moda, olvidando o poco menos los que en tiempos anteriores se consideraban típicos del país. Todavía en los vestidos del trabajo puede notarse el aire particular de las regiones y pueblos, pero los de fiesta o domingueros tienden cada día más a la uniformidad.

El hombre, como en otros muchos pueblos Valencianos, tiene tendencia a vestir de negro. La mujer, como en todo el mundo, es más amiga de perifollos y colorines. Botas negras o alpargatas de lona, calcetines negros bastos, pantalón negro de paño, camisa de cuello abotonado pero sin corbata, chaleco desabrochado con su cadena y chaqueta, blusa o nada más según la estación y sitio; gorrilla de astrakán o sombrero, completa el hábito exterior en el traje dominguero o de lujo.

Para el trabajo, en cambio, el vestido es muy otro. El calzado usado por el común de los vecinos es la alpargata de esparto fabricada en casa por la familia. No hay calcetines. El pantalón es de pana, la camisa de color, desabotonada, cubierta con un chaleco viejo o una blusa. La cabeza, que no se descubre nunca, lleva pocas veces el abrigo del pañuelo y casi siempre el de una gorrilla de visera estrecha, o el veraniego sombrero de palma. La cintura queda sujeta por una correa de cuero más o menos ancha y más frecuentemente por una amplia faja que hace a la vez de cinturón, bolsillo, y abrigo.

La ropa interior es la única que varía con las estaciones y está constituida por calzoncillos siempre largos atados alrededor de los tobillos, de tela o de punto, camiseta de punto y manga larga sólo en invierno, y camisa estampada de dibujos floreados, o negra. Los colores preferidos son: ropa interior de punto, blanca aunque a veces el color sea algo dudoso, calzoncillos de tela azul listada; camisa estampada de dibujos grandes multicolores, pantalones castaños, faja negra, blusa gris, y gorra negra.

La ropa femenina se compone: alpargatas de esparto, sin medias las viejas, de lona o con zapatillas las jóvenes, con medias tanto más finas cuanto más próximas están a la edad de merecer. El traje es de tipo bata, de percal estampado, pocas veces compuesto de falda y blusa. Está, el cuerpo de la bata dispuesto para dar fácilmente el pecho a las criaturas. En las mujeres viejas vestidos generalmente muy usados. El delantal atado a la cintura no falta nunca, no así el pañuelo a la cabeza, que es menos frecuente que otros pueblos de la región.

La moda los días de fiesta casi no se sigue más que por las muchachas y casadas jóvenes y se ajusta regularmente a la que importan las criadas de servicio doméstico de regreso desde la capital o de Barcelona y Játiva. Excepto las de buena familia que acuden en Navarrés o Valencia a modistas y costureras, las demás casi sin excepción gastan vestidos de símil-seda, brillantes, más o menos malos, según permitan los ingresos de la casa.

La ropa interior femenina es de lo más variable y casi no se ajusta a ningún modelo. Las jóvenes llevan pantalones cerrados o abiertos, de tela o punto, blancos, *culots*, o las más modernas combinaciones. Las casadas y las viejas gastan camisas de blancura muy dudosa, de lienzo, abiertas en los pechos; rarísimas veces pantalones de punto abiertos y fatalmente sucios; sobre ellos una, dos o más sayas o refajos de bayeta de varios colores, preferentemente negro o rojo apagado, casi siempre con varias piezas de remiendo. Ellas se abrigan en invierno con restos de toquillas y mantas.

El vestido de los niños es las más de las veces resultado del arreglo de uno paterno; el pantalón llega casi siempre por debajo de la rodilla. Las niñas utilizan batitas de percal.

En fin, los vestidos de las grandes solemnidades son:

COMUNIÓN: los chicos, chaquetas azules cruzadas y pantalones largos azules o blancos, de almacén. Guantes blancos. Con un ramo de azucenas artificiales y un libro de oraciones. Las niñas llevan el vestido llamado «de comunión», blanco, velo largo, zapatos y medias del mismo color. En las manos los mismos atributos que los muchachos.

BODA: en el hombre el traje es negro, con camisa blanca, por lo menos en la pechera, cuello abotonado postizo, pero sin corbata. Ella luce vestido negro, con velo y la simbólica corona de azahar.

DIFUNTOS: éstos son vestidos con su mejor traje, siendo muy raros los que van envueltos en sudario o con hábitos de órdenes religiosas. Algunas jovencitas con un traje azul que quiere ser el de la Purísima Concepción.

LUTO: sigue las reglas generales de otros pueblos, llegándose hasta la camisa de los hombres, que debe ser negra.

ABRIGO: la mujer utiliza trozos de mantas, mantones y toquillas. El hombre mantas, y tapabocas y bufandas. Las mujeres jóvenes solteras llevan algunos abrigos, gabancitos que siguen la moda de la ciudad. Los hombres no lo usan en ningún caso.

El habla

En un tratado de lingüística de principios de siglo su autor, Carreras Candi, con una argumentación muy bien trazada, trata de demostrar que la lengua valenciana es hija directa de la ibérica primitiva y no del latín vulgar. Intenta demostrar además que tal lengua es consustancial con la raza autóctona hija de la caucásica invasora.

Si está o no en lo cierto es cosa que, no estando, que yo sepa, de acuerdo los filólogos, menos puedo yo juzgar, pero inclinándome a aceptar tales supuestos y refiriéndonos exclusivamente a Millares, hemos de recordar la próxima situación de las estaciones prehistóricas de Castellar de Meca, Albufera de Anna, Cueva de la Araña, de Bicorp, etc., todo ello ibérico.

Inclinándonos pues a la existencia del primitivo ibero en los terrenos de Millares, si existieron, ¿hablaban la lengua que dio origen al valenciano-catalán? ¿Nació ésta del latín vulgar, o por el contrario, son el euskera, el gallego y el catalán los últimos restos de los primitivos vascos, celtas o iberos? ¿Fueron acaso éstas dos últimas coetáneas y hermanas de las primitivas italistas?

Es el caso que todavía no hemos hallado en Millares nada que pueda recordarnos el primitivo lenguaje, pero...

Al llegar a los tiempos históricos seguimos con la duda a pesar de los numerosos documentos leídos, y no podemos afirmar que se hablase una u otra lengua.

En archivos de pueblos más castellanizados que éste, como por ejemplo Ayora, en los que además es indudable la presencia del hombre primitivo, la existencia de numerosos documentos escritos indistintamente en una u otra lengua, nos haría creer que se habló el idioma vernáculo en algún tiempo, pero tampoco estos documentos son probatorios de nada.

Veamos para Millares: de todos los documentos que nosotros citamos en la parte histórica de este trabajo, sólo está escrito en valenciano el *Procés d'apel·lació de vincle...*, pero ello no significa gran cosa ya que la parte reclamante era de Real de Montroy donde se habla valenciano *apitchat*.

En fin, el *Llibre de jurisdiccions, certs, barons, etc.*, que está escrito por catalanes, no es de extrañar que lo esté en su lengua, entonces bien poco diferenciada de la nuestra. Y ni estos documentos, ni los latinos de Jaime I, ni los castellanos posteriores son demostrativos. Acaso se habló valenciano por los indígenas y mozárabes de este pueblo hasta la despoblación causada por la expulsión de los moriscos y tal vez haya sido la marcha de estas gentes el motivo de la desaparición de nuestra hermosa lengua en este rincón.

A todo ésto, tal vez esté en pleno error el que con su teoría nos ha hecho llegar hasta aquí, pero el caso es que la influencia del valenciano sobre el lenguaje actual de Millares es innegable y profunda, por lo que no es probable que sea la única el escaso contacto con Real de Montroy que siendo el más próximo de habla valenciana, está a bien cerca de las diez horas de camino.

¿Cómo se habla hoy en Millares?

En castellano arcaico. Mientras las comunicaciones entre los pueblos fueron iguales a fuer de atrasadas, el lenguaje evolucionó a la par, hasta que al adelantar aquéllas en casi todos y quedar Millares relegado al más profundo olvido, se modificó en el resto de la provincia, para quedar en Millares igual como se hablaba al principio del último siglo.

Palabras anticuadas como *calzas, agora, pote, payar, yanta*, etc., se usan cuotidianamente en la conversación, mezcladas con las de uso corriente moderno. Los verbos siguen en su forma los viejos modismos de *traello, llevallo, cogello, dejallo, rompello*, etc. La deformación de algunas palabras y el uso inadecuado de otras muchas, es frecuente y así se escucha bastantes veces *voy a juebar, en denantes, cieca, di quia luego, vamos* (por hemos) *venío,...*y tantas otras que sería prolijo enumerar por completo.

Es también muy usado el diminutivo, pero no con la terminación *-ito* castellana o *-ico* aragonesa sino con una especie *-iquio* característica. Así dicen: *corraliquio, ciequeciquia* o *ciequetiquia, fuenteciquia* o *juenteciquia, chiquitiquio*, etc.

Es más, el «de», posesivo, se suprime casi siempre y al construir la frase sólo dicen *Corraliquio Antón,* por «de Antón», *Eriquia Merino,* por «de Merino», *Vicente el Pere,* por «hijo del Pere», etc.

En fin, como antes dijimos, la influencia del habla valenciana sobre la de Millares es manifiesta en la conversación, en la onomástica, en la toponimia, etc. Los lugares conocidos por El Castillet, el Clot, Las Donas, etc., llevan nombres valencianos más o menos castellanizados. Los apellidos Grau, Carbó, Lluch, Llovell, etc., son de pura cepa valentina. *Pulput, fuina, lludria, talpón* y otros muchos, son nombres valencianos de animales millarenses.

De una conversación emprendida al azar, tomamos las siguientes palabras de etimología valenciana:

MILLAREJO	VALENCIANO	CASTELLANO
Aclarir	Aclarir	Entender
Albalcoras	Bacores	Brevas
Albercoques	Albercocs	Albaricoques
Carchofas	Carxofes	Alcachofas
Cobertor	Cobertor	Cubrecamas
Cojinera	Coixinera	Almohada
Esgrellas	Graelles	Parrillas
Mocador	Mocador	Pañuelo
Munchetas	Mongetes	Caracoles
Garrofero	Garrofer	Algarrobo
Olivera	Olivera	Olivo
Caldero	Paella	Sartén
Paño	Pany	Cerradura
Perol	Perol	Puchero
Picher	Pitxer	Jarro
Pilota	Pilota	Pelota
Pimintón	Pimentó	Pimiento
Tomaques	Tomaques	Tomates
Truques	Traus	Ojales

MILLAREJO	VALENCIANO	CASTELLANO
Zafa	Safa	Palangana

Y tantas otras más como quisiéramos escribir.

Y no se nos arguya su posible etimología castellana totalmente improbable, puesto que esta influencia lingüística se ve aumentar conforme nos internamos en la Canal de Navarrés; y no creo que sea discutible aunque no se aceptasen las teorías de Carreras Candi sobre el origen ibérico de la lengua valenciana.

Para terminar, y haciendo referencia al citado trabajo de Carreras, hemos de mostrar nuestra disconformidad con el origen que atribuye a ciertas toponimias de Millares.

En la página 723 dice: «La cava latina, cava, cova o caverna, tiene su representación orográfica en la provincia de Alicante en el Monte La Cava y en la Sierra del Cavallon. Dentro de la de Valencia en la Fuente de La Cava de Alcublas, en Cavas, despoblado de Millares, donde existe la Sierra del Cavallón...».

Por parte de Millares, sin inmiscuirnos en los nombres alicantinos ni de Alcublas, el error es manifiesto. Abundábamos en semejante opinión cuando llegamos al pueblo; es más, llevados de nuestras aficiones espeleológicas, no cesamos de indagar sobre las para nosotros, supuestas cuevas de Cavas y del Cavallón, hasta que con el tiempo nos hemos convencido de lo siguiente:

1º. De que no hay una sola cueva en Cavas ni sus alrededores.

2º. De que tal despoblado no se llama Cavas sino Cabas.

3º. De que su etimología no hay que buscarla en la voz latina *cavea* ni en sus derivados, sino en la palabra árabe *caba*, con un significado de «mala mujer».

Igualmente se ve el lapsus en la denominación *Caballón* y no Cavallón. Aparte de que su proximidad a Cabas sea cosa muy relativa pues están a diferente lado del Júcar, que es prácticamente invadeable, y fuera del término, no hemos conocido en dicha sierra más que una insignificante cueva, lo cual no sería bastante motivo como para justificar la denominación.

Si aceptamos la lengua ibérica como madre de la valenciana, tal vez hayamos de buscar en ella el origen del Caballón orográfico que se alza entre los surcos del Magro y del Júcar, como el caballón agrícola que se levanta por la fuerza del arado entre los surcos del labrantío.

No me atrevo a discutir la etimología de Millares dice: «Del latín milium, mijo, con el sufijo -*arias* o -*ars*, se ha formado Millars o Mijares; esto es, campos de mijo, nombres de un collado y un río de Castellón, de otro valenciano afluente del Magro en Yátova, y de una población en el distrito de Ayora».

Millares, desde el periodo histórico que nosotros conocemos, ha llevado sucesivamente los nombres de Millás, Millars y Millares, de los que sólo el segundo de ellos es coincidente con el *milium ars* de referencia; pero el primero no concuerda a nuestro entender con la etimología que se le quiere atribuir.

Onomástica

No es, aunque parezca extraño, Millares pueblo en que el uso de los apodos sea constante. Claro que éstos existen abundantes, pero la costumbre general, tal vez heredada de los árabes, es nombrar a los hijos con el nombre de los padres.

Con la supresión de la partícula «de» que ya señalábamos en el artículo anterior, quedan como ejemplos de nombres del pueblo: *Pepe el García* (hijo de García), *Vicente la Ana María* (hijo de Ana María), *Pepe el Pere* (hijo del Pere), *Manuel del Quico* (hijo del Quico), y así hasta el infinito.

Esta costumbre ya debe ser antigua, pues en el *Quinquelibri primero*, que se conserva en la Iglesia y que abarca los años 1744 a 1771, en el primer bautismo que se lee puede verse:

> En doce del mes de enero del año mil setecientos y cuarenta y cuatro, yo el infrafirmado retor de la Yglesia parroquial de la Baronia de Millas----- bautize según rito de la Santa Yglesia Catholica Apostolica Romana a Domingo Thomas----- hijo legitimo de **Vicente Sayas de Antonio** y de Ynes Galdon conyuge; fueron pa----- drinos **Joseph Sayas de Antonio** y Ana Maria Martinez, todos vecinos y habitadores----- desta Baronia. Nacio otro dia pasada la media noche, mes y año, y ----- por la verdad lo firmo-----Mn. Pasqual Nebod Retor.

Los apodos muy variados nacen y mueren con bastante facilidad aunque algunos se conservan desde tiempo inmemorial. Suelen expresar la mayoría caracteres anatómicos o patológicos especiales, o también aficiones. Así, la familia de *los Chatiquios* tiene en su jefe un magnífico ejemplo de nariz respingona. *Los Rulliquios* aunque ya con el pelo liso, tuvieron un ascendiente que debía tener la cabellera bien encrespada; no hace falta decir el color del pelo de los *Rojos, Royos, Rojicos*, etc., ni la forma de marcha de *los Cojos*, ni el habla tartamuda de *los Botijosos*, ni la buena panza de *los Panzorras*, ni el volumen del primer ascendiente de *los Gordos*, ni la oscura tez de *los Morenos*, ni la estatura de *los Altos*, ni el estado de los ojos de *los Ciegos*, y así tantos otros.

Otros apodos, como *Tousino, Bicorino, Navarresino, Almagrino, Quesino,* indican el primitivo origen de las familias que los llevan. Los nombres de *Sardinero, Tejero, Quesero,* etc., indican la profesión de los actuales o ascendientes poseedores

Algunos apodos son de etimología más oscura. Así, *los Quincetes,* tenían un abuelo enterrador que cobraba «un quincete» (del valenciano *quinzet* = real) por su trabajo. *Los Zomeños* han dado o tomado su nombre de cierta partida del término. *Los Violines, los Troncos,* aquellos *Cháfaros, Lagartos,* etc., tienen un origen desconocido. *El Raspajo* toma cada día una *raspa* (borrachera); *los Cucalas* fueron los primeros de la familia al menos, significados carlistas...

Los apellidos que existen hoy en Millares son relativamente pocos, contándose a la vez entre los extinguidos algunos que hoy son nombres toponímicos y apodos como Zomeño, Valera y Pandán.

Hoy sólo pueden verse: Barberá, Carbó, Galdón, García, Gómez, Grau, Lerén, Lorente, Llovell, Lluch, Martínez, Merino, Pérez, Pla, Royo y Sáez, siendo los más abundantes, en una gran proporción, este último y el de Galdón.

Barberá, Carbó, Grau, Lluch y Pla, son de indudable ascendencia valenciano-catalana. Royo es probablemente la vinculación de un apodo. Sáez es una corrupción de un primitivo Sayas que se ha transformado sucesivamente en Sayes, Saes y Sáez. No conocemos el origen de los restantes apellidos.

Capítulo undécimo

Economía

Nociones generales

La riqueza de un país depende de múltiples y variados factores pero es lo general que uno de ellos predomine sobre los restantes y dé al territorio una facies característica. Agricultura, ganadería, minería, industria y comercio, son los que más directamente definen la prosperidad de los pueblos.

La medida del factor dominante o de sus derivaciones económicas y la relación de su preponderancia sobre los restantes, nos dará la más exacta idea del desarrollo económico, pero la idea más rápida, podremos formarla con el examen de la densidad de población y el índice de contribución a los gastos de la nación.

La población relativa de Millares es de 14,46 habitantes por kilómetro cuadrado, resultando lo bastante corta, aunque no sea la menor del distrito de Ayora, para quitarnos toda esperanza de encontrar una gran prosperidad.

También son cortas las cifras de contribución y de presupuestos municipales. Unos y otros reunidos nos indican *a priori* la relativa pobreza de este pueblo de Millares.

En él, de todos los factores indicados, la agricultura es la que goza de mayor preponderancia; le siguen en este orden la ganadería y luego por igual la industria y el comercio para dejar relegada al último lugar a la minería, de importancia prácticamente nula. En fin, la instalación del tantas veces nombrado Salto de la Compañía Hidroeléctrica Española hará variar las cifras absolutas, si bien su influencia sobre la vida del pueblo en sí se reducirá al ingreso de unas pesetas en las arcas municipales y en las de algunos comerciantes.

Agricultura

Aparte del clima, que claro está, es el determinante más fijo de la vegetación de cada país, hay otros elementos variables que influyen directamente en la agricultura. Son: la distribución de la población, la de las aguas y la calidad y composición de los terrenos.

Es indudable que al aumentar o disminuir la población de un país fluctúan en todos los órdenes de la economía las necesidades del mercado y del trabajo, tanto más en la agricultura, tan íntimamente ligada a la producción de los artículos de primera necesidad.

Al crecer la población se buscan rincones que antes permanecieron yermos; al disminuir se abandonan los terrenos de explotación poco remuneradora. Y así visto, forman los habitantes y la agricultura un núcleo de tan recíproca dependencia que no sólo al cambiar aquellos varía ésta reflejándose las influencias exteriores sobre aquellos, sino que la vida es prácticamente imposible donde la agricultura no puede prosperar.

Es el factor agua otro de los que más intervienen en el desarrollo de aquella. Sin necesidad de esforzarnos en demostrarlo, es cosa que salta a la vista con sólo ver el más elevado precio y la superior producción de las tierras que se riegan (o reciben abundantes lluvias) sobre las que no.

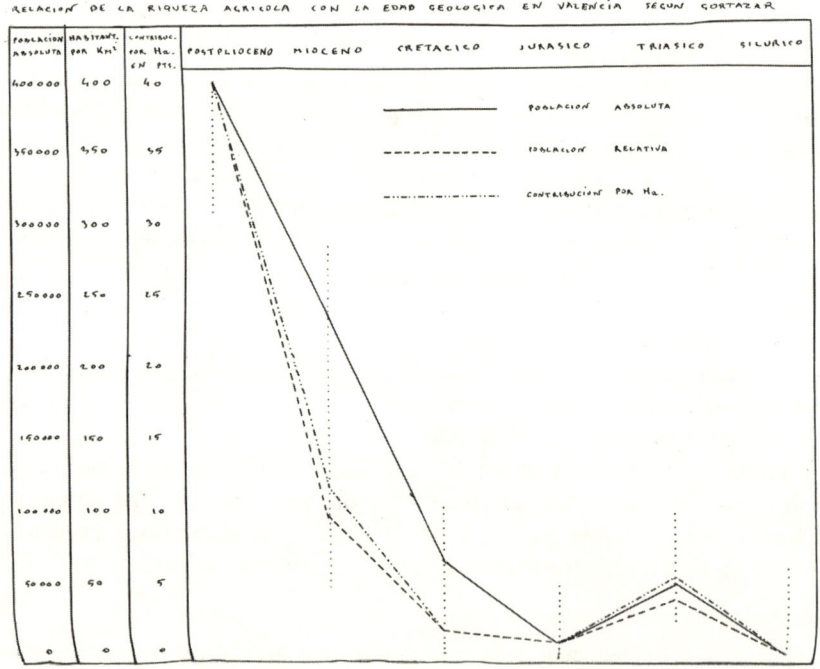

Es más, si observamos sobre las cartas geográficas la distribución de la población agrícola, veremos cómo ésta se condensa en las zonas mejor irrigadas, y tanto más cuanto más perfecta y completa sea esta irrigación. Con el caudal de aguas crecen los riegos, con éstos la riqueza agrícola y con ella la cultura y la sociabilidad de las gentes.

El otro elemento, también de indiscutible importancia es la composición de los terrenos, dependiente en general de su edad geológica. La presencia de la llamada tierra vegetal o laborable es imprescindible para la ejecución de las labores agrícolas.

En general, la dureza de los terrenos desciende tal como aumenta su modernidad, por lo que son tanto más laborables cuanto más jóvenes.

Si estudiamos en el siguiente cuadro las líneas gráficas veremos cuán regular es la relación entre la riqueza agrícola y el piso geológico, y si en ellas vemos una pequeña elevación sobre las capas del trias, hay que atribuirla a que sus horizontes contienen grandes cantidades de margas arenas y yesos descompuestos que hacen las labores agrícolas mucho más fáciles que las gruesas tongadas de calizas y yesos compactos de otros pisos superiores.

CUADRO RELATIVO A PRODUCCIÓN, POBLACIÓN Y CONTRIBUCIÓN EN RELACIÓN CON LA EDAD DE LOS TERRENOS

EDAD-GEOLÓG.	PISO	SUPERF. KM2	POBLAC. ABSOLU.	POBLAC. RELAT.	CONTRIB. POR KM2
Cuaternaria	Postplio-ceno	2400	986.446	411	21,12 ptas.
Terciaria	Mioceno	2440	236.612	96,90	5,70 ptas.
Secundaria	Cretácico	4230	68.080	15,08	0,94 ptas.
Secundaria	Jurásico	1000	11.820	11,68	0,70 ptas.
Secundaria	Triásico	1200	55.100	45,90	2,70 ptas.
Primaria	Silúrico	2	5	2	0,03 ptas.

Millares se encuentra enclavado en los tramos bajos del Cretácico y su agricultura está supeditada a las posibilidades de tal piso, influidas por las restantes circunstancias. La zona de regadío está casi toda ella a lo largo del barranco del nacimiento desde sus fuentes hasta un poco por debajo del pueblo, estando la mayor extensión a la vista del pueblo. El terreno cultivado se halla precisamente en toda la anchura de la vertiente del Júcar, en parcelas sueltas o agrupadas, sostenidas por altos muros, y mezcladas con trozos no cultivados aprovechables para pastos, y leñas bajas.

El cuadro general de cultivos en Millares, según el último avance del Servicio Catastral de Valencia, señala:

Terrenos con regadío

DEDICADOS AL CULTIVO DE:

Cereales	54 ha 86 a 1 ca
Frutales	0 ha 2 a 4 ca
Ambas cosas	0 ha 39 a 85 ca
Cereales y olivos	0 ha 22 a 68 ca
Algarrobos	3 ha 16 a 90 ca

TOTAL DE REGADÍOS 58 ha 67 a 48 ca

Terrenos de secano cultivados

DEDICADOS AL CULTIVO DE:

Cereales	32 ha
Cereales rozas	115 ha
Viñedos	22 ha
Olivos	104 ha
Viñas y olivos	142 ha
Cereales y olivos	23 ha
Algarrobos	107 ha

TOTAL DE SECANO   545 ha

Terrenos sin cultivo

APROVECHABLES PARA:

Pinos	492 ha
Leñas y pinos	69 ha
Leñas bajas	6613 ha
Pastos	524 ha

TOTAL TIERRAS SIN LABOR   9698 ha

SUPERFICIE AGRÍCOLA TOTAL   10301 ha 67 a 48 ca
DEL LABOREO DE LAS TIERRAS

Si en algún punto fuese realmente necesaria la socialización de la producción agrícola, para con ello aumentar sus rendimientos y beneficiar al acervo común, ese punto sería Millares.

Son los métodos de cultivo que en este pueblo se emplean de lo más primitivo, y cada labrador procura cuidar aquello que necesita para su consumo sin pararse a meditar si tal o cual vegetación es la más oportuna para sus tierras o la que ha de producir mayor rendimiento. Cuánto no más producirían si los trozos que son más aptos para determinados cultivos se dedicasen solamente a éstos, y no a aquéllos que por capricho los dedica su propietario.

Los instrumentos que he visto emplear a los agricultores indígenas son los siguientes:

1.º azada o *azá* ancha, para cultivo de las huertas.

2.º azadón o *azón*, para labores de secano.

3.º azadilla o *azeta*, para escardar o siembras a golpe.

4.º legón, para arreglo de las huertas.

5.º rastrilla, para nivelar los suelos tras las siembras.

6.º hoz para alfalfa y otros vegetales de tallo blando.

7.º hoz para trigos y otras gramíneas de tallos duros.

8.º falsón, cuchillo de filo cóncavo para cortar maderas.

9.º doncete, cuchillo-navaja de los mismos uso y forma aunque algo menor.

10.º manga para insectos, «escucadora» o «desgrugadora», especie de manga montada sobre un aro de madera con largo brazo y destinada a sanear de insectos las praderas de alfalfa.

11.º entabladora, tablón que sirve para allanar las tierras y desmenuzar los terrones.

12.º arado de horcate o *forcat*, con reja de acero, sin vertedera.

13.º podadoras, especie de grandes tijeras para este uso.

Toda clase de mecanismos agrícolas son desconocidos, o mejor dicho, no se usan. El único motor es el animal.

Las labores que se ejecutan en estas tierras siguen métodos semejantes a las del resto de la provincia. Aras más o menos concienzudas según las circunstancias del cultivo, época, etc. Una o dos escardas en cuanto las plantas extrañas se presentan, algún riego cuando corresponde por el reparto del agua, y la siega con la hoz en el momento oportuno. Los trabajos de roturación, y barbecho, etc., No presentan particularidad alguna.

El sistema de riegos es sencillo: las tierras de las huertas, situadas a lo largo del barranco del Nacimiento, toman sus aguas de varias pequeñas presas que van captando las que fluyen de filtraciones y fuentecillas. Cada presa riega una «partida», excepto la que lleva sus aguas al pueblo, que sirve a tres.

Cada partida tiene su turno especial de riegos y cada agricultor usa del agua cuando le corresponde. Si el agua es abundante, el turno se lleva sin rigor y cada cual tiene cierta libertad para escoger sus horas de riego, pero si la sequía amenaza los turnos son muy rigurosos y se riega de día y de noche.

Además, a lo largo de las acequias de riego existen numerosos rebalses que guardan aguas en más o menos cantidad según la capacidad de cada uno; la mayor parte de ellos son de propiedad particular y no tienen más fin que el de abreviar la duración de estas tareas.

Las partidas que reciben aguas de otros barrancos o fuentes se rigen como es de suponer por turnos especiales a cada una pero en general, en todo el término es más escasa el agua que la tierra por lo que salvo en años excepcionales, se tratan con gran rigor estas cuestiones de riego.

Las faenas de abonar se hacen siempre cuando se va a sembrar, y ello bien a voleo, bien depositando el producto en la porcioncilla que interesa. Los abonos más usados son el estiércol y los superfosfatos de hueso o fosforita, éste último mezclado con nitratos. También se emplea algo, aunque muy poco, el yeso, importado de las próximas canteras de Bicorp.

Los cultivos

Ya hemos dicho en otra ocasión que casi la totalidad de los labradores de Millares cuidan de cultivar aquello que necesitan para el consumo de sus casas. La multiplicidad de siembras en pequeñísimas extensiones nos impide hacer cálculos ni medianamente aproximados, del valor comercial de cada una de las cosechas.

Hemos identificado los siguientes cultivos:

TRIGO (*Triticum sativum, T. Monoconum, T. Spinosum, etc.*): Se siembra sobre unas 26 ha de secano y unas 16 de regadío, a voleo, a fines de otoño, cuando ya las lluvias de dicha estación dejaron en sazón las tierras, que se abonan al sembrar.

Las variedades que aquí se usan son: trovat, jeja raspiblanca, jeja raspinegra, rojal, candeal y chamorro, expuestas por orden de utilización más frecuente.

Sus labores son de sobra conocidas para que nos detengamos en exponerlas detalladamente. La trilla se hace con trillos de pedernal, y la limpia y demás con horcas de madera de almez y otros aparatos bien rudimentarios.

CEBADA (*Hordeum vulgare*): su zona cultivada en Millares no excede de las tres hectáreas de secano y una de regadío. Sus labores son menos cuidadosas que las del cultivo anterior, con el que corresponde en fechas.

AVENA (*Avena sativa*): cultivo casi abandonado por su escaso rendimiento; no llega a ocupar ni una hectárea de secano.

MAÍZ (*Zea mais*): Su cultivo se extiende a unas 20 hectáreas de huerta y sus granos se utilizan casi exclusivamente para alimentación de las aves de corral. Sus labores corresponden a las épocas de descanso de los trigales y de ahí que sea ésta la segunda cosecha de casi todas las huertas.

AJO (*Alium sativum*): Se cultiva en pequeñas parcelas cuyo total no llega a una hectárea. Su crecimiento ocupa las tierras desde enero hasta junio, y su cosecha, toda consumida en el pueblo, no alcanza los 300 kilogramos.

BERENGENAS (*Solanum melogena*): Sembrada en pequeños cuadros de igual distribución y menor extensión e importancia.

CEBOLLAS (*Alium cepa*): Ocupa desde abril hasta septiembre unas cuatro hectáreas como máximo.

GARBANZOS (*Cicer sativum*): Cultivados en menos de media hectárea y consumida su cosecha totalmente en el pueblo.

HABAS (*Fava vulgaris*): Igual que los garbanzos.

JUDÍAS (*Phacoseolus vulgaris*): Dos hectáreas y media muy desmenuzadas.

MELONES (*Cucumis melo*): Hasta unas tres hectáreas que llegan a dar algo más de mil frutos anuales, entre los de *tó l'año* o melones propiamente dicho y los *d'Argel o de agua*, o sea, las sandías.

PATATAS (*Solanum tuberosum*): Dos hectáreas, también repartidas entre casi todos los pequeños propietarios. La producción total viene a ser de unas setecientas y pico de arrobas, dando unas treinta cada hanegada (las hectáreas tienen en Millares doce hanegadas).

PIMIENTOS (*Capsicum annuum*): Menos de dos hectáreas en iguales condiciones.

TOMATES (*Licopersicum suculentum*): No alcanzan sus terrenos ni tres cuartos de hectárea.

En general las épocas de cada uno de estos cultivos, son iguales o poco menos que en el resto de la provincia de Valencia, excepto, por más adelantadas, que en los altos de Utiel.

Forrajes

ALFALFA (*Mendicago sativa*): Su cultivo se extiende a unas ocho hectáreas de tierra de huerta; la sola labor especial de este cultivo es la de «descucar», es decir, la de quitar mediante la «descucadora» las orugas e insectos pertenecientes a diferentes especies fitófagas como son *Phytonomus varaiabilis, Colaspidena atrum*, y varias especies de *Sitona* que viven durante todo el año y especialmente en primavera, sobre los tallos de la alfalfa.

También es característico de este cultivo «el corte» que se verifica tantas veces como la alfalfa alcanza la suficiente altura para permitirlo. En Millares se practica unas 4-8 veces anuales, dándose a los ganados en fresco y en seco.

Garaje del puente.

Arboricultura

Sin ser exageradamente grandes, ni muchísimo menos, las mayores extensiones de terrenos con arbolado, están aquí ocupadas por bosques de pinos. Siguen en número a éstos los algarrobos, de los que hay muchos silvestres, los olivos, las viñas, y en los ribazos de las huertas el almez. Los árboles frutales están distribuidos según el capricho de sus propietarios; en algunos rincones del río se ven unos pocos álamos.

Los árboles y arbustos cultivados que hemos visto son:

ALBARICOQUES (*Armeniaca vulgaris*): su cultivo total ocupa unas tres hanegadas (1/4 de hectárea), y están distribuidos en las diferentes huertas de cada propietario.

ALGARROBOS (*Ceratonia siliqua*): la extensión regularmente cultivada y poblada de esta planta pasa poco de las 100 ha, pero el número de tales árboles, debido a las que existen espontáneas es tan crecido que según los labradores, pasa de 60.000 (?) en el término municipal.

ALMENDROS (*Amygdalus comunis*): Repartidos en unas cuatro hectáreas.

ALMEZ (*Celtis australis*): Estos arbustos crecen casi espontáneos en casi todos los ribazos que separan las huertas y aparte de su utilidad como medio contentivo de las tierras, la tienen por sus maderas que se exportan a Jarafuel para la fabricación de horquillas, astiles y demás herramientas agrícolas.

CEREZO (*Carasius avicum*): Hay unas tres docenas de plantas.

GRANADO (*Punica granatum*): Un par de docenas de árboles en las proximidades del pueblo.

HIGUERA (*Ficus carica*): Otras dos docenas de plantas diseminadas.

MANZANO (*Malus acerba*): De dos a cuatro hanegadas en la misma forma.

NÍSPEROS (*Mespila germanica*): Cuatro o cinco pies tan solo.

NOGALES (*Juglans regia*): Un cuarto de hectárea muy repartido.

PERALES (*Pyrus comunis*): Unos cuantos árboles dispersos.

OLIVOS (*Olea sativa aeuropaea*): Más de doscientas cuarenta hectáreas. Es el cultivo más extendido en el término. Más cuidados que los algarrobos dan siempre una importante cosecha que se pone de manifiesto en la cantidad de aceite exportado.

VIÑAS (*Vitis vinifera*): Antaño se hallaba este cultivo extendido sobre una zona relativamente crecida, pero en la actualidad, tras la filoxera, el replanteo de pies americanos aún no ha resuelto el problema de la restauración de los viñedos. Hoy entre todos no cubren ni siete hectáreas. La cosecha de 1931 (produciendo unas veinte arrobas cada hanegada), ha pasado muy poco de los tres quintales métricos.

Otros aprovechamientos vegetales

CAÑAS (*Arundo donax*): En el fondo de los barrancos por que pasa agua, y especialmente en los del Nacimiento y del Agua y en la orilla del Júcar, existen zonas cañaverales más o menos extensas de propiedad particular, de las que se usa cierta parte para cañizos y otros artefactos, y otra para la preparación de los techos de las viviendas.

ESPARTO (*Macrochica tenacissima*): Esta gramínea silvestre que existe en todos los montes del término se recolecta en cualquier época según las necesidades del consumo. La cantidad aprovechada varía por esta razón considerablemente.

Leñas (*Diversas especies vegetales*): Aparte de las que resultan de las podas de los árboles de cultivo, se traen de los montes en todas las temporadas y especialmente en la fría; están constituidas por matas de romeros, tomillos y enebros y ramas de sabina y pinos especialmente.

Hongos (*Diversas especies*): No hemos podido determinar más que las especies de hongos que figuran en el catálogo de la flora local. Los comestibles abundan cuando luce el sol tras las primeras lluvias de otoño, y la bastante crecida cantidad que se recolecta de estas sabrosas setas, produce pingües ganancias a sus buscadores en los años de abundancia.

La cosecha media anual pasa de las mil arrobas, y según la oferta, su precio oscila entre 0,75 y 1 peseta, a veces más, el kilogramo.

Patología vegetal

El Dr. Navarro Soler, en su *Topografía Médica de Benetúser*, separa en tres grupos las enfermedades de las plantas, pero nosotros no las agruparemos más que en dos, ya que el exceso o defecto de humedad, los de una poda mal practicada, etc., son perfectamente evitables cuando el labrador sabe bien su oficio. No ya así el parasitismo, sea producido por otros vegetales, sea por cualesquiera animales, y especialmente por insectos y sus larvas.

El «tizón» del trigo así como las demás royas de los cereales causa pocos estragos. Basta para evitarlos y es cosa que se hace casi siempre, pasar las semillas antes de la siembra por una lechada de cal, lo que impide que el parásito dificulte la germinación.

El número de royas que podrían identificarse es casi tan largo como se quiera, pues las dificultades de su determinación exacta, tan grandes por lo menos como cualquier otra rama de la botánica, son aquí insuperables para quien no sea especialista.

En realidad, no otros parásitos vegetales se presentan para perjudicar los cultivos, pues las plantas espontáneas en los sembrados no son parásitas de las cultivadas, sino a lo sumo... del labrador.

En cambio, el número de animales que conocemos como viviendo exclusivamente a costa de las plantas cultivadas es demasiado largo para enumerarlo por completo. Sólo con que copiásemos aquí la *Indicación de las plantas sobre que viven algunos coleópteros de la Región Valenciana* de D. Emilio Moroder, o los numerosos trabajos sobre heminópteros de D. Modesto Quilis, llenaríamos muchas páginas y daríamos al lector médico una serie de detalles a conocer que le «dirían» muy poco, por lo que hacemos gracia de ellos, ya que se anotaron casi todos en el catálogo de fauna.

La Excelentísima Diputación Provincial ha publicado también unos cuadritos policromados con la figura de muchos de estos insectos útiles y perjudiciales que se encuentran en la región. Allí pueden verse muchos de los que anteriormente hemos citado de Millares.

En realidad no forman plaga más que «la cuca» o «gruga» (oruga) de la alfalfa *(Colaspidema atrum)*, el «cuco» de la viña *(Altica ampelophaga)*, y la filoxera. La primera devorando tanto sus larvas como los individuos adultos los tallos verdes de la alfalfa: la segunda, las hojas tiernas de las vides, y la tercera, las raíces, causan ciertos estragos y la última en especial puede decirse que ha acabado con la riqueza vitivinífera de este municipio.

La terapéutica agrícola no existe, pues no se practica más que alguna rara sulfatación. Los nuevos métodos biológicos de insectos entomófagos o larvífagos que con halagüeño éxito están introduciendo en nuestra provincia, desde la granja fitopatológica de Burjasot el ingeniero Sr. Gómez Clemente y el entomólogo Sr. Quilis Pérez, son aquí completamente desconocidos.

Industrias y aprovechamientos de origen vegetal

¡Cuán corto es el desarrollo de la industria en Millares! Sobre un suelo que hasta hoy casi puede decirse que no fue hollado por la planta de la civilización, sobre un piso que sólo muy recientemente ha sido cruzado por carreteras, toda la industria con miras a la exportación habría fracasado por tener en contra la carestía de los transportes. Las industrias locales puede decirse que son autónomas, pues se nutren con las materias primas que produce el término municipal, y sus manufacturas son, en gran parte, consumidas *in situ*.

Industria del esparto

Es sin disputa alguna y desde tiempo inmemorial la más típica, la más popular y la más generalizada. Tanto que más entra el uso de esta materia prima en el capítulo de las costumbres que en el presente. Es el esparto una gramínea que crece espontáneamente en los montes del término, y que puede verse en pleno desarrollo en todas las épocas del año.

En todas las casas, todas las mujeres, tienen su provisión de fibras y sólo cuando tiende a terminarse, hace cada esposo la recolección de las que van a ser necesitadas. En algunas ocasiones se compran a trajinantes que la traen desde Tous o desde el Valle de Cofrentes.

Con el esparto indígena, una vez segado, se atan los tallos en pequeños haces para así ponerlos a macerar en charcas destinadas al efecto, durante un tiempo que oscila entre los trece y los dieciséis días en verano y diecisiete y veine en invierno.

Cuando está «cocido», lo que se conoce por la suavidad de su tacto, se desmadeja y extiende al sol para su desecación y decoloración. La duración de esta exposición es completamente variable dependiendo de las condiciones de temperatura, humedad del aire, soleación, etc. Una vez macerado y seco se recoge para su almacenaje en las casas.

La primera «faena» que deberá hacerse con las fibras sacadas desde la «cambra», es la del «picado», con una maza tronco-ovoide de madera, cuyo peso no bajará de los dos kilogramos, son los manojillos golpeados repetidamente hasta que aquéllas se hacen flexibles y aptas. Para el trenzado.

Una vez picado, es costumbre colocarlo bajo el sobaco, para de él ir sacando fibra a fibra y trenzar metros y más metros de cuerdecilla; y es fama que no sale mujer ni hombre con las manos vacías del consabido trenzado. La utilización de esta cuerdecilla o «guita» es muy variada. Según las necesidades de la casa se convierte en cuerda para las caballerías, serones, capazos, aguaderas, etc., aunque estas transformaciones las hacen casi exclusivamente dos o tres familias.

Todas las restantes, tanto mujeres como hombres, y en todo momento que les deja libre cualquier otro trabajo, se dedican a la fabricación de las esparteñas, alpargatas típicas del labrador.

Con una lezna y una pequeña horma, llegan las mujeres a fabricar hasta dos pares diarios. Por las calles, en las casas, en la iglesia, en el café, y hasta en los entierros y rosarios de los difuntos, todas van cargadas con el material de su pequeña industria y el resultado de tal porfía es que más de 450 mujeres trabajando a razón de más de un par diario dan un total de muchos pares, que al ser vendidos redondean por su producto los modestos presupuestos familiares.

Generalmente cada mujer compra los productos alimenticios que necesita durante el día a cambio del par o los pares que fabricó la víspera. Los comerciantes los llevan luego por cargas a vender, al paso que vuelven a comprar lo que necesitan para sus pequeños comercios.

Industria de la harina

Es mucho más modesta que la anterior. Ante una cosecha de cereales que nunca cubre las necesidades del lugar, no puede estar a gran altura. El número de molinos que ha existido en el término es crecido, pero arruinados los edificios por sucesivas avenidas de los barrancos o por otras causas entre ellas el corto trabajo, han quedado reducidos a dos, de los que solamente funciona uno.

Hay en el curso del barranco del Nacimiento, aparte de las ruinas de otros cuatro, uno que solamente muele cuando la cosecha es buena y el agua abundante. El que más constantemente trabaja es el antiguo Molino del Señor, situado en el mismo pueblo (en el plano está en el punto de la acequia en que señala la bifurcación). Las aguas que salieron del lavadero son su motor gracias a un pronunciado desnivel. Su potencia es de cuatro caballos de vapor.

El trigo que ya pasó por las correspondientes labores de trilla, etc., es guardado en las casas y llevado al molino cuando es necesitado por las familias para su consumo. Una vez en el molino, dentro de capazos de esparto, es sumergido en la corriente de la acequia para el lavado del grano y después llevado a secar a la era donde espera su turno de molienda. De allí pasa a la tolva desde donde cae a la era de molienda, sobre la que gira la muela plana. El cernedero separa la harina y el salvado, haciéndose la operación del cernido con cribas de mano.

La cantidad de harina que se produce es muy variable pues es dependiente en primer lugar de la cosecha y en segundo de que la cantidad que falta para el consumo local se importe en harina o en trigo, cosa que se relaciona con los precios del mercado.

Industria del pan

En el periodo en que se escribe esta TOPOGRAFÍA, por depender la vida del pueblo de la marcha de las obras del Salto, el número de hornos es bastante mayor del normal: cinco en la población y dos en los campamentos. Cuando se escribe esta copia, ya pasado el periodo de efervescencia sólo quedan tres: uno por cada partido político y otro independiente.

En los dos primeros, hasta antes y desde que se acabó la obra, se amasaba, cada dos o tres días, por cada familia la cantidad necesaria, y luego se cocían panes, tortas para «gazpacho» y las «torticas de adaza (maíz)». En el último siempre, y en los anteriores durante el periodo de la obra, se elabora pan para aquellas familias que querían o podían amasarlo.

La forma de fabricación y demás detalles son conocidos en exceso para necesitar que nos extendamos en detalles. La referida circunstancia de la fabricación particular y el estar en esta época transitoria, nos ha impedido hacer un exacto cálculo de la cantidad consumida por las gentes del pueblo.

Industria del aceite de oliva

Ya no trabaja la vieja almazara «de la Secretaria» que solamente tiene una prensa. También las circunstancias de las otras dos han variado algo desde que escribimos la TOPOGRAFÍA hasta que obtenemos esta copia. Entonces decíamos: «otra con dos prensas, tampoco los dos últimos años ha dado rendimiento por causas particulares al propietario. La mejor y más potente es la que en esta temporada ha trabajado para casi todo el pueblo…»

Hoy hemos de decir de otra forma. Menudas rencillas políticas son las que dan a una de las almazaras más clientela que a la otra, pero el último año, en que la cosecha fue abundantísima, por la pequeña capacidad de trabajo de las empleadas se perdió gran cantidad de fruto, lo que hizo que el propietario de menos clientela instalase para la presente campaña (año 1933) un potente equipo de prensas hidráulicas que a su vez obligó al otro a proveerse de un cabrestante para obtener mayores presiones con las suyas. Del resultado de esta competencia político comercial nada sé aún, pues en el momento de escribir estas líneas, es cuando comienza la actual campaña olivarera.

Lavada la oliva, es introducida en la «tramucha» de donde cae a la era de dos metros y medio de diámetro, sobre la que una muela cónica gira por la acción de una caballería. El producto molido cae a un canalito que circunvala el piso de la era.

De las cinco barchillas que caben de una vez en la tramucha, resta una al propietario de la almazara. El producto de este artefacto es de unas veinte barchillas por hora.

El fruto molido es recogido y repartido en unos «capachos o esportines», capazos de esparto de una forma que podríamos comparar a boinas bilbaínas, que se colocan en la prensa formando columnas más o menos altas.

Veinte esportines a siete kilogramos de pulpa se colocan para la primera prensa movida por palanca a brazo, para dar al cabo de dos horas de compresión quince de aceite, treinta de agua y noventa y cinco de pasta o «piñuelo» de primera.

Más tarde esta pasta se desmenuza por medio de un molinillo y con ella se vuelven a llenar otros esportines que se llevan a una de las otras dos prensas, más potentes que la primera. A seis kilogramos éstos vienen a dar por cada columna treinta y cinco de aceite, cuarenta y cinco de agua y otro tanto de pasta o «piñuelo» seco o de segunda.

El líquido que sale de las prensas escurre hacia dos o tres tinajones hundidos en el suelo, en los que por razón de su diferente densidad se separan el aceite, el agua y las restantes impurezas.

El aceite se consume casi todo por los productores, y en pequeña cantidad, se exporta para refinar. La masa sólida, tras un nuevo molido se emplea como combustible y para alimento de ganados.

Industria del carbón

Ha sido hasta que comenzaron las obras una de las principales fuentes de ingresos de las gentes pobres del lugar. Del monte público, de las pinadas particulares y aún de las leñas resultantes de las podas, se ha venido fabricando este producto en grandes cantidades.

Quitado todo resto de hoja a los leños, y limpios éstos, se amontonan formando una masa hemisférica a la que cuidan de dejar los necesarios huecos para que se verifique la combustión según las reglas del arte.

Se deja, así expuesta, a secar durante el tiempo necesario, después se cubre de tierra y se enciende. Así queda un par de días y después se cubren todos los resquicios hasta que la combustión cesa por falta de oxígeno.

El producto obtenido es cargado a lomos de las caballerías de carboneros y arrieros y transportado para su venta al detall a los pueblos de La Costera o La Ribera.

El término medio de la producción es de veinte arrobas de carbón por cada «leñera», que tienen empleados a dos hombres durante unos seis días para el acopio de leña, dos para la combustión y otro para deshacer la leñera y ensacar el producto.

Industria del almez

Es el almez un arbusto de rápido crecimiento cuya madera es apropiada para la fabricación de mangos de instrumentos agrícolas, horcas, horquillas, etc. El centro de esta interesante industria es para nosotros Jarafuel, y en Millares queda reducida a la producción de la madera.

Cuando el tronco de este arbusto comienza a crecer, es cuidado con la amputación de todas las ramas laterales para que crezca recto, dejando las dos o tres terminales, que serán después los dientes del instrumento. A mediados de invierno se recogen los troncos que son llevados al vecino pueblo, donde los trabajan hasta su conversión en los instrumentos citados.

Aprovechamiento de leñas

Todos los arbustos más o menos crecidos son utilizados para este fin y de montes públicos y particulares son extraídos anualmente muchos romeros, enebros, etc., que transportados al pueblo son consumidos para la calefacción y cocina de las casas, y en los hornos de pan, de cal, tejerías, etc.

Aprovechamientos madereros

La tala de árboles con fines madereros es rara en Millares, pero no por falta de deseo de los naturales que consumirían hasta el último árbol del término, sino por el escaso número de los que quedan, que no permite una industria remuneradora.

Aún así se presencian frecuentes talas, y tanto en los pinos como en los restantes árboles que se pueden utilizar como productores de madera, se nota el deseo insano del lucro, que ha hecho desaparecer toda la riqueza y toda la belleza forestal de Valencia.

Aprovechamiento de las cañas

La fabricación de cañizos y otros artículos es de tan poca importancia que no merece más que ser nombrada. La preparación de cielos-rasos en las viviendas tampoco consume cantidades notables, ya que en Millares casi todos los techos tienen el carácter de bovedillas.

Aprovechamiento de los palmitos

La parte radicular de estas palmas es muy apetecida como comestible en ciertos pueblos con el nombre de «margajones» y el más Valenciano de «margallons». En Millares, a falta de jornales mejores, hay quien se dedica a su busca en gran escala. La parte aérea o palma se recoge para, en cierta época vender en masa la producción a compradores que llegan de La Marina, para con ella fabricar escobas, sombreros y otros productos de palma.

Otros aprovechamientos, exportación de hongos, alimentación de ganados, etc., ya fueron citados en tiempo oportuno.

Ganadería

Con la exportación de algarrobas y aceite, la de ganado cabrío completa el trípode sobre el que descansa la economía de Millares.

La cría de estos rumiantes resulta productiva en los terrenos de este municipio donde hay grandes extensiones incultivables dedicadas a pastos. Muy cerca de dos mil cabras propiedad de los vecinos del pueblo y casi otras tantas que llegan desde Albacete y Cuenca a pasar la invernada, pueden contarse. La mayor parte, con sus pastores, viven alejadas del pueblo en La Muela, y solamente dos veces al año, por Todos los Santos y en mayo, son traídas al pueblo para su recuento y hacer con ellas las más variadas transacciones comerciales.

Junto a la cabra, pierde importancia numérica y económica todo otro ganado, pero se pueden ver en Millares:

Caballos

Sólo un par en el término municipal, destinados a carga y montura. Hoy tiene algunos más la compañía hidroeléctrica para la vigilancia de sus obras.

Mulos

Es el más abundante en el grupo de ganado de carga. Hay en Millares más de un centenar de individuos. No tiene preponderancia ninguna raza definida, pues se compran a los tratantes que acuden a las ferias de la contornada o que llegan de paso a este pueblo.

Su alimentación, más económica que la del caballo, con una fuerza similar, y su mayor docilidad le hacen preferible sobre aquél por el labrador.

Burros

Sólo habrá unos cincuenta o sesenta. Son empleados para pequeñas cargas, para transportar al campo los instrumentos agrícolas o traer de él la colecta diaria, para llevar a casa el agua del diario consumo, para llevar la arena de las obras de albañilería, etc.

Ovejas

En convivencia con los ganados de cabras, se pueden encontrar algunas ovejas que no llegan a sumar entre todas ni medio centenar. Las pocas que existen son utilizadas más por su carne que por su lana, escasa y de mala calidad. Ésto por lo que al pueblo se refiere, que invernantes acuden más de un millar desde los lugares de La Mancha.

Cerdos

Rara es la casa que no engorda su gorrino o «chino» para reservarse, tras su muerte, los mejores trozos. La recría es rara, pero a fines de año traen de fuera los pequeños, que se negocian según la edad, desarrollo, etc. Con los desperdicios de las comidas caseras y con cosechas especiales: boniato, calabaza, maíz, pulpa, etc., son engordados, hasta el invierno siguiente, cuando alcanzan el respetable peso de doce a catorce arrobas, son sacrificados por el matarife del pueblo.

El promedio anual de matanzas es de doscientos cincuenta a trescientos, siendo unos cincuenta destinados por los carniceros para la venta, y el resto consumido en las casas.

Conejos y cobayas (conejos de Indias)

Rara es la casa que no tiene de los primeros en su corral. Su número ha escapado a nuestros cálculos. Conejillos de Indias sólo se crían como mera curiosidad en un par de casas.

Otros animales

Gallinas, palomos, patos, ocas, pavos... de todo ello puede encontrarse en Millares, aunque más abundantes los dos primeros. Al pavo se le llama (etimología propiamente Valenciana) polite o polita, según sea macho o hembra.

Patología animal

Tres son las calamidades que atacan a los animales criados en este término: el mal rojo del cerdo, la sarna de las cabras y el cólera de las gallinas.

De éstos la sarna, si bien frecuente, no causa grandes estragos aunque resta valor comercial a los animales que la padecen; las otras dos, sin estar muy extendidas, causan todos los años bastantes víctimas en los corrales. El mal rojo especialmente mata anualmente más de una docena de cerdos, y la muerte de estos animales adultos equivale casi a la ruina de la familia que lo estaba criando.

La bacera es casi desconocida.

Aprovechamientos e industrias de origen animal carnes

El número de carnicerías existentes en Millares no ha sufrido con las obras notable alteración, si bien sus costumbres se han alterado considerablemente. Las cuatro primitivas carnicerías tenían el hábito de matar su macho y sus dos o tres cabras cada sábado, y solamente alguna entre semana si el número de enfermos de la temporada era como para ser tenido en cuenta.

Hoy, con el aflujo de forasteros es necesario el sacrificio de gran cantidad de reses cuotidianamente. En fin, después de acabado el movimiento de obreros, y construido el matadero, han quedado tres carnicerías que matan alrededor de dos reses diarias cada una de ellas, pues la población, después de los días de abundancia pasados se ha acostumbrado a comer carne abundante y ya es difícil volver a las costumbres de antes del trabajo.

Leche

La industria de la leche está completamente descuidada en la villa de Millares. El número de cabras ya dijimos que no es corto, pero sí el de las que pernoctando cerca o en el pueblo permiten diariamente la obtención de este producto. Las gentes en general no gustan de tan nutritivo consumo, y escasamente a algún enfermo se le puede obligar cuando a ello inclina la necesidad de un régimen.

Desde luego está completamente descuidado el aprovechamiento metódico, y son desconocidas todas las industrias derivadas tales como la producción de quesos, mantecas, etc.

Pieles

Tampoco hay en Millares nada que pueda recibir el nombre de industria peletera. Las pieles de todas las reses sacrificadas y muertas naturalmente, las de conejo, aquellas producto de alguna cacería, etc. son vendidas por los carniceros o los particulares, bien en cantidad por los primeros, bien a ropavejeros o comerciantes ambulantes que las cambian por sus mercancías.

Las de zorros, cuando son cazados en invierno, alcanzan el precio de 25-50 pesetas, según tamaño y estado.

Miel y cera

La importancia de este aprovechamiento puede medirse por la cantidad de colmenas y cajas que anda en Millares alrededor de dos mil.

En los días soleados de primavera, cuando la recién nacida abeja reina tiene que abandonar la colmena con su enjambre, se hace la operación de enjambrar, que consiste en transportarlo a una nueva habitación.

A los treinta y un días se hace «el corte» y se extraen los panales que contienen por término medio unos ocho kilogramos de miel y como uno de cera si se trata de una colmena ordinaria, y como unos cuarenta de aquélla si es de una colmena de las llamadas completa, es decir, de unos ocho a doce bastidores.

A pesar de la importancia de este aprovechamiento en Millares, puede decirse que no se practican más operaciones con el producto extraído y que se exporta tal y como sale de la colmena. El mercado principal está en Montroy y en Real de Montroy donde compran los cortes para exprimirlos, lavarlos, etc. y extraer la cera, la miel y el agua-miel que se consume en las casas. Cuando la cosecha es buena se lleva en grandes cantidades a Jijona, para la fabricación de sus famosos turrones.

Las colmenas se colocan en los campos y montes, cara al sur, y sólo el año 1930 por su gran sequía ocasionó grandes pérdidas a esta modesta industria. En cambio, desde entonces el tiempo ha favorecido de tal modo a los cosecheros de miel que en el pueblo no se recuerdan a este respecto épocas mejores.

Basuras

Aprovechamiento mixto en que tanto intervienen los excrementos animales como la paja y los restos de los piensos. Las basuras, las deyecciones de hombres y otros animales, el estiércol que se forma en los pisos de los corales y cuadras, el sirle de los ganados, todo se acumula en los estercoleros para su fermentación y empleo posterior como abono para la agricultura.

Minería e industrias de origen mineral

Si recordamos las muestras mineralógicas halladas y expuestas al tratar la geotectónica de Millares, veremos cuál podría ser el desarrollo de la minería en este término municipal, pero su alejamiento de los centros de consumo encarecería de tal modo sus productos que no son prácticamente utilizables, aparte de que su escasez hace inútil todo intento de explotación.

Las tres industrias, de pequeña importancia que la gea de Millares permite son:

Industria de la cal

No como tal industria, sino para satisfacer solamente las necesidades que impone el consumo del pueblo, hay esparcidos por el término algunos hornos de cal sin funcionar. Más bien cada vecino cuando necesita alguna cantidad se la fabrica en lugar de comprarla; es más, llega a construirse su propio horno ya que tiene muy a mano todos los materiales necesarios: piedra, leña y mano de obra constituida por él mismo y sus familiares.

Industria de la arena

Igualmente que con la cal ocurre con este producto; cuando un vecino la necesita para sus obras la extrae de donde la hay.

Hasta el comienzo de las obras de la Hidroeléctrica el consumo fue esacasísimo, y la importancia de la extracción como industria, nula. Pero hoy se necesitan grandes cantidades de este material para las obras del Salto, ha habido que buscar filones más ricos, los puntos y campos en los que la arena abunda se han convertido en toperas donde el suelo minado se hunde de vez en cuando.

A pesar de este momentáneo auge, tal industria ha de desaparecer en cuanto las necesidades del pueblo queden reducidas a lo normal.

Tejería

Muy cerca del pueblo están los estratos de arena que permiten su extracción y junto a ellos los de arcilla roja tan necesaria para esta fabricación. Desde hace unos años existe un horno, que cuece ladrillos y tejas en cantidad. Su producción queda como todas las demás, supeditada a las necesidades del pueblo siempre escasas, pero esta temporada, para atender las necesidades de las obras citadas ha tenido que instalarse un segundo fabricante.

Fabricación de electricidad (fábrica local)

Es la sola industria que merecería descripción especial pero casualmente ha muerto por completo desde la instalación en estas tierras de la poderosa Hidroeléctrica.

En el barranco del Nacimiento, a los pies mismos del Castillo de la Huerta se instaló una presa que soporta un embalse regulador. De él sale un tubo conductor de dieciocho centímetros de diámetro que desciende a una profundidad de cuarenta metros para con sus aguas mover una pequeña turbina.

La fábrica, situada en lo más hondo del Tollo Jorge, es de difícil acceso y está montada con pocas pretensiones. Cerrada de continuo desde hace bastante tiempo, solamente conozco su interior por la fotografía que acompaña. La causa de que esta fábrica no funcione es que su producción era muy escasa, y hoy en día le sale más económico al propietario comprársela a la Hidro que fabricársela él pagando jornales, contribuciones, etc.

La importancia en cambio de la que se está montando (que ya lo está al copiar estas líneas) por la soc. Hidroeléctrica y que llegará en producción a los ochenta mil kilovatios/hora nos obliga a dedicarla un apéndice al final de este trabajo.

Comercio

Nunca nos cansaremos de repetir que la vida en Millares es lánguida y modesta, aunque momentáneamente la haya vivificado la presencia de la tantas veces citada obra de la Hidro. El comercio puede decirse que se reduce a lo estrictamente necesario para el consumo local, habiéndose de buscar los productos que no son de primera necesidad en los pueblos vecinos, en Játiva y en la capital.

El comercio exterior, tiene una exportación notablemente reducidísima: algo de aceite, maderas, carbón, alpargatas de esparto, ganado, algarrobas y miel. La importación se reduce también a lo imprescindible: comestibles, licores, tabacos, tejidos u otros productos manufacturados como herramientas agrícolas, abonos, etc.

Los diferentes establecimientos abiertos al público son:

ESTABLECIMIENTO	ANTES DE LA OBRA	DURANTE LA OBRA
Abacerías	8	12
Bailes	2	2
Barberías	3	7
Cafés	3	4
Carnicerías	3	6
Carpinterías	3	3
Herrerías	1	2
Hornos	3	7
Panaderías	1	2
Tabernas	5	8
Teatros-cines	2	2
Tejerías	2	2
Tejidos	1	3
Cabarets, etc.	0	2

Los transportes, aparte siempre de los que dependen de las obras, están asegurados relativamente por dos servicios de autobús, dos camionetas particulares, y cinco carros.

Trabajo

El trabajo asalariado y sus consecuencias sociales son relativamente desconocidos aquí, y lo serían totalmente si no hubiese llegado la obra del Salto. Tanto, que hoy es rara la familia que no tiene todos sus hombres trabajando en el Salto o por el Salto, y así quien no está a jornal es por tener tiendecilla o algo que le produzca más que aquello.

La clasificación de los habitantes de derecho según sus profesiones (antes de las citadas obras pues ahora casi todos son jornaleros en ella) sería:

Barberos y peluqueros:	3	ganaderos y pastores:	40
Braceros y peones:	225	herreros:	2
Arrieros:	2	horneros:	4
Cafeteros:	3	labradores:	105
Carniceros:	3	taberneros:	5
Carpinteros:	3	tejeros:	3
Colmeneros:	6	molineros:	2
Electricistas:	1	pintores:	2

Además de nueve comerciantes que son propietarios, dos practicantes que son barberos, y casi todos los demás que son jornaleros habituales aunque eventualmente tengan otros oficios.

Las profesiones liberales están representadas por un militar de la escala de reserva retirado, un sacerdote, un maestro de cada sexo, y el que escribe.

Por causa de las obras hay varios ingenieros, otro médico que lo es mi querido amigo D. José Malboysson, un practicante exclusivo para la obra, un administrador, varios peritos, delineantes, contables, etc.

Administración local

El Ayuntamiento de Millares presupuesta 20.267,28 ptas. según el aprobado en 1932; pesetas que se distribuyen de la forma siguiente:

Gastos

Capítulo primero:

Alquiler de la casa ayuntamiento   260 ptas.

Contingente provincial   1.074,94 ptas.

Contingente carcelario   125 ptas.

Cárcel municipal   30 ptas.

Contribución del monte común	1.688,61 ptas.
Suscripción al *Boletín Oficial de la Provincia*	40 ptas.
Anuncios de edictos en dicho boletín	210 ptas.
Confección de apéndices	199 ptas.
Anualidad al Tesoro al 10 %	1.153,39 ptas.
Atrasos del contingente provincial	768,67 ptas.
10 % de concertación con el tesoro	768,92 ptas.
Suministros al ejército y Guardia Civil	50 ptas.
Quintas, etc.	375 ptas.

Capítulo segundo:

Comisiones municipales	500 ptas.

Capítulo tercero:

Vigilante armado	1642,50 ptas.

Capítulo cuarto:

Compra de alumbrado	100 ptas.
Vigilante nocturno	200 ptas.
Trata de blancas	50 ptas.

Capítulo quinto:

Sin contingente

Capítulo sexto:

Haberes del secretario municipal	3.000 ptas.
Material de oficinas de secretaría	650 ptas.
Alguacil	821,25 ptas.
Gastos del contable de depositaría	100 ptas.

Capítulo séptimo:

Brigada sanitaria	250 ptas.
Inspección municipal de carnes	260 ptas.
Gastos epidémicos	60 ptas.
Higiene pecuaria	140 ptas.

Capítulo octavo:

Médico titular	1.500 ptas.
Inspección de sanidad	150 ptas.
Farmacéutico del partido de Navarrés	365 ptas.
Medicamentos a los pobres	100 ptas.
Practicante titular	400 ptas.
Matrona municipal	400 ptas.
Junta provincial antituberculosa	100 ptas.
Escuela reformatorio de menores delincuentes	25 ptas.
Pobres transeúntes	50 ptas.
Calamidades públicas	150 ptas.

Capítulo noveno:

Retiro obrero	60 ptas.

Capítulo décimo:

Alquiler de la vivienda de los maestros	950 ptas.

Capítulo undécimo:

Edificaciones	500 ptas.

Capítulo duodécimo:

Conservación de arbolado	100 ptas.

Capítulo decimotercero:

Concierto del pósito   175 ptas.

Festejos   225 ptas.

Capítulos 14º, 15º, 16º y 17º:

Sin consignación

Capítulo decimoctavo:

Imprevistos   500 ptas.

Sección de ingresos.

Capítulo primero:

Sin haber

Capítulo segundo:

Producto de leñas y pastos   2.650 ptas.

Caza   50 ptas.

Palmito   400 ptas.

Capítulo tercero:

Sin haber

Capítulo cuarto:

Pesas y medidas   400 ptas.

Puestos públicos   500 ptas.

Derechos de degüello   1.000 ptas.

Arbitrio sobre bebidas espirituosas   4.000 ptas.

Capítulo quinto:

Imprevistos   441,56 ptas.

Capítulos 6º, 7º y 8º:

Sin haber

Capítulo noveno:

20 % de la contribución urbana	298,20 ptas.
20 % de la contribución industrial	219,64 ptas.
13 % de recargo sobre la industrial	142,77 ptas.
Cédulas personales	68 ptas.

Capítulo décimo:

Arbitrio de carnes	3.000 ptas.
Inquilinato	1.016 ptas.
Percepción del Estado por utilidades	650 ptas.
Reparto general de utilidades	.5080 ptas.

Capítulo undécimo:

Multas	350 ptas.

Geografía económica

La población absoluta de Millares es según el censo de 1930, de 1.489 habitantes de hecho y 1.493 de derecho, descontada la población flotante de las obras que hacen subir la de hecho a 2.323.

La población relativa es de 14,46 habitantes por kilómetro cuadrado, bien pobre comparada con la media provincial, que pasa de los ochenta.

Depende el municipio para los efectos de gobierno, del Civil de Valencia, y tiene su Ayuntamiento un alcalde, dos tenientes de alcalde, seis concejales, un interventor de fondos, un secretario y un ayudante.

Administra la justicia municipal un juez, ayudado por un secretario, con un fiscal y dos adjuntos. El Juzgado de Primera Instancia e Instrucción de Ayora es quién entiende en los sucesos más importantes, y pertenecen a la jurisdicción de la Audiencia Territorial de Valencia.

Sus votos eran, durante el anterior régimen para los diputados a Cortes y provinciales de Ayora-Requena. Hoy, según el método republicano, está incluido en la circunscripción y censo de Valencia-Provincia.

La Iglesia está regida por un párroco; el curato es de entrada y pertenece al arziprestazgo de Jarafuel y a la archidiócesis de Valencia.

La autoridad universitaria está representada por un maestro de cada sexo dependientes del inspector de la tercera zona y del Consejo Provincial de Primera Enseñanza de Valencia.

Lo militar obliga a los reclutas a entregarse en la caja de Játiva.

La correspondencia llega por un peatón que ha de tomarla en Dos Aguas, llegando con una fecha de retraso.

Las comunicaciones están aseguradas por la carretera provincial número veintiuno de Bicorp a Millares, y por la particular de la Com. Hidroeléctrica de la Muela del Oro a sus dos saltos de Rambla Seca y Millares.

Las empresas T. Granero por Navarrés, y Autobuses del Salto de Millares, S.A. por Buñol, tienen cada una por su carretera la exclusiva del transporte de gentes y bagajes.

La empresa de Buñol da su servicio con salida de Valencia a las nueve y llegada aquí a las dos, salida de aquí a las tres y llegada a Valencia a las 9 ½ de la noche.

La de Navarrés sale de Millares a las siete, llega a Valencia a las 12 ½, sale de allí a las dos y regresa a esta villa a las 19 ½ de la noche.

Y... un 10 % de viajeros llegan mareados pues es tan grande el número de virajes a que obliga la accidentada carretera...

Capítulo duodécimo

DEMOGRAFÍA

La estadística es siempre algo inexacto que sirve para las más variadas deducciones, aunque tal como hoy se confecciona es imposible remediar sus errores ni combatir las causas que los producen. Desde el escaso cuidado de quien suministra los datos necesarios, hasta la ligereza con que suele tomarlos quien los consulta, pasando por las distracciones de quien la escribe, se suman errores y más errores de difícil eliminación.

Aún así, creo que las que ha de comprender este capítulo, son bastante parecidas a la realidad. En efecto, solo el analfabetismo y la mortalidad se prestan a mixtificaciones que con buen fin casi siempre se introducen a veces en una y otra lista. Natalidad, nupcialidad, son lo suficiente exactas, los censos y otros datos de población, edificaciones, etc., están más expuestos a equivocaciones notables…

Depurando en lo posible los datos, hemos incluido para obtener resultados de mayor exactitud, todas las cifras correspondientes al presente siglo que nos ha sido posible encontrar.

ESTADÍSTICA DE VIVIENDAS

Las de 1920 y 1930, únicas halladas, son las que siguen:

ENTIDAD DE POBLACIÓN NOMBRE CLASE	DISTANCIA A LA VILLA	EDIFICIOS DESTINADOS A: VIVIENDA	OTROS	POR EL NÚMERO DE PISOS: 1	2	3	TOTAL EDIFICIOS	ALBERGUES DESTINADOS A: VIVIENDA	OTROS	TOTAL	AÑO
Millares — VILLA	<900 m	245	1	7	236	20	263	9		272	1920
EDIFICIOS	>900 m			1	2		2		47	48	
TOTALES		245	1	8	238	20	266	56		322	
Millares — VILLA		296	6	79	260	34	365			365	1930
CASA MÁQ. — CASERÍO	10 000 m								18	18	
PARTI-CIÓN — OFICINAS	8 000 m							2	7	9	
CABAS — CASERÍO	6 000 m	5		7			7			7	
ERA MERINO — CASERÍO	1 000 m	18		20			20			20	
EDIFI-CIOS	<500 m	1		2	1		3			3	
	>500 m	3		2	2		4	65	3	72	
TOTALES		323	6	110	266	34	399	67	28	494	
AUMENTO EN EL DECENIO		78	5	92	28	14	133	11	28	172	

CUADRO DEL CENSO DE HABITACIONES

Es muy notable como puede verse, el aumento de habitaciones y albergues en el censo de viviendas del término municipal. Aquellas y éstos, excepto los que forman el núcleo de la población, se han edificado para el servicio
de las obras del Salto y es al finalizar el año 1931 enormemente mayor.

Tal como las obras han adelantado, los obreros se han construido sus
albergues, que son prácticamente incontables. En la casa de máquinas en
particular, donde trabajan cientos de peones, se ve un verdadero caserío,
y las futuras viviendas de los empleados, hoy totalmente construidas, más
otras agregadas con visos a la permanencia, dan un aspecto de viabilidad a
las edificaciones.

Aun así no es difícil vaticinar el profundo cambio que se notará en el
censo de 1940 (cosa que ya se nota al escribir esta nota a primeros de 1934).
Las oficinas de la Partición no existen y en ellas no hay más que los restos
de las edificaciones que se hicieron con carácter provisional. En el caserío
de Era Merino aun hay tanto movimiento como antes, pero está llamado a
desaparecer igualmente. En Cabas quedarán uno o dos guardas a lo sumo,
y en el Barranco del Agua, junto a la central, va naciendo un caserío que
tendrá vida propia, a la par que se va limpiando el terreno de las chozas y
albergues provisionales.

Censo de población

El más antiguo que hemos podido hallar es el del año 1910. Los resultados
de éste y sucesivos, abstracción hecha del elemento flotante de las obras, son:

	POBLACIÓN DE HECHO			POBLACIÓN DE DERECHO			AÑO
	Varón	Hembra	Total	Varón	Hembra	Total	
Presentes	476	403	879	476	403	879	
Ausentes				6		6	1910
Transeúntes	2		2				
TOTALES	478	403	481	482	403	885	
Presentes	495	478	973	495	478	973	
Ausentes				50	28	78	1920
Transeúntes	11	2	13				
TOTALES	506	480	986	545	506	1051	

	POBLACIÓN DE HECHO			POBLACIÓN DE DERECHO			AÑO
Presentes	783	702	1485	783	702	1485	
Ausentes				3	1	4	1930
Transeúntes	562	276	838				
TOTALES	1345	978	2323	786	703	1489	
AUMENTOS	867	575	1442	304	300	604	

Por el estado civil encontramos:

	Solteros	Casados	Viudos	TOTALES
Varones	426	298	57	783
Hembras	369	272	61	702
TOTALES	797	570	118	1485

Por su edad podemos agruparlos en:

	Varones	Hembras	TOTALES
Menores de seis años	63	56	119
Entre 6 y 25 años	344	309	653
Mayores de 25 años	376	337	713
TOTALES	783	702	1485

Por su cultura, los mayores de 25 años, los separaremos en:

Saben leer y escribir	Varones	94	25 %
Saben leer y escribir	Hembras	58	17 %
Analfabetos	Varones	282	75 %
Analfabetas	Hembras	279	83 %

Los menores de 25 años y mayores de 6 años:

Son letrados o asisten a la escuela	424	88 %
Son analfabetos o no asisten	229	32 %

Es de notar principalmente en el censo de población, el aumento de la flotante y aun de la de derecho en el último decenio. El crecimiento del número de habitantes hay que atribuirlo exclusivamente a la influencia de las obras.

En cuanto a las cifras que arrojó la estadística las cifras de cultura, hablan por sí solas. El analfabetismo en los adultos por su enorme frecuencia es una cosa realmente lastimosa, pero como expusimos en otro lugar, el deseo de aprender se manifiesta potente desde hace unos años, y de un 79 % de analfabetos que se cuenta entre los adultos, hasta un 32 % de la gente joven, se ve un adelanto digno de ser tenido en cuenta.

Domina ligeramente la población masculina, y el aumento de 606 residentes presentes en los últimos 20 años, equivaldría a 30,3 anuales, si no supiésemos que el gran crecimiento se ha llevado a cabo en el trienio 1928- 1930.

Nupcialidad

Podría incluir sin ningún otro reparo a este pueblo de Millares entre aquellos que menos miran la recíproca situación económica de los futuros contrayentes para preparar el noviazgo.

La frecuencia según los años y las temporadas se pueden deducir del siguiente cuadro estadístico:

	E	F	M	A	M	J	J	A	S	O	N	D	TOTAL
1901	1	1	0	1	0	1	0	0	0	1	1	0	6
1902	1	1	0	2	1	0	0	0	0	0	1	2	8
1903	2	0	0	1	1	2	2	0	0	0	1	2	11
1904	1	1	0	0	0	1	0	0	0	0	1	0	4
1905	1	0	0	1	1	1	1	0	0	0	0	0	5
1906	1	0	2	0	0	0	1	0	0	0	2	1	7
1907	1	1	0	1	0	6	2	1	0	0	0	0	12
1908	1	0	1	2	0	0	0	1	1	2	0	2	10
1909	0	0	0	1	0	0	1	0	2	0	4	0	6
1910	2	0	0	2	0	1	0	0	0	0	0	1	6
1911	0	2	0	0	0	1	1	0	0	1	0	0	5
1912	1	1	0	1	2	2	0	0	2	0	0	0	9

	E	F	M	A	M	J	J	A	S	O	N	D	TOTAL
1913	0	0	0	1	0	2	1	0	0	0	1	0	5
1914	6	1	0	1	0	0	1	2	1	0	4	1	17
1915	3	0	0	1	0	1	0	2	2	1	0	1	11
1916	3	0	0	0	0	3	0	1	0	0	1	0	6
1917	0	1	0	0	2	1	0	0	1	0	4	0	9
1918	2	0	0	0	2	2	0	1	1	1	4	0	13
1919	1	2	0	3	0	3	0	0	1	2	2	0	14
1920	1	1	1	0	0	0	0	1	1	3	3	1	12
1921	5	0	2	2	4	0	0	1	2	0	0	1	17
1922	3	0	0	1	1	0	0	0	0	2	3	0	10
1923	0	0	1	1	0	1	1	0	0	2	2	0	8
1924	0	1	0	0	0	0	1	0	0	2	3	2	9
1925	1	2	0	3	2	0	0	1	0	2	5	1	16
1926	3	2	1	1	1	1	1	1	0	2	2	0	15
1927	3	3	0	0	0	3	0	1	1	1	1	1	14
1928	2	4	0	0	0	0	0	1	0	0	1	1	9
1929	1	2	1	5	1	0	2	2	0	2	5	0	21
1930	1	3	0	1	1	2	2	1	1	1	2	2	27
1931	1	3	0	1	1	2	2	1	1	1	2	2	17
TO-TAL	18	32	9	33	20	36	19	18	15	27	55	21	333

Total en el primer decenio: 77
Id. en el segundo: 103
Id. en el tercero: 136
Totales en el primer trimestre (invierno): 89
Id. en el segundo (primavera): 89
Id. en el tercero (verano): 52
Id. en el cuarto (otoño): 103

Como puede verse, el número de matrimonios es mucho mayor en otoño, es decir, al acercarse los tiempos fríos, que en el verano, época en que se alcanza el mínimo.
En la mayor parte de los casos se observa:

1. La edad de las mujeres contrayentes es generalmente, aunque poco, algo menor que la de los hombres. Esta proximidad en la edad es debida a que las relaciones comienzan con los primeros albores del apetito sexual, por lo que la distancia máxima es la de dos años aproximadamente.

2. Es muy pequeña la cantidad de hembras que se casan antes de cumplir sus veinte años de vida, y prácticamente nulo el de hombres. Esto a causa en ellos del servicio militar, y en ellas de la observación 1ª, referente a la poca diferencia en la edad de ambos.

3. La mayor parte de los viudos contaren segundas nupcias si llegaron a serlo antes de la cincuentena, siendo raros los matrimonios entre gente de más edad.

4. Entre los viudos de ambos sexos es mayor el de varones que contraen nuevas nupcias que el de hembras.

5. Es relativamente corto, y no tiene nada de anormal para mi juicio, el número de matrimonios que llegan a serlo… «forzados por las circunstancias».

Natalidad

He aquí el cuadro de los nacimientos ocurridos en el presente siglo, inscritos en el registro civil de Millares.

	E	F	M	A	M	J	J	A	S	O	N	D	TOTAL
1901	3	5	2	1	3	1	8	4	3	6	2	2	44
1902	4	1	4	0	3	4	7	4	4	6	2	5	44
1903	5	4	0	5	1	0	4	4	10	6	3	3	45
1904	5	2	4	2	1	2	6	2	3	5	4	2	38
1905	3	3	2	2	5	7	1	3	5	6	4	3	44
1906	3	2	1	3	0	2	3	6	4	2	4	1	31

	E	F	M	A	M	J	J	A	S	O	N	D	TOTAL
1907	2	7	2	3	2	4	3	2	4	7	4	4	**44**
1908	5	5	1	0	2	5	3	4	6	2	1	1	**35**
1909	1	1	5	3	1	1	3	4	6	4	2	4	**35**
1910	2	4	2	3	2	2	4	3	6	3	3	4	**38**
1911	1	1	5	4	4	3	0	0	5	6	3	1	**33**
1912	2	1	2	8	3	4	5	1	5	6	2	0	**39**
1913	4	2	2	0	2	1	3	2	2	3	0	3	**24**
1914	1	2	2	4	6	0	3	1	6	2	1	4	**32**
1915	1	3	2	2	3	1	7	6	3	6	6	4	**44**
1916	2	2	1	1	6	0	4	2	5	3	2	2	**30**
1917	6	3	1	1	4	2	2	3	1	3	2	1	**28**
1918	5	2	8	6	3	4	4	2	1	1	4	3	**43**
1919	5	6	2	2	3	3	2	2	4	3	3	2	**37**
1920	1	1	1	0	2	4	2	5	0	3	2	2	**23**
1921	4	6	2	3	2	1	1	2	6	7	1	4	**39**
1922	4	1	5	4	3	3	1	8	8	2	3	5	**47**
1923	2	3	4	0	3	0	4	4	4	3	2	6	**35**
1924	2	2	4	3	1	6	4	5	4	6	2	2	**41**
1925	5	3	6	4	1	3	1	4	3	1	3	0	**34**
1926	3	4	3	3	2	2	1	4	2	2	2	5	**33**
1927	4	7	1	4	2	5	10	2	3	1	7	3	**49**
1928	4	5	2	4	1	2	4	2	7	2	3	4	**40**
1929	2	4	3	1	3	4	3	5	3	4	3	2	**37**
1930	11	5	3	10	5	7	7	7	10	3	11	3	**82**
1931	6	7	11	6	5	5	6	1	6	7	6	8	**74**
TOTAL	**108**	**104**	**93**	**95**	**84**	**87**	**116**	**104**	**139**	**121**	**97**	**94**	**1242**

Total en el primer decenio:.. 398
Id. en el segundo:.. 333
Id. en el tercero:.. 437
Total del primer trimestre (invierno):.................................. 305
Id. del segundo (primavera):.. 266
Id. del tercero (verano):.. 359
Id. del cuarto (otoño):..12

De las cifras del presente cuadro puede deducirse:

1. La cifra de nacimientos por año se manifiesta casi uniforme, hasta que en los dos últimos años se dobla a consecuencia del considerable aumento de población flotante.

2. La natalidad mensual tiene dos aumentos en invierno y verano que se corresponden con los de nupcialidad de otoño e invierno.

El promedio de hijos por matrimonio es el de tres, y el número de matrimonios estériles, entre los indígenas es del 6 %.

Mortalidad

Nunca hubo médico en Millares hasta que las obras lo trajeron, salvo antes en contadas ocasiones. Primitivamente un practicante y luego dos, firmaron las defunciones y por esta causa, la estadística de causas de mortalidad presenta dos facetas bien diferentes: las cifras, que son exactas y comprobables; las causas del óbito, que en el libro-registro figuran con los nombres más chuscos e inesperados.

Daremos ambas, tratando de sacar de ellas todas las enseñanzas que puedan proporcionar:

	E	F	M	A	M	J	J	A	S	O	N	D	TOTAL
1901	2	2	2	0	3	0	0	10	2	1	1	1	24
1902	0	0	4	4	3	1	2	0	2	2	3	1	22
1903	1	0	1	2	2	3	1	2	1	3	0	1	17
1904	0	0	5	0	1	2	4	6	1	2	1	2	24
1905	1	1	2	0	4	2	2	1	0	0	0	4	17
1906	3	2	2	0	1	2	3	3	7	5	0	1	29
1907	1	2	1	0	1	1	3	13	5	1	2	0	30
1908	1	2	4	0	1	4	3	2	1	2	0	2	22
1909	3	0	4	4	1	0	1	2	1	0	1	2	19
1910	0	5	4	1	2	0	3	4	2	4	4	4	33
1911	1	1	0	3	0	1	0	1	0	2	1	1	11

	E	F	M	A	M	J	J	A	S	O	N	D	TOTAL
1912	2	0	1	1	2	4	3	0	0	1	3	0	17
1913	3	1	6	2	1	1	2	2	0	0	3	1	22
1914	4	0	4	1	0	2	3	2	3	1	1	1	22
1915	3	4	1	0	1	0	3	3	1	3	2	4	25
1916	1	1	2	2	1	3	4	3	0	1	2	2	22
1917	12	3	0	4	5	0	0	4	6	2	2	1	39
1918	2	2	1	2	0	1	2	2	0	4	4	2	22
1919	3	0	3	1	2	4	0	6	2	3	0	3	27
1920	13	1	2	1	5	0	1	6	1	0	2	3	35
1921	0	1	0	0	1	3	1	4	1	1	2	3	17
1922	1	1	3	2	2	1	1	3	1	2	3	2	22
1923	2	0	0	3	2	1	4	6	1	2	1	2	24
1924	5	5	2	2	0	0	1	4	1	5	4	6	35
1925	1	0	3	1	1	2	1	2	3	0	3	1	18
1926	3	1	3	2	3	1	4	4	3	1	3	3	31
1927	1	5	0	2	1	0	0	2	6	1	2	1	21
1928	0	0	1	3	2	2	1	0	0	4	2	5	20
1929	3	2	2	1	4	3	11	1	3	1	2	0	33
1930	2	1	0	1	2	3	2	4	1	5	3	8	32
1931	4	5	10	3	7	1	3	2	3	3	2	4	47
TOT.	78	48	73	48	61	48	69	104	58	62	59	71	779

TOTAL EN EL PRIMER DECENIO: 237

Id. en el segundo:..242
Id. en el tercero:..300
Total en el primer trimestre (invierno): 199

Id. en el segundo (primavera): 157
Id. en el tercero (verano): 231
Id. en el cuarto (otoño): 192
De las cifras expuestas en el cuadro anterior, puede deducirse lo siguiente:
1º. La mortalidad absoluta crece proporcionalmente a la población, y solo se hace ligeramente superior en los últimos años debido al aumento por accidentes de trabajo.
2º. La mortalidad por meses tiene una elevación ligera que se corresponde con la llegada del frío (defunciones de viejos), y otra mucho más acentuada en el mes de agosto, a la que contribuyen casi exclusivamente los niños lactantes con sus afecciones gastro-intestinales.

Afortunadamente, desde la llegada a estas tierras de mi antecesor en la titular, Dr. Malboysson, el triste capítulo de la mortalidad infantil ha mejorado considerablemente, mejora que continúa hasta el día en que escribo estas líneas.

La mortalidad anual media es de 25 individuos y se mantiene relativamente constante salvo en los últimos años por las condiciones expuestas.

En el cuadro que sigue, en que exponemos la mortalidad por edades se ve que la cifra de mortalidad infantil es realmente desconsoladora. El número de viejos que fallecen es considerable, aunque no hemos podido hallar la data de ningún centenario.

Las cifras más altas halladas son de noventa y siete años entre los fallecidos y noventa y cinco entre los vivos.

Según las edades, la mortalidad es:

Menores de un año	204	26,1
Entre uno y cuatro años	108	12,1
Entre cuatro y diez años	52	8,4
Entre once y veinte años	46	5,9
Entre veintiuno y treinta años	56	7,1
Entre treinta y uno y cuarenta años	51	6,5
Entre cuarenta y uno y cincuenta años	22	2,8
Entre cincuenta y uno y sesenta años	27	3,4
Entre sesenta y uno y setenta años	68	8,7
Entre setenta y uno y ochenta años	80	10,2
Entre ochenta y uno y noventa años	56	7,1
Más de noventa años	9	1,1

Causas de defunción

Ya indiqué con anterioridad la forma en que habrá de estar escrita la lista
que va a seguir; los nombres que figuran en el libro registro de defunciones
son de lo más arbitrario que imaginarse pueda.

Los términos «irritación intestinal», «inflamación», «gastroenteritis»,
etc., los hemos incluido entre las afecciones gastrointestinales y corresponden seguramente en su mayor parte a las alteraciones digestivas por transgresiones de régimen de los niños de pecho.

Algunos nombres nos han sido realmente indescifrables. Trataremos de
hacer una clasificación inteligible y sacaremos de ella todas las consecuencias que podamos.

El cuadro de fallecimientos en los años comprendidos en este estudio
es: (la primera columna corresponde a las cantidades absolutas, y la segunda
al tanto por ciento del total de defunciones).

MORTALIDAD POR INFECCIONES

Tuberculosis	75	9,5 %
Gripe	25	3,2 %
Tifus	21	2,7 %
Sarampión	19	2,4 %
Difteria	6	0,8 %
Angina flegmonosa	5	0,6 %
Septicemia puerperal	4	0,5 %
Apoplejía	32	4,4 %
Hipertrofia cardíaca	26	3,3 %
Hidropesía y ascitis ????	13	1,7 %
Anasarca ????	10	1,2 %
Consunción (Caquexia senil ?)	63	8,0 %
Consunción infantil !!!! (Atrepsia)	54	7,2 %
Lesiones congénitas	4	0,5 %
Total de este grupo	**211**	**27,4 %**

Si al escribir por primera vez esta topografía hubimos de hacer muchísimas salvedades para medio aceptar las cifras que acabamos de exponer, hoy
debemos aun más considerarlas como absolutamente inaceptables.

Tal vez sean aproximadas a la realidad las de tuberculosis (yo solo he
firmado tres defunciones en dos años y medio) y las de gripe (últimas epi-

demias), pero las restantes...

Tifus no he visto un solo caso, ni difteria, ni angina flegmonosa, ni tétanos, ni viruela, ni cáncer, ni escorbuto, ni ascitis, ni anasarca... los casos
denominados como hipertrofia cardíaca, como apoplejía, etc., son exagera-
dísimas a todas luces, y el hecho de separar los casos de hipertrofia cardíaca,
de anasarca, de ascitis, etc., de las afecciones de sus respectivos aparatos, se
debe a nuestra absoluta seguridad en el error del diagnóstico.

Longevidad

No he hallado ni un solo centenario en Millares; no es que falten los viejos,
pues hay bastantes gentes que pasan de los setenta años, pero es tan difícil
una vez doblado el cabo de los noventa seguir viviendo...

La estadística de longevidad acusa:

	70 - 80	80 - 90	90 - 95	95 - 100	TOTAL
Varones	29	7	2	1	**39**
Hembras	31	11	4	2	**48**

De lo que se deduce que es mayor en las hembras. Es muy posible que
este resultado se deba al estado de viudez, mejor dicho, a sus consecuencias;
en efecto, el régimen alimenticio que cambia para el hombre con la muerte
de su compañera, sigue igual para ésta aunque falte aquél; es más, el hombre
cuida algo menos de sí mismo que la mujer y tal vez estos pequeños detalles
influyen bastante sobre edades tan avanzadas.

Cifras comparativas

La nupcialidad media en el presente siglo es 10,74, bastante superior a la
media patria que ha sido de 7,82.

La natalidad media anual es de 40,06 que equivale a 35,33 por mil,
también superior a la media nacional que es 32,4.

La mortalidad media anual es de 25, equivalente a 23,31 por mil, cifra
inferior a la media de España, y que lo sería aun más a no ser por la aterra-
dora mortalidad infantil.

¿No es natural que con estas cifras tienda Millares a crecer?

Capítulo decimotercero

Higiene

Va a ser el presente capítulo en gran parte, repetición de datos ya expuestos anteriormente, pero hemos creído conveniente para el fin de esta memoria recopilar en uno solo todos los que se refieren a la higiene del pueblo y de sus habitantes. No podemos hablar muy alto en honor de ella puesto que anda descuidadísima tanto por las autoridades como por el público en general, si bien ha mejorado sensiblemente, como las restantes facetas de la vida local, desde la llegada de gentes de fuera han traído a Millares corrientes de renovación.

Higiene individual

Limpieza personal

En los pueblos pequeños, es la falta de agua corriente en cada casa una de las principales causas, si bien no la única, de que la suciedad impere. Cuando recordamos de nuestra práctica hospitalaria la de pies sucios, rodillas costrosas, vientres, pechos, brazos y caras con receces que hubimos de limpiar antes de proceder a las curas de urgencia, y eso que se trataba casi siempre de habitantes de la ciudad en que la falta de agua no es tan notada, no se nos hace de nuevo que las gentes de Millares se laven con tan relativamente poca frecuencia.

Pero tristemente hemos de proclamar que son sucios los de este pueblo. Rarísimo es el dormitorio en que se ve un palanganero sencillo o un lavabo, y ya dijimos cómo en todas aquellas casas hay, en la cocina, un aro de hojalata sobre que descansa la única y minúscula palangana de la casa. De cuarto de baño, pica, etc… ni pensarlo!!!!

La pequeña palangana de referencia, es tan pocas veces utilizada para lavarse… la cara, que lo común es verla ocupada por un agua sucia en que se desengrasan aparentemente vasos, platos, cucharas, etc. Además, la toalla o el trapo que pende cerca (el seca manos), suele estar enormemente sucio; la «pastilla» (de jabón) descansa (cuando es «de olor») perpetuamente en el fondo del baúl, y cuando por ejemplo, para que el médico se lave se echa un poco de agua en aquélla es de ver la ínfima cantidad de líquido que se vierte, y la de búsquedas necesarias para encontrar la oculta «pastilla».

¿Cuándo se lavan las gentes de Millares? En invierno, los niños nunca, si bien éstos, en verano, acuden a los diferentes embalses del barranco del Nacimiento y otros tantas veces como pueden. Los viejos se limpian poquísimas veces en todo el año, pues tienen miedo a reumas y catarros; la gente moza, casi todos los días… aunque por arriba no penetran más abajo del escote ni más arriba de los puños de las camisetas. Los adultos, de vez en cuando pero con relativa rareza.

Y eso es «en lo que se ve», que en el resto de la piel aún se nota mucho menos el efecto de la limpieza. Algunos hombres, pero pocos, se bañan contadas veces durante lo más caluroso del verano, en el río; las mujeres por un pudor mal entendido no lo hacen nunca, y sólo las jóvenes en edad de merecer se lavan algo en casa. Incluso en ocasiones se prescinde del «friegue» que en otros puntos se dan la víspera de la boda.

Los llamados «paños higiénicos» no se usan, y durante los días de la menstruación, la camisa femenina, un grueso refajo rojo y dos o tres sayas superpuestas recogen los líquidos genitales que de otra forma bañarían la falda de la mujer cuando ésta se hallase sentada. Claro es que ni antes ni después conocen las delicias del agua y del jabón.

Vestido

En todas partes la gente joven es la que siente con mayor fuerza el prurito del bien vestir y, claro está que en Millares el mocerío trata de seguir la moda de la capital y llevar su ropa blanca y sus trajes más presentables. La costumbre general es la de cambiarse aquélla todos los domingos, aunque en invierno y por parte de la gente ya madura no se sigue ni con mucho una rigurosa exactitud.

En cuanto a los vestidos, se llevan mientras duran sometidos a consecuentes remiendos, tanto que a veces desaparece totalmente la tela del vestido primitivo; ello para después usarlos a modo de ropa interior.

Y no quisiéramos ser tan poco piadosos con los habitantes de Millares, ni que se nos tachase de parcialidad en la crítica, pero aumenta esta suciedad la feísima costumbre de acostarse muchas veces vestidos por completo, tanto los mayores como los pequeños, con lo que en algunas familias los parásitos de la piel y de los vestidos viven a su antojo.

Hacinamiento

En fin, que todo se reúne; prescindiendo de que cada vivienda, por el aflujo de forasteros es una casa de huéspedes, hemos de recordar que en ellas sólo se ven dos habitaciones dormitorios a lo sumo, y una cama.

Con más estrecheces materiales cuanto más pobre y numerosa es la familia, corresponde a un promedio de 5,03 habitantes por vivienda, equivalente a tres hijos por matrimonio anteriormente señalado.

Pero es el caso que son menos prolíficas las familias más acomodadas, y así resulta que las más pobres, con más hijos y menos habitaciones en sus casas, amén del déficit de cultura (que tampoco tienen las otras), tienen un mayor índice de hacinamiento y así contribuyen en mayor proporción a la propagación de enfermedades infecciosas y parasitarias.

Durante el día, la vida del millarense es poco casera; los hombres en el campo o en el café, las mujeres en el corro al sol o a la sombra haciendo «pares» (de alpargatas de esparto), los chiquillos o en la escuela o entregados a sus correrías y juegos.

Para dormir lo hacen en dos grupos; la prole por un lado y los padres por otro no iniciándose en los lechos de separación de sexos hasta los 8-12 años.

En algunas casas durante el invierno se colocan sendos sacos a cada lado del hogar, rellenos de paja, para que sirvan de lecho a los pequeños, que de otra forma habrían de dormir en las cámaras altas de la casa, siempre más frías.

Alimentación

Si lo que podíamos llamar «higiene individual externa» tiene gran importancia en ciertas ramas de la patología, el régimen alimenticio la «higiene individual interna» es para el hombre uno de los principales factores que intervienen en la conservación o alteración de su salud.

En efecto, la suciedad corporal, el descuido en los vestidos, el hacinamiento, etc., facilitan particularmente la aparición de ciertas afecciones de la piel, la vida y propagación de los parásitos externos, y el contagio de las enfermedades infecciosas.

Pero aparte de los trastornos digestivos que las transgresiones del régimen alimenticio pueden ocasionar, queda su resultado sobre la nutrición general, que determina el buen o mal estado general del organismo y con él, aumenta o disminuye la defensa y la receptividad de las infecciones.

Es incontable el número de comidas diarias que hace la gente menuda pues, tantas veces como lloran o piden son atendidos por las madres que les dan lo que tienen más a mano: pan con chocolate, sardinas saladas, bacalao seco, o «pistoletes» (pimiento picante)…

Los adultos en cambio sólo hacen tres comidas: el almuerzo, consistente en «mojete» o «gazpachos»; la «yanta» (comida) compuesta de «puchero», arroz «en caldero» o «con hierbas», o mejor «mojetes», «gazpachos»; la cena, formada por las sobras de la comida o con «mojetes», «gazpacho», ensaladas, tomate crudo, «pistoleta», o arroz en cazuela.

Alimentos de origen animal

Mamíferos: carnero y cordero, cabra y cabrito, cabra montesa cuando la suerte de un cazador trae algún ejemplar al pueblo, conejos de corral o de monte, liebres, cerdo...

Los productos de la caza, más los animales domésticos excepto el cerdo, se consumen en fresco, y hasta hoy, la cantidad media de consumo en el pueblo y por persona ha sido muy pequeña, aunque no se pueden dar cifras exactas dado que faltan en la secretaría municipal.

Solamente se somete a operaciones especiales al paciente cerdo; en diciembre y enero se le coloca sobre una mesa de pino, propiedad del matarife para que éste hunda su cuchillo por el lado izquierdo del cuello del animal en busca del corazón. Degollado de esta forma se sacan tablero y víctima a la calle, si es que el sacrificio no se verificó en ella, y allí se somete el cadáver a las sucesivas operaciones del «socarrado», limpia de la piel, afeitado, etc., hasta que el cuchillo puede hundirse de nuevo, esta vez en el lomo, para la extracción en masa de la columna vertebral y después del resto de las vísceras, etc.

Ese día, familiares y amistades ayudan a la preparación de los embutidos y la salazón que quedará colgada de la chimenea hasta el día de «la fritada». El jamón y embutidos se consumen en las casas o se venden, especialmente el primero a otros pueblos más ricos; la importación de embutidos especiales como sobrasadas, salchichones, etc., es siempre muy escasa o nula.

Aves: de corral y de caza, entran a formar parte del común régimen de alimentación. Por parte de las primeras, los gallos (nunca capones), las gallinas, los palomos, algunos patos y «polites» (pavos)... por las segundas, perdices, tórtolas, tordos, torcaces, merlas, papahigos, pollas de agua...

La caza especialmente no es rara, y las perdices se ven muchas veces formando parte de la comida de las casas más pobres, aunque generalmente en éstas se prefieren la venta.

Pesca: las gentes pacientes y amantes de la legalidad, pueden a veces pescar con caña en el río Júcar algunos llobarrones, barbos, llisas y alguna trucha, pescados que suelen ser comidos en familia y muy pocas veces vendidos.

Los impacientes y los «aprovechados» son más que los pescadores de caña, y la peligrosa y prohibida dinamita se emplea con desoladora frecuencia.

También procedente de Valencia y los puertos pesqueros de la marina, se han estado importando durante el auge del trabajo algunos camiones de pescado, que luego se limitaron a las sobras de los mercados de Játiva y Canal de Navarrés y hoy día no se conocen más que como recuerdo.

Reptiles: la relativa escasez de ranas convierte su busca en algo molesto y difícil, pero ello no es obstáculo para que algunos enfermos especialmente, consuman cuando tienen tal capricho su buena sopita de ancas.

Los «zarbachos» (lagartos) no dejan de ser apreciados por algunos pastores, aunque la mayoría del vecindario les tiene aprensión y temor.

Moluscos: los caracoles «moros» y «cristianos», las «munchetas», etc., todas ellas especies pertenecientes al género *helix,* son muy apetecidas y particularmente preparadas en arroz o con salsas especiales. Los demás moluscos son desconocidos.

Productos de origen animal

Las leches de cabra y condensada se usan especialmente para los enfermos y niños lactantes, habiendo mucha gente a quien no agrada tan nutritivo producto. La falta de costumbre en casi todas las casas de consumir desayuno, y la acostumbrada estancia de los animales en la muela, restringe más todavía el consumo.

La fabricación de mantecas y quesos es desconocida, y la escasa cantidad que se consume en el pueblo es importada con otros productos alimenticios.

Alimentos de origen vegetal

Legumbres: habichuelas o judías del país o importadas de La Ribera, que se consumen cocidas solas o con arroz.

Garbanzos de las propias cosechas o adquiridos en los comercios setabenses; para comer con el arroz o en «puchero».

Habas, casi todas de la producción local, para el arroz o el «mojete».

«Présoles» o guisantes, preferentemente consumidos en guisos de patatas, bacalao o carne.

No se consumen lentejas.

«Tramuzos» o altramuces, remojados y salados, como entretenimiento dominical.

«Carcahuetes» o cacahuetes, que se comen junto con los altramuces, pero secos y tostados. Éstos importados de Navarrés.

Verduras: cada cuadrito de huerta es zona donde se cultivan todas las posibles variedades, con el fin de que cada labrador pueda atender las necesidades de sus casas sin tener que recurrir a sus vecinos. Así, según la mejor o peor cosecha que de cada casa se obtiene o se planta, así, para el consumo local, hay que importar unas u otras especies.

Las que más se consumen en Millares son:

Col, coliflor, acelga, alcachofa, cardo, tomate, habichuela verde, pimiento... que se consumen cocidos o fritos.

Lechuga, cebolla, nabo, ajo, rábano y pepino, que se toman crudos en ensalada, o como condimento.

La calabaza, que se consume asada al horno

Tubérculos: no basta la cosecha local de patatas ni para el consumo de los habitantes de derecho, mucho menos con el aumento que éstos han tenido por el personal del Salto. Se importan de los mercados de Játiva y Valencia.

Del «moniato» o boniato, se consume pequeña cantidad asado y también para la elaboración de pastelillos. Más usado cocido para la alimentación del cerdo.

Cereales: como es de esperar, el más usado en Millares resulta el trigo; tres clases de pan se consumen en el pueblo: el blanco o «de trigo», el moreno y «la torta». Aquéllos deben su carácter a la clase de harinas con que fueron fabricados y a las manipulaciones que sufrieron. La torta se prepara de manera especial que vamos a describir.

Para la fabricación del pan, cada dos o tres días poco más o menos se amasa en cada casa la cantidad necesaria para otro tanto tiempo a la familia, y con ella se cuecen los panes y las imprescindibles «tortas».

Respecto a ésta, los hombres especialmente tienen a gala conocer a la perfección los secretos de su fabricación, siendo dicha torta y poco más la base de la alimentación de los pastores y de los cazadores que salen al monte para varios días.

Sobre una piel de cabra destinada al efecto, se echa cierta cantidad de harina que se espolvorea con sal común, tras dejar un hueco que se llenará con agua; se amasa teniendo sumo acierto en no mojar la piel, y una vez hecha la masa, se aplasta y redondea, se deja unos minutos sobre las brasas y la experiencia señala cuándo está lo suficiente cocida para que sea grata a los que la esperan.

En orden de importancia el arroz sigue al trigo en cantidad consumida. Todo él llega de los arrozales de otras zonas de Valencia y se prepara en diversas formas, aunque la sabrosísima paella, preparada por los millarejos, deja de ser sabrosísima y... hasta de ser paella.

Y el maíz, todo de la cosecha local, se emplea molido y mezclada su harina con la de trigo, para la preparación de cortas cantidades de pan y de una gustosa torta azucarada que se conoce por los naturales con el nombre de «tortiquias d'adaza» (palabra derivada de *dacsa* = maíz). Muy poca cantidad se consume en espiga, asado, o en «rosas», sirviendo la mayoría para alimento del ganado.

Frutas: escasas en el término municipal, y además de pocas, hurtadas algunas por los chiquillos, son traídas de tanto en tanto para entre las indígenas y las importadas, satisfacer las necesidades del hogar. Claro que preferentemente, se importan las que aquí no crecen: naranjas, dátiles, plátanos, etc.

Las que he visto consumir son: higos, dátiles, chufas, uvas, albaricoques, melocotones, sandías, melones, naranjas, limones, granadas, cerezas, peras, manzanas, almendras, nueces, avellanas, castañas, bellotas, etc.

Preparación de los alimentos

En general, el régimen alimenticio en Millares es el mixto, si bien domina ligeramente la tendencia vegetariana, más por pobreza y relativa abundancia de vegetales que por desagrado de la carne. La comida casera está formada casi exclusivamente por guisos en que no falta el caldo, por su frecuencia «el puchero», el «mojete» y el «gazpacho».

El puchero en nada se diferencia del clásico cocido de nuestra huerta y de otras tierras: garbanzos, patatas, carne o huesos de cabra o cerdo, tocino, morcilla, etc., y con el «famoso» caldo: sopas de arroz, bien con los garbanzos, bien con las judías, con hierbas, con caracoles, etc.

Los «mojetes» se preparan fritos y «bullíos» (hervidos). Para la preparación de cualquiera de ellos se fríe, en buena cantidad de aceite de oliva, también crecida, de «pistoletes» (pimientos picantes) a los que para que suelten mejor el picante se ha hecho unos cortes; cuando éstos se ven bien fritos se retiran para servirlos aparte, y en su lugar se echan a la sartén cebollas, tomates, pimientos y ajos, todos revueltos hasta que queden bien fritos. El resultado se come en la sartén, y el caldo se moja con pan al que acompañan los picantes.

Cuando se trata de hacer el «mojete bullío» los picantes, una vez fritos, siguen en el aceite al que se añade agua, para cocer luego en la mezcla trozos de col, tomate, ajo, cebolla, los consabidos picantes y algo de bacalao, carne o caza.

El «gazpacho» típico se prepara con carne de caza frita a la que se añade tomate y ajo picado; cuando ésto anda a punto, se echa agua y torta deshecha para que hierva, hasta que todo toma una consistencia bastante espesa. En ocasiones en que la caza falta se sustituye ésta por carne de res, por bacalao, o sencillamente por cebolla en cuyo caso se forma el *gazpacho* de los pobres y de los pastores o gazpacho «viudo».

Para comerlo, lo clásico es utilizar en lugar de plato grandes trozos de torta abarquillada formando cuenco, y así, a la par, ir mojando en la sartén.

En fin, si las tres preparaciones culinarias que hemos intentado describir son las que se ven más frecuentemente en las casas, no por ello dejan de consumirse paellas, fritos, asados, y otros guisos más sabrosos.

Condimentos

No son ni más ni menos empleados que en otros puntos y la sabrosidad de la comida perdería mucho para nuestros mal acostumbrados paladares si dejaran de usarse aquéllos.

La sal común ocupa el primer lugar y no falta en ninguna casa. Le siguen el aceite, el azafrán, el vinagre, y el pimiento picante. La mostaza, la manteca propiamente dicha, la canela, el laurel, el clavo, etc., puede decirse que son desconocidos; el limón, el anís, los ajos, y las cebollas no se usan con este papel: el primero muy raramente para preparar refrescos, el segundo para la preparación de aguardientes, industria que en otros tiempos existió en el lugar, y los otros dos son más bien como parte de la alimentación habitual.

Bebidas

Con las comidas y a veces solo es consumido en no escasa cantidad el vino; antes, de las cosechas particulares, hoy casi todo de real de montroy. Agua del nacimiento cuyo análisis dimos en su lugar, y vino de real: esas son las dos bebidas más consumidas en Millares.

Otras bebidas fermentadas no se usan pues, salvo algún trabajador forastero, no se consume, por cara, la cerveza, que es siempre embotellada. Mucho menos la sidra ni el champañ, del que sólo se toma alguna botella en días señaladísimos.

Las bebidas alcohólicas destiladas tampoco dejan de agradar a la mayoría de los paladares y aunque el alcoholismo como lacra social queda reducido a media docena de individuos, no por eso es pequeña la cantidad de aguardiente, ron y ajenjo que se consume cuotidianamente y en especial los domingos.

Las gaseosas embotelladas se consumen poco, y nada esas preparaciones especiales tipo yanki elaboradas a base de esencias aromáticas. Lo que más se bebe en verano, aparte del aguardiente, es el «refresco» a base de jarabe de limón y agua, a la que se añaden unos sobrecitos de ácido tartárico y bicarbonato sódico.

Conclusiones

Acabamos de ver que la higiene individual de los millarejos se aparta considerablemente de la que podría habernos servido de modelo.

No hay limpieza ni en los cuerpos, ni en las casas, ni en las calles. Donde hay tanta suciedad dominan los parásitos.

Ninguna casa reúne condiciones aceptables de higiene, y así el contagio de las afecciones contagiosas, y en especial de la tuberculosis es frecuentísimo.

Las comidas son malas y desordenadas y los niños no fueron nunca sometidos a régimen dietético especial. Así fue enorme siempre la proporción de mortalidad infantil.

No falta el alcoholismo y la heredo-sífilis.

Higiene domiciliaria

El edificio corriente en el pueblo de Millares es deficientísimo en cuanto a higiene se refiere.; ni de suficiente capacidad, ni lo bastante abrigado, ni lo suficientemente ventilado...

Por de pronto, la situación del pueblo es mala, pues estando orientado hacia el norte, aún los edificios edificados cara al sur tienen poco sol, ya que las montañas vecinas lo ocultan en invierno sobre todo, muy pronto.

El piso es completamente impermeable, pues ya vimos que las casas se asientan sobre roca viva y tal disposición hace que las aguas pluviales que no escapen por la pendiente queden retenidas por paredes y cimientos, hasta que la desecación acaba con ellas.

Los materiales de construcción no son tampoco a propósito y si algunos muros de piedra caliza son bastante resistentes, los más ligeros de tobas y cañas, y los techos, sin ninguna protección, resguardan mal de los fríos invernales y de las humedades del otoño.

La ventilación de la casa, en general, está asegurada por las puertas siempre abiertas, la chimenea que ejerce un magnífico tiro (cuando no humea hacia la casa), y los huecos nunca bien tapados que quedan entre los techos, paredes, ventanas, etc.

La habitación destinada a dormitorio, «l'aposento» tiene peor ventilación, pues a la costumbre de acostarse vestidos unen la de no abrir nunca las ventanas, de día por temor a las moscas, de noche por si el frío o los curiosos... excuso decir que en la mayor parte de los dormitorios pobres, se percibe por las mañanas, ¿no lo habré notado en mis visitas cotidianas?, un tufillo especial debido a la permanencia de esas varias personas que durante horas han eliminado los gases de la respiración, sonoros eructos, sudores, indol, escatol, y si hay chiquillos... cosa que a pesar de la costumbre de quemar azúcar no es ni medianamente agradable, ni saludable.

La calefacción sólo es relativamente necesaria en el invierno, y para ello se utiliza exclusivamente la combustión directa de la leña en el hogar de la cocina.

En general, de todas las casas puede decirse, claro que salvo honrosas y cortas excepciones:

Que no tienen agua. (Solamente hay tres casas con aljibe y otras tantas que son atravesadas por la acequia).

Que no tienen retrete, y en lugar de éste se usa el corral o la cuadra.

Que ésta se halla siempre en comunicación directa con la cocina, que es el lugar donde la familia hace la vida común.

Que el piso de las casas es de tierra apisonada, lo que no se presta a limpiezas minuciosas, limitándose éstas a pasos de escoba y ligeras enjalbegadas.

Que el número de huecos al exterior es mínimo, y que éstos se hallan casi siempre cerrados, sin cristales, pero la salida de humos está asegurada por la chimenea.

En fin, que las operaciones de limpieza, siempre han de ser someras y deficientes.

Higiene pública

También nos hemos quejado con anterioridad de la falta total de ésta, y de los continuos atentados que se hacen en su contra; las anticuadas costumbres de este pueblo son las principales culpables.

En los edificios públicos que faltan por completo, no existe pues. Así, la cubicación del ayuntamiento (pequeñísima habitación alquilada en una casa particular, que mide setenta y cinco metros cúbicos), donde se reúnen los nueve componentes del concejo, el secretario, su ayudante, el juzgado, y los vecinos que les necesitan, es absurdamente exigua.

La paradójica suciedad del lavadero, donde se nada en barro, y donde igual se lavan grasientas cazuelas que sucias ropas de niños lactantes que prendas de enfermos, facilita enormemente la propagación de las infecciones.

Las condiciones del cementerio, repleto a más no poder de cadáveres en todo estado de descomposición, que han de ser extraídos para dejar nuevos huecos a los que van llegando, son tan malas, que ni la corta mortalidad ni la gran permeabilidad del terreno que permite la más rápida de las descomposiciones, la compensa. Afortunadamente para la salubridad local, al escribir estas líneas por segunda vez, hace unos meses que se ha inaugurado un hermoso nuevo cementerio por el Sr. Inspector de Sanidad de la provincia, que apreció que reúne todos los requisitos exigidos por la ley. Y del viejo, hay que considerar además que está incluido en pleno pueblo y que las aguas que de él escurren van a regar las mejores hortalizas del término…

La descripción de las escuelas lo dijo todo respecto a ellas, pues ni los chiquillos tienen espacio bastante para estar lo anchos que merecen, ni su cubicación es suficiente.

Y menos mal que nuestro padre el sol, el más poderoso factor de vida, el más enérgico desinfectante, el más potente productor de higiene, luce los más días en el cielo de Millares, para prestarnos sus efectos bienhechores, que si faltase él...

Quisiéramos, ya que censores severos de Millares y su vida estamos siendo, poder decir buenas cosas de él, pero todavía nos queda bastante que fustigar.

La limpieza de las calles no se practica más que los días de fuerte lluvia... por ésta, y sólo entonces aquéllas quedan en su más puro estado. Cuando no llueve, o si el meteoro es poco intenso son tantas las inmundicias, las basuras, los residuos de todas clases, los pedruscos que hay en ellas que la higiene se siente verdaderamente ofendida.

Debo confesar que en los tres años que llevo en este pueblo, hizo, por cuestiones de una huelga obrera, una visita el gobernador civil de la provincia, que lo era un tal Sr. Doporto. Aquel día es el único que se ha limpiado el lugar y se pudo transitar por él...

Pero lo que está más necesitado de estudio y reparación es el método de conducción de las aguas potables: llegan éstas al pueblo por una acequia descubierta de varios kilómetros de longitud, que corre primero por la vertiente derecha y luego por la izquierda del barranco del Nacimiento. Es bastante el número de estercoleros que hay a más alto nivel que el curso de dicha acequia, y por eso no faltan en ella ni pajas, ni restos de otras clases; especialmente después de las lluvias, las escorrentías van a enturbiar el agua que ha de beberse... el extraordinario porcentaje de casos de vermes intestinales da idea de su pureza.

En fin, el estiércol de las cuadras se transporta a lomo de las caballerías a cualquier hora del día...

Policía y costumbres sanitarias

Antes, sin carreteras, Millares era tan mal partido médico que nunca mantuvo más que uno o dos practicantes que a la vez atendían un pequeño botiquín y servían sus respectivas barberías.

A pesar de la pretendida buena voluntad de esos hombres estoy convencido de que no les acompañaba ni la más superficial cultura médica, y en ocasiones, las gentes han tenido que recurrir a los médicos forasteros para atender su salud.

Alternativamente y por épocas, según fuese uno u otro el partido político más potente del pueblo, los médicos de Quesa o Bicorp han venido para atender a los enfermos graves o pudientes. Pero en los casos crónicos, de posible exportación, la fe pública se ha distribuido entre una serie de «aficionados» que para vergüenza de nuestra clase aún abundan y no se recatan en llamarse «curanderos».

A tres de estos embaucadores recurrían y aún recurren (no ya hoy al transcribir las líneas estas) los millarejos en algunas de sus aflicciones; personajillos estos que no serán pronto más que una nota de curiosidad pero que hoy son un enemigo para la salud pública y para el prestigio de nuestra clase: la tía Fregapanchas, de Bolbaite; el Saludador de Dos Aguas y el Curandero de Petrel.

¿Qué hacen y quiénes son cada uno de éstos?

La tía Fregapanchas es una simpática viejecita, no sé si tartamuda, que tiene según ella misma dice «gracia divina» para curar. Es conocida en muchos pueblos, y su clientela de ignorantes se extiende hasta Alginet, Carlet, Alcira y todos los pueblos de la Canal de Navarrés y distrito de Enguera. Solamente atiende los enfermos de «parada», o sea todos los de cólicos y otras manifestaciones no bien limitadas del aparato gastrointestinal.

Su «modus operandi» se desarrolla en un ambiente de credulidad y sugestión por parte de los enfermos y sus familias y por las acciones de ella aún no sé si es una histérica que alcanza el último grado de autosugestión, o es una redomada farsante que además de engañar al público con su falso oficio… le hace trampa.

Viaja constantemente para atender a su numerosa clientela; para ejercer sus supuestas curaciones se escupe sobre su mano izquierda que posa en el vientre del enfermo; ella siente cómo el «mal» entra en su mano, sube por su brazo, entra en su cuerpo, y por «la gracia» siente unas arcadas, comienza a hacer como que vomita (pero sin llegar a ello), asegura la curación del paciente, cobra y se va. Y como sólo actúa en esos casos en que el alivio pronto llega espontáneo… el número de sus fracasos es limitado.

Más peligroso, por los resultados funestos que un descuido podría acarrear, es el Saludador de Dos Aguas. Trabajo ímprobo me ha costado acostumbrar a los mordidos por cualquier animal (si es que alguno no se me va «de ocultis») para que no fueran a someterse a las prácticas de este hombre.

El tal Saludador, es un hombre de mediana edad «que lloró en el vientre de su madre» por lo que tiene aún más «gracia» que la antedescrita tía Fregapanchas. Las víctimas de cualquier mordedura deben ir a él para que la herida no se «encone», y es de ver cómo regresan de verle, con la lesión cubierta con un amasijo de miga de pan que el necio aquel hizo con su propia saliva y en su misma boca. Y cuando la infección llega aún se alaban por haber ido a él, pues si «saludados» les echa tanto pus, si no llegan a «saludarse»… ¿qué hubiera sido?

Afortunadamente para su crédito y para el vecindario, tanto de Millares, como de Cortes, Tous y Dos Aguas, no se ha presentado desde tiempo inmemorial ningún caso de hidrofobia.

El caso más serio de intrusismo en nuestra profesión, se presenta ya muy lejos de Millares, pero él es quien representa para los enfermos crónicos de este pueblo, el famoso «clavo ardiendo» al que se agarran los legendarios náufragos de la vida. Me he referido al triste y para Millares vergonzosamente célebre Curandero de Petrel.

Para vergüenza de las autoridades correspondientes, que lo vienen consintiendo, en una cueva de los alrededores de Petrel (Alicante), habita un estafador, que aprovechándose de la ignorancia de las gentes y de la tolerancia de las autoridades, simula estar siempre en posesión de la tan cacareada gracia divina y dice que cura todas las enfermedades.

El tal bicho formulando brebajes, y su hermano vendiendo las plantas prescritas, en la misma cueva, hacen el gran negocio y a pesar de que sus recetas son muchas veces contraproducentes, hace muy poco que ha comenzado a decrecer su fama. Es más, conozco algunos farmacéuticos, que a sabiendas de que fueron escritas por el curandero de Petrel, despachan fórmulas con menoscabo de su dignidad profesional y del compañerismo del que tanto hacen gala.

Su clientela parece de lo más selecta y variada, y algunos arrepentidos cuentan cómo largas colas de pacientes venidos a pie, en carros, autos, etc., esperan el turno de la Gracia…

Cuando por primera vez llegué a Millares, era frecuentísima la salida de camiones repletos de enfermos y familiares que acudían al referido individuo para buscar remedio a sus dolencias. Y no sólo de Millares, sino de todo el recorrido tomaba gentes y más gentes para el mismo destino…

En honor del pueblo de Millares he de reconocer que han dejado imponerse a la verdad, aunque ello a costa de inmensos sacrificios en trabajo y hasta en dignidad de nuestro compañero y amigo el Dr. Malboysson y mías. Hoy ya no sale ni un solo enfermo como no sea para que algún reputado especialista nos ayude con sus consejos.

Y sin embargo, los enfermos desesperados, los de curación a largo plazo, los pobres crónicos, desean tanto hallar lo que la ciencia médica todavía no puede darles… Pero ya que el vulgo, por ignorante, es a veces necio, pongamos una valla al desenfreno de esos negociantes de la salud pública y evitemos con ello el desdoro de la clase médica de nuestra región y de España entera.

Capítulo decimocuarto

Patología

Indudablemente, al escribir esta TOPOGRAFÍA MÉDICA DE MILLARES, hemos llegado con el postrer capítulo a la parte más interesante: la que refleja la característica patológica, del tal pueblo.

Siendo médico nuestro estudio, las cualidades de los morbos, la relativa frecuencia de ellas, la mayor o menor rapidez y facilidad en su curación, formarán el capítulo de interés máximo, y al fin, llegamos a él.

La etiología de cada una de las enfermedades que se padecen en Millares, se diferencia bien poco de la que pueda manifestarse en cualquier otro pueblo de la región Valenciana; en cambio, hay cuatro o cinco causas etiológicas especiales que voy a citar:

Es la primera y principal el agua, que llega muchos días sucia y contaminada por los estercoleros que hay sobre el curso de la acequia que la conduce.

La segunda, la del abuso de especias y particularmente de pimientos picantes en las comidas, lo que causa serios trastornos en las vías digestivas y en sus funciones.

La tercera la forma el déficit en la cantidad de alimentos, la cual no llega siempre a cubrir las necesidades del organismo dedicados a trabajos rudos.

La cuarta está constituida por el general abandono de la limpieza corporal, domiciliaria y del pueblo.

La quinta la forman las condiciones inferiores de las casas, el hacinamiento, y demás.

Con tales factores interviniendo en la etiología general unidos a los propios de cada afección, podemos ya casi prever cuáles serán las enfermedades más frecuentes en la patología local.

La medicina popular

A muy pocas entidades morbosas reducen los naturales la diversidad de sus padecimientos.

El dolor, es de todos los síntomas, el que por más notado, mejor distingue la gente, y así, multitud de enfermedades no llevan más nombre que el de «dolor» en tal o cual punto.

La pulmonía y otras afecciones con punta de costado, no son más que dolor de costado; cualquier manifestación reumática o artrítica, lumbagos, ciática, gota, etc., no es más que un dolor de riñones, o de donde sea; un cólico hepático, nefrítico, intestinal sigue siendo dolor, en los puntos correspondientes.

Tras el dolor, la hemorragia es el síntoma que más suele asustar al paciente, y aquí, la confusión entre la enfermedad y el síntoma es completa. Los derrames (hemorragias genitales femeninas de diversas causas), las hemorragias (id. con salida de sangre por la boca o la nariz: hemoptisis, hematemesis, epistaxis), y el temor a desangrarse (hemorragias traumáticas) me han ocupado con relativa frecuencia, aún en casos de ninguna importancia clínica.

Los síntomas digestivos (exceptuados los citados hemorrágicos) se confunden indiferentemente con los nombres de inflamación e irritación, así sean de origen de estreñimiento o diarreas. Y en los niños, todo se reduce a *asientos de baba*.

Toda clase de síncopes, desmayos, ataques y accidentes nerviosos se reúnen con el nombre común de ataques.

En fin, el vulgo es incapaz de diagnosticar ni a su modo las enfermedades del aparato urinario y del sistema circulatorio, y en estos casos traduce a su léxico el nombre que hubo de darles el facultativo, aunque a veces bastante cambiado.

Claro que de todas las enfermedades las más visibles son las de la piel o tejido celular, y así se conocen con nombres como el *sostra* todas las flictenas y algunas lesiones infectadas; *impedines* son todos los eccemas y otras lesiones tan heteromorfas como el *zona* y la tiña; *granos* son desde los pequeños del acné, hasta los grandes a*visperos*; y bultos o lupias o mejor tumores son los quistes, abscesos, etc., que pueden percibirse a través de la piel, excepto los bubones de origen venéreo, y las grietas de los pezones y los abscesos de la mama que no son otra cosa que *pelo de teta*.

Para esta patología popular hay, como es de suponer, una farmacopea más popular todavía, y vemos que las lavativas (enemas), las *aguas* (cocimientos e infusiones), los *calentores* (aplicaciones calientes secas a base de ladrillos y alpargatas calientes), los *pañiquios* (húmedos y calientes para ciertos dolores, y empapados en vinagre contra el dolor de cabeza y la fiebre), los *empastros* (cataplasmas a base de arroz con saín-manteca) y los *rebariquios* (nuevas cataplasmas alimenticias ¿? a base de pan mascado, canela y vino), y en fin los parches (emplastos de fieltro rojo, porosos), están a la orden del día y a veces hay que mantener verdaderas luchas para evitar su uso contraproducente.

Claro que a pesar de ello y de las recomendaciones de mujeres y curanderos, recurren a nuestro auxilio cuando los remedios caseros les fallaron, pero aún así en muchos casos aún esperan, antes de comenzar con la medicación racional...

Patología especial

Todas las enfermedades que puede padecer y presentar el hombre en nuestras regiones, son susceptibles de encontrarse en Millares, pero unas por su rareza, otras por la dificultad de perfilar un diagnóstico con los medios del ambiente rural, y algunas por nuestra impericia que no las supo ver, no están presentes en nuestro fichero local.

No vamos a copiarlas todas pues, sino solamente las que vimos desde nuestra estancia aquí, indicando los caracteres locales de las mismas, su especial modo de presentarse, y cuantas particularidades sean a nuestro juicio, dignas de notar.

Infecciones

Sarampión: enfermedad endémica en toda europa, se presenta en Millares casi todos los años en la temporada fría, para atacar a los niños de dos a seis años. No discutiremos aquí la mayor o menor facilidad que para su adquisición tiene los de otras edades, ni si su paso deja o no inmunidad, pero las cifras que citamos son límites en los casos que hemos observado desde nuestra estancia en Millares.

La abundancia de enfermos no existe y solamente se recuerda la epidemia de 1910 como causante de un crecido número de casos y de un gran tanto por ciento de mortalidad.

No presenta caracteres especiales como no sea el de su benignidad (en los casos asistidos por nosotros), pues la mortalidad en lo que va de siglo es del 2,4 % de la total (19 casos), y tal cifra, contando con una epidemia, no es excesiva. En los casos observados, el exantema no ha faltado nunca y la conjuntivitis ligera poquísimas veces.

Las complicaciones que hemos observado son:

Conjuntivitis purulenta que curó rápidamente con el uso de la solución al 2 % de argirol. La presencia en el pueblo simultáneamente de muchos otros casos de esta inflamación ocular, me hace dudar de si de los dos casos observados tras el sarampión no serían más bien coincidentes que dependientes de esta infección.

Rinitis ligera.

Bronquitis más o menos leve. Un caso mortal.

Otro caso de pleuresía que siguió inmediatamente a un sarampión, lo atribuimos a las consecuencias pulmonares de esta enfermedad.

La profilaxis que ordenamos es el aislamiento lo más completo posible, pero ya es sabida la dificultad con que se tropieza para obtenerlo por completo, y más en el medio rural.

El tratamiento que empleamos es: reposo en cama en habitación ventilada, pero sólo obscura si así lo requiere la fotofobia excesiva, no exigiendo casi nunca la luz roja; las conjuntivas las hacemos lavar con una solución de oxiciauro mercúrico al medio por mil. La desinfección intestinal la obtenemos con algunas purgas de azúcar de plátano, aceite de ricino o calomelanos cuando es necesaria. Si la tos es alarmante o por lo menos molesta, usamos la conocida poción de benzoato sódico.

Esto respecto al tratamiento sintomático. El general lo llevamos a base de nitrato potásico, empleando sistemáticamente la fórmula: Dp/ Eructivo López Moreno, un frasco, que nos ha dado, hasta ahora, magníficos resultados.

Viruela: enfermedad grave que puede considerarse como desaparecida totalmente de los pueblos civilizados modernos. No conozco en Millares más que un solo caso ocurrido a principio de siglo y seguido de defunción, y el de una muchacha joven que lleva en sí misma las huellas de tan triste enfermedad.

Hoy, la práctica de vacunaciones y revacunaciones se ha extendido de tal modo que ha acabado con lo que era una verdadera plaga de la humanidad. Nosotros practicamos sistemáticamente la vacunación de los niños de las escuelas y de los menores que acuden, cuando se verifica la apertura de la matrícula y en los primeros días de la primavera.

La mortalidad en los treinta y un años que comprende nuestra estadística es del 0,1 %.

Varicela: tan benignos se han presentado los tres casos de nuestra práctica en Millares que uno de ellos dejado a la expectativa, siguió sin que alterase la buena marcha de la infección. En los otros dos, para disminuir algo el prurito y para acelerar la vuelta a la normalidad de la piel, empleamos aparte de la consiguiente vigilancia de las funciones intestinales: dp/ subnitrato de bismuto, 20 gramos. Polvos de almidón para espolvorearse la piel.

Escarlatina: no hemos observado ni un solo caso ni hemos leído casos de defunción por tal causa en el registro durante los años repasados.

Erisipela: infección relativamente frecuente en este pueblo, si bien su mortalidad no ha alcanzado más que el 0,4 % en la estadística señalada. Su predilección por el sexo femenino es tal que de los 18 casos que llevo observados, solamente uno corresponde al sexo fuerte.

Se presenta preferentemente en la cara y cuero cabelludo, invadiendo, como es natural, más veces los alrededores de los ojos y orejas que el resto de la cara. Sólo en dos casos, ambos femeninos, se presentó en extremidades inferiores por infección de pequeñas heridas; ambos casos eran niñas.

El tratamiento general es el de todas las infecciones, con cuidados alimenticios, reposo en cama, etc. El sintomático depende de la marcha del mal. El local lo reducimos a fomentaciones con glicerina ictiolada caliente y más tarde espolvorearse con polvos inertes o subnitrato de bismuto. No hemos tenido ningún caso lo suficiente grave que nos haya obligado a tratamientos más severos.

Septicemia puerperal: es rara, a pesar de que sucias mujeres se dedican a «partear» en muchas casas. Después de haber dado fin a esta TOPOGRAFÍA, en que hacía constar no haber observado ningún caso en Millares, he de corregir, ya que asistí uno, seguido de defunción en una pobre mujer que, atendida por otra, hizo no sé cuántas cosas atroces antes de llamar al facultativo, y ya después de haber expulsado la placenta a trozos.

Paperas: no ha visto ningún caso.

Difteria: aunque la mortalidad de enfermitos por esta infección está reducida en Millares durante los últimos 31 años al 0,8 % (seis casos), con el empleo constante del suero antidiftérico de la casa Ybys-Thyrf, aún en los casos dudosos, hemos logrado mantenerla en el cero, en nuestra estadística. En realidad, sólo podemos presentar como diftéricos los que nos ha dado a sospechar el diagnóstico clínico, que ningún caso hemos comprobado con el bacteriológico. En ninguno de nuestros casos, de todos modos raros, ha llegado la necesidad de intubaciones ni traqueotomías.

Coqueluche: ni en el registro de defunciones figura esta enfermedad, ni hemos visto un solo caso indudable, ni aún probable, entre nuestros enfermos de Millares.

Fiebre tifoidea: ocupa esta enfermedad, en nuestra estadística, el tercer lugar entre las infecciones por el número de defunciones causadas en este pueblo, con 21 casos y el 2,7 % del total.

Pero ante el crecido número expuesto, que es el que figura en el registro y la realidad, nos parece que existe una discrepancia manifiesta. Es muy probable, en manos de practicantes, que haya más de un error de diagnóstico entre los casos apuntados.

Cierto que nosotros hemos acusado la insuficiente limpieza del canal, la proximidad excesiva entre éste y los estercoleros, etc., pero ni nuestro amigo Dr. Malboysson ni yo hemos tenido más que un solo caso, confirmado por análisis positivo y que tuvo su origen en Navarrés, pueblo donde constantemente es grande el número de atacados.

El tratamiento que hemos empleado consiste en una alimentación moderada (leche, huevos, ceregumil y similares), balneación cuando la hiperpirexia lo ha demandado, aislamiento y la siguiente medicación:

Mientras el análisis hemático no se practicó y la marcha era de tipo paratífico o cólico: Por la mañana: una ampolla de leuco-antitoxol. Durante el día: cuatro comprimidos de Uroformine. Por la noche: una ampolla de Colesterol.

Cuando el Hbert fue confirmado: Por la mañana y por la noche: sendas ampollas de Colitique, vía bucal. Durante el día: dos tabletas de medio gramo de Urotropina. Cuatro días, según el método del Dr. Peset: una serie de vacuna antitífica de su laboratorio.

Sin haberse desarrollado dicho caso en excesiva gravedad, la mejoría se inició tan fuerte al comenzarse este último tratamiento, que nos obligó (en otros casos tenidos en Rambla Seca y Cortes de Pallás) a aplicarlo, obteniendo los mismos excelentes resultados.

Fiebre de Malta: Hemos de confesar que nos ha sido bastante difícil el diagnóstico clínico de esta infección, al que sólo hemos llegado tras la sucesiva exclusión de las demás, algo más comunes.

También he asistido solamente un caso de esta enfermedad, que presentaba al principio todo el aspecto y las características de «algo» de tipo intestinal. El análisis hemático, practicado cuando el tiempo transcurrido nos hizo entrar en la duda, confirmó un caso de fiebre de Malta que cedió afortunadamente a las primeras inyecciones de vacuna antimelitocóccica.

La abundancia de cabras en el término está en oposición con la rareza de esta infección, pero el nulo uso que se hace de la leche nos lo explica.

Paludismo: El número de muertes producidas por el paludismo o sus consecuencias, es según el registro civil, de uno (0,1 %), si bien el término perniciosas que figura en dicho libro no estoy muy seguro de que se refiriese al paludismo.

Y eso que no es raro en Millares: los jornaleros, antes de las obras de la Hidroeléctrica, bajaban a La Marjal y más a La Rápita (Amposta), para ayudar a la siega del arroz, y de allí siempre ha venido algun enfermo, si antes no ha quedado en el hospital.

Forzosamente he de negar la existencia de casos autóctonos, y hasta en los emigrados basta casi siempre el cambio de clima para que mejore la dolencia.

El otoño es la época en que con más frecuencia aparecen de nuevo los accesos en los casos primitivamente mal curados, pero hasta hoy nos ha bastado la inyección, a veces no terminada, de una o dos cajas de: Dp/ Quinhidrol Gay para obtener la remisión de los síntomas y la curación. Para la anemia resultante hemos formulado en algunos casos diversos preparados a base de hierro o de hemoglobina.

Cólera: desconocemos el desarrollo que haya podido tener en esta localidad durante las diferentes epidemias. No existen libros en que pudieran haberse anotado los datos.

Gripe: si hay una enfermedad que reciba casi tantos nombres como pueblos la padecen ésta es la gripe. El *trancazo*, la *cucaracha*, la *cirila...* y por si fuera poco en Millares, «la pasia».

Endémica, ocupa en este pueblo el segundo lugar de mortalidad por defunciones infecciosas, con 25 casos funestos, y un 3,2 % del total de casos.

Numerosos brotes epidémicos han aparecido sucesivamente, pero ninguno de ellos figura en el libro de defunciones antes del año 1917. En dicho año la mortalidad por esta causa fue una cosa muy seria, no así después en que el número de casos con terminación fatal es casi nulo.

En el último año que comprende este estudio, 1931, he atendido una nueva invasión de casi todos los hogares. La característica es el quebrantamiento general que obliga a meterse en la cama a los enfermos rebeldes, el escalofrío inicial, la fiebre, el estreñimiento y la lengua saburral. Lo que no ha faltado en casi ninguno de nuestros clientes ha sido el dolor de costado, que ha durado días y días, rebelde a todo tratamiento.

El que hemos empleado se ha basado en el empleo de diaforáticos-antitérmicos (Piramidón, Aspirina, etc.), expectorantes (benzoato sódico, terpinol, etc), purgante oleoso y las modificaciones que el curso de la infección recomendaba.

Sistemáticamente, en los de algún cuidado, hemos empleado: dp/ arcanol, uno o más tubos. Dp/ Broncopulmoserum Ibys, una o más ampollas.

Los dos fallecimientos habidos lo fueron por congestión pulmonar consecutiva. A pesar de ello, la curación no ha sido siempre completa, ya que un caso fue seguido de pleuresía y otro de tuberculosis pulmonar.

Tuberculosis: la terrible plaga ocupa en Millares lugar preminente, y si no tantos como 75 defunciones, y un 9,5 % que le asigna la estadística que expusimos en el capítulo de demografía, sí bastantes para causar lástima y temor.

El hacinamiento, la falta de cuidados necesarios, el empeño de las familias en no creer que sea tan terrible dolencia la que ataca a sus allegados, hace que cuando se quiere atender a las medidas de profilaxis recomendadas por el médico desde mucho antes, sea ya demasiado tarde.

El tipo que se presenta dominante es el pulmonar crónico, con hemoptisis ligeras, sudores nocturnos, fatiga notable, y febrículas vespertinas. Desde los casos que se llevan a los enfermos en pocas semanas, hasta los que les permiten vivir con sus molestias meses y meses, todas las formas se presentan pero, es tan difícil su curación…

Contra este mal, las sales de calcio en todo tipo de preparación forman el arma principal de nuestro arsenal terapéutico; el uso de diversas fórmulas y especialidades reconstituyentes, bacilicidas, antihemorrágicas, expectorantes, etc., es constante, pero a su empleo anteponemos uno que nos ha dado a veces excelentes resultados: nos referimos al pneumotórax artificial.

Todos los enfermos en que la radiografía demuestra que las lesiones son unilaterales, son sometidos, si su estado general lo permite, a la aplicación del pneumo, para lo cual los enviamos a la capital.

La ayuda del reposo absoluto, el ambiente de pinos, y el clima de mediana altura con sol abundante, más una alimentación apropiada y un régimen medicamentoso seguido con regularidad, nos ha llevado a conseguir algunos éxitos relativos de los que si bien no puede hablarse todavía de curación, dan lugar a ciertas esperanzas que nunca concebimos con otros enfermos de este terrible mal.

Tétanos: la profesión agrícola que sustenta a la masa general del vecindario, hace que en otras ocasiones no lejanas, no haya sido rara esta infección, y su mortalidad relativa del 4 % no es poca.

El empleo constante desde algún tiempo a esta parte del suero antitetánico en todos los casos de heridas susceptibles de esta infección, ha hecho disminuir tan notablemente su frecuencia, que nosotros no hemos visto ni un solo caso.

Sífilis: desde que la afluencia de hombres y jornaleros ha sido tanta como para permitir el lucro a quienes llegaron, no han faltado en Millares algunas lindas mozas ¿? amigas de favorecer al personal masculino, y se han montado hasta dos casas de prostitución en diferentes puntos del término municipal, en relación con los núcleos de trabajadores. A pesar de ello, entre las gentes del pueblo no he visto ningún caso de infección reciente. En cambio he visto algún caso de heredo.

El primero fue un muchacho de unos 25 años, que había sido con anterioridad diagnosticado varias veces como padeciendo una osteomielitis de tibia. La rebeldía del mal a todo tratamiento anterior, y una marcada anomalía en la dentadura nos hicieron sospechar en un caso hereditario del *Morbus gallicus*, y nuestro diagnóstico de sífilis hereditaria tardía con dientes de Hutchinson, se confirmó por especialista de la capital, calificando las lesiones que habían dado lugar al examen de periostitis diafisaria hiperplásica de la tibia. La investigación familiar me ha llevado a encontrar un padre que niega todo antecedente y no desea que se le practique la reacción de Wassermann, y una madre que si bien no se puede clasificar como padeciendo aborto habitual, por lo menos lo ha padecido varias veces.

La otra familia me es menos conocida puesto que no pertenece a mi clientela particular. Aparte de que tal era, *vox populi*, la enfermedad del padre, éste falleció recientemente de parálisis general, y los hijos llevan un apodo que se corresponde con uno de los estigmas que tan triste herencia lleva consigo, ya que la nariz exageradamente en forma de silla de montar es generalmente aceptado como uno de ellos.

El primer caso, tratado al principio con preparados de bismuto, ha respondido extraordinariamente a la influencia combinada de estas sales con el Neosalvarsán en series de algo más de cinco gramos. Posteriormente la mejoría ha sido tan considerable que ha podido contraer matrimonio, sin que hasta la fecha, hayan sufrido nada ni los cónyuges ni el hijo que acaba de nacer, a término, sin haber padecido abortos anteriores.

Venéreo propiamente dicho:

Por las razones apuntadas anteriormente al hablar de la sífilis, no son hoy raros los casos de venéreo en sus manifestaciones chancrosas y ganglionares. Especialmente he tratado forasteros, pues los del lugar por una vergüenza tan peligrosa como mal entendida, han preferido salir de sus casas en evitación de que el chismorreo del vecindario les atribuyese... lo que realmente tenían.

El tratamiento que nos ha llevado a la rápida curación de todos los enfermos ha sido:

Tres o cuatro baños diarios con solución concentrada, y muy caliente, de permanganato potásico.

Cauterización diaria primero y alterna luego, con solución de cloruro de zinc al 10 %.

Espolvoreado después con un poco de perhidrol de zinc.

Envoltura con gasa aséptica y algodón.

A guisa de preventivo una inyección intravenosa de solución de la dosis segunda de Neosalvarsán.

Con lo que todos los enfermos han llegado a la curación sin complicaciones, y se ha evitado la presentación de ningún caso de sífilis.

El único caso «feo» que he tenido, es el de uno que quiso salir y fue a caer en las manos cualquier pseudoespecialista de cuarta plana, y vino con una parodia de circuncisión que si había dejado tan poco desagüe como antes a los líquidos de supuración, en cambio había extendido las lesiones chancrosas a todo el limbo de la herida.

Blenorragia: la más frecuente de las tres, tal vez por ser la más ocultable por las prostitutas que acuden al reconocimiento.

Mitad por ignorancia, mitad por los consejos de los amigos y el temor al gasto, el tardío acudir en demanda de alivio ha llevado algunos casos a serias complicaciones, aunque en ninguno se ha presentado la artritis. La más frecuente de las que he visto ha sido la orquitis, después la cistitis y la prostatitis, que me han obligado a variar los tratamientos según fuera necesario.

Carbuncosis: no hemos presenciado ningún caso a pesar que hombres y animales viven en continuo contacto; mas alguna vez han debido presentarse puesto que la gente los nombra, y en más de una ocasión he tenido que repasar un diagnóstico ante la insistencia de algunos al asegurar que lo visto era una pústula maligna.

Antracosis y otras infecciones por estrepto y estafilococos: el pus, atraído por el exceso de suciedad, reina en muchas casas, y rara es la semana en que no he de dilatar un forúnculo, un ántrax, un absceso, una adenitis, etc. En particular, los abscesos de mama son de lo más común, y la conjuntivitis purulenta es caso que ha llegado a preocuparme por su carácter casi epidémico.

No han faltado ni dilataciones, ni miringotomías, ni dos casos de trepanación de la mastoides y uno, mortal, de meningitis y otitis previa.

Enfermedades macroparasitarias

Trichinosis: desconocida como enfermedad humana en Millares.

Helmintiasis: ya dejamos anotados en la sección correspondiente los gusanos que formaban la parte de la fauna de Millares, entre los que se encontraban las diferentes especies que pueden causar esta enfermedad.

De todas las especies, la que se presenta con más abundancia tanto en número de ejemplares como en el de invasiones es el de *ascaris lumbricoides* o lombriz intestinal, que se encuentra en más de un 10 % de la población infantil examinada.

Las manifestaciones que tales parásitos originan en los organismos infantiles, son de lo más polimorfo que se pueda imaginar, predominando las formas nerviosas. En particular y tanto más acentuadamente cuanto más jóvenes son, los pequeños llegan a presentar de vez en cuando síntomas de verdadera gravedad, y aún he de recordar un caso, que diagnostiqué como de neumonía, y me sorprendió al final con la expulsión de una verdadera masa de gusanos. Aún tengo la duda de si el diagnóstico de neumonía es el que correspondía, o fue solamente un caso atípico de helmintiasis intestinal.

El *Oxiurus* vive en un número de huéspedes tan crecido y en semejantes proporciones como el *Ascaris*. Lo hemos visto de origen infantil y de adultos.

En cuanto a las tenias, ya hemos visto la cantidad de especies que viven en este pueblo, pero sólo hemos diagnosticado «in vive» un caso que resultó ser de *Tae. Serrata*.

Para la eliminación de éstas he usado en caso citado el mata-tenias del Dr. Greus, con excelentes resultados. Para la de los demás, he empleado preferentemente la fórmula tomada del Herzen: Dp/ Santonina, 2 a 5 ctg. Calomelanos, 5 a 10 ctg. Lactosa, 20 a 30 ctg. P. un pap. H. N°. 9. Para tomar tres papeles cada mañana, con una hora de intervalo, en ayunas, durante tres días consecutivos.

Sarna: la suciedad y el hacinamiento son las causas principales de que este parásito pueda propagarse con la facilidad con que lo ha hecho en Millares. Las características de esta afección son de sobras conocidas y universales como para entretenernos en describirlas.

Como tratamiento, para nosotros, sigue siendo el remedio mejor los baños, las «friegas» con jabón blando, y la pomada de Helmerich. Obligo a tener especial cuidado con la ropa de los infectados. También he usado en algunos casos especiales, los preparados Sulfurete Caballero, y Mitigal, que también me han dado los resultados esperados.

Pediculosis y ptiriasis: abundantes parásitos de este grupo corren por los vestidos, cuerpo y cuero cabelludo de algunos de mis clientes, pero razones especiales me han impedido actuar contra ellos como hubiese deseado.

Tiñas: no faltan enfermos de este temido mal. La costumbre de no descubrirse casi nadie, hace que pasen desapercibidos casi todos los casos, pero realmente no bajan de seis a siete los casos que se pueden contar.

Los dos casos que llevo tratados hasta ahora, con resultados el uno malo y el otro bueno, lo han sido mediante la depilación por los rayos x y la aplicación de tinturas a base de cantáridas, esencia de romero o aceite de enebro.

Otros parásitos: tales como pulgas, chinches, etc., No faltan, pero siendo más que enfermedad, resultado de las faltas de limpieza y bastando un poco de curiosidad para que desaparezcan, no merecen estar incluidos en el presente capítulo.

AFECCIONES COMUNES

Enfermedades del aparato digestivo: un poquito de consuelo he de tener al leer en unas y otras topografías, que también otros compañeros han de soportar la convivencia con la serie de «fregapanchas» que pueblan Valencia. No es pues sola la tía Dolores de Bolbaite ni es a mí solo a quien posponen para recurrir en las leves dolencias, a tan burdos procedimientos curativos.

La masa más numerosa de enfermos de este aparato la forman los pequeñuelos, especialmente los lactantes, con lo que feer llama «trastornos digestivos de origen alimenticio». El total de los enfermos ha dado en los treinta y un años que comprende nuestra estadística, un veintisiete y pico por ciento del total de defunciones.

Decimos que la mayor parte de los enfermos, y claro es que de los fallecidos, la dan los lactantes. En efecto, no hay fuerza humana capaz, ni dialéctica médica, que pueda obligar ni convencer a las madres de Millares de la conveniencia de dar las tetadas o los biberones con el ritmo que marcan todas las reglas de la higiene. Cada lloro del crío, así obedezca a la causa que se quiera, es acallado lo antes posible con una mamada, y así vienen las dilataciones, los vómitos, las diarreas verdes, y todo el cuadro de la intolerancia digestiva infantil.

La mortalidad infantil, hasta no hace mucho, y especialmente durante los meses de verano, era muy crecida debido a la incomprensión de las madres sobre el poder terapéutico de un buen régimen dietético, y quién sabe si a una falta de conocimientos de quienes estuvieron al cargo de la salud pública en Millares.

De los resultados de régimen impuesto por nosotros en los casos examinados habla bien fuerte el que, a pesar de la constante oposición de las madres a espaciar las horas de las tetadas o dejar en ayunas a los críos, solamente he tenido dos fallecimientos por tales causas entre los veranos de 1930 y 1931.

Sigue en frecuencia a estas alteraciones infantiles, la úlcera de estómago y la hiperclorhidria. Esta y aquélla no han sido tributarias en ningún caso más que de régimen alimenticio, que ha bastado en unión con los preparados alcalinos: dp/ bicarbonato sódico, aa. 0,15 gr. creta preparada, aa. 0,15 gr. subnitrato de bismuto, aa. 0,30 gr. magnesia calcinada, aa. 0,30 gr. para un papel. H. Nº. 30. Para tomar después de las comidas, en un poco de agua.

También nos han dado excelentes resultados los preparados de Gamir: Sil-Al simple y Sil-Al belladonado, según los casos.

Detrás, en orden de frecuencia, a estas enfermedades del estómago siguen las glositis y estomatitis. Las enfermedades de los dientes son muy frecuentes, siendo las tributarias del odontólogo, aunque muchas han mejorado grandemente con la práctica de una somera higiene bucal.

No he visto ningún caso de noma ni de cáncer en las vías digestivas.

En fin, no faltan casos, aunque raros, de oclusión intestinal, de apendicitis, de peritonitis, de enteritis, de hemorroides, etc., si bien en ninguno de los diferentes casos observados de este grupo, hemos percibido carácter especial alguno que les haga dignos de mención.

Entre los anexos al tubo digestivo, quien enferma con mayor frecuencia es el hígado, presentándose algunas veces ictericias de diversas causas, cirrosis y litiasis (cólicos).

Las glándulas salivares también me han proporcionado un caso de oclusión del conducto de Stenon, con la consiguiente supuración y necesaria dilatación. No hemos diagnosticado ninguna enfermedad del páncreas.

Enfermedades del aparato respiratorio

El máximo contingente de enfermos en invierno, aparte de los empachos gástricos, lo dan los bronquíticos agudos o crónicos. Especialmente al apretar los fríos o en los días lluviosos, con los cambios bruscos de temperatura a la salida de los cafés, los fríos durante las labores agrícolas, la constante irritación por los humos del tabaco, se acumulan causas y causas productoras de enfermedad.

El diagnóstico es fácil casi siempre. La curación es a veces incompleta y sirven sus lesiones de base, en un terreno minado por la herencia y el exceso de trabajo y la escasa alimentación, para que se implante la tuberculosis.

La neumonía tiene su evolución franca, y no es rara, no bajando de tres a cuatro los casos de cada invierno, de los que muy pocos llegan a la defunción (uno entre los míos).

No ocurre lo propio con las congestiones pulmonares que atacando a individuos debilitados ya sea por la gripe, ya por la edad o cualquier otra causa, llevan frecuentemente al trágico final.

Sólo he visto un caso de pleuresía y dos de bronconeumonías infantiles.

Enfermedades del aparato circulatorio

De esta categoría sólo he reconocido sin duda un caso de insuficiencia mitral. Las diferentes muertes que indica el registro son de una fidelidad tan dudosa, que de ellas no me atrevo a sacar ni la menor deducción.

Las varices y las úlceras varicosas no faltan.

El caso de aneurisma mortal que se cita en el registro fue diagnosticado por un compañero que acudió en su tiempo a ver al paciente.

Enfermedades del aparato urogenital

El cólico nefrítico se presenta con relativa frecuencia. La duración del dolor no ha sido en ningún caso mayor de tres días, cediendo rápidamente por la inyección de morfina, atropaver o productos similares. No hemos visto ningún cálculo expulsado, aunque sí arenillas.

Las nefritis se presentan raramente, y siempre como complicación de enfermedades infecciosas. Así los tres casos observados eran resultado uno de la tuberculosis, otro postgripal y el tercero de etiología dudosa.

Los cuatro casos de cistitis que he visto han sido todos de origen gono-cóccico y cedieron al tratamiento intravenoso y a las instilaciones simulta-neadas de acridina y de solución de nitrato de plata, respectivamente.

Un caso de prostatitis fue senil, y otro blenorrágico, acabando el primero en defunción y curando el segundo mediante diatermia y masaje.

Todas las uretritis han sido blenorrágicas (v. el capítulo de infecciones).

Orquitis he visto: una traumática que curó con aplicaciones tópicas, otra tuberculosa que envié a operar y de la que he perdido la pista. Las más fueron blenorrágicas que tratamos con: Dp/ Salicilato sódico, 0,30 gr. p. un papel. H. Nº. 30. Para tomar cuatro diarios disueltos en sendos medios vasos de agua fría. Más: dp/ sol. nitrato argéntico al 15 %, 100 gr. una o dos pincelaciones diarias.

Un caso de hidrocele no se ha decidido a recurrir al tratamiento opera-torio.

Otro de persistencia del conducto peritoneo-vaginal usa braguero.

La fimosis es frecuentísima y la mayor parte de casos, se los comunican unos a otros y por sus propios consejos se operan durante el servicio militar, aunque no todos. Ello agrava considerablemente algunos casos venéreos.

Por parte de la mujer, la dismenorrea de diversas causas es frecuentísima, y raro es el mes que alguna de estas enfermas no recurre al auxilio técnico.

No abundan los casos de derivaciones uterinas y sí los de metritis. Cuando llegué a esta localidad había una enferma que usaba del pesario, y casi todas conocían a todos los ginecólogos de Valencia. Lo que demuestra que con frecuencia habían recurrido a ellos.

Las vaginitis y vulvitis son plaga en algunas familias, pero sólo hay que atribuirlas al horror que tienen al agua y jabón. Un par de casos infantiles son de etiología desconocida para mí. En otro, de mujer adulta he recono-cido la presencia del gonococo.

Enfermedades del sistema nervioso

La hemorragia cerebral de los arterioesclerosos es la que exige mayor tri-buto, no sólo entre las enfermedades de este grupo (las incluimos aquí por su frecuente resultado: la hemiplejía), sino entre todas las causas de mor-talidad. Especialmente los viejos, salvo por caquexia senil, caen todos por esta causa. La hemiplejía, y múltiples trastornos de la palabra son secuela constante en los escasos individuos que escapan a la muerte.

La meningitis infantil no es desconocida en este pueblo a pesar de que figura con un número respetable entre las causas de mortalidad. No he te-nido más que un caso serio de meningismo, pero no de meningitis.

También un caso de hidrocefalia de origen sifilítico que cedió al tratamiento específico.

Las neuralgias localizadas, y las jaquecas son particularmente comunes en la mujer, y como secuela que son de otras enfermedades, suelen resistir al tratamiento sintomático.

Un caso de corea infantil ha sido fármaco resistente, y de él he perdido la pista por ausencia de la familia en que estaba el caso.

La neurastenia y el histerismo se manifiestan en algunas mujeres casadas con tendencia a la obesidad, y en otras al alcanzar la edad crítica. Sólo he tenido un caso masculino.

La epilepsia se presenta en dos casos, uno de ellos sin antecedentes especiales, mientras que el otro tuvo padre alcohólico y homicida, siendo su hermano el neurasténico dicho.

Las parálisis localizadas son raras y sólo conocemos un caso interesantísimo de parálisis facial a frigore, y otro antiguo de origen desconocido.

El interés del primero de estos dos casos está en sus antecedentes familiares que son: abuelo paterno sano. Abuela hemipléjica. Abuelo materno fallecido de tuberculosis, abuela con exagerado bocio. Padre delgado y aparentemente sano. Madre con bocio tan grande como el de la abuela. Un tío materno con labio leporino y una tía con aborto habitual aunque sin antecedentes de sífilis. Tres hermanos. El mayor con dicha parálisis facial, el segundo con tuberculosis miliar, y el tercero aparentemente sano y grueso.

En cuanto a los trastornos de la inteligencia hemos oído hablar de un caso de parálisis general, de otro con enajenación mental pero sin diagnóstico especial. Hemos visto un caso de atrasado, otro de mongolismo en una nena sietemesina, y posteriormente otro de esquizofrenia en un alcohólico joven, que ha regresado del manicomio donde pasó cerca de un año, en un estado de curación por lo menos aparente.

Enfermedades de la piel

En la frecuencia de casos, ostenta este grupo el número uno, y en él toda la gama de los eccemas. Húmedos, y secos, a veces invaden toda la economía, si bien se manifiestan con mayor frecuencia en los niños, y de éstos en las orejas y cuero cabelludo. Boca, barba, axilas, y cualquier otro punto del cuerpo ha sido invadido. Para su curación hemos empleado con la máxima frecuencia la pasta: Dp/ Antieczemática Cusí, un tubo, tras la aplicación de cataplasmas de arroz cocido sólo, que ha hecho saltar las costras. Sus resultados han respondido y curado todos los casos.

Hemos visto algún caso de acné entre la juventud, y si está considerado como rebelde a los tratamientos, más que por serlo en realidad, lo es por la poca constancia que en seguirlos por completo se tiene.

Siguiendo al maestro valenciano en dermatología, D. Miguel López Romeu, creo que es bastante para la pronta curación, que el enfermo se lave dos veces diarias cara y espalda con agua caliente y jabón, frotándose luego con alcohol alcanforado. Debe vigilarse el régimen alimenticio y el estado de estreñimiento de las vías digestivas.

He visto bastantes casos de urticaria, debidos uno al schock anafiláctico de una aplicación de Broncopulmoserum, y los demás a intoxicaciones alimenticias. El primero cedió pronto con la toma de: Dp/ Engé Lumiere, un tubo; los demás con un purgante salino y algunos comprimidos de: Dp/ Urotropina Schering, un tubo.

Y también he visto un solo caso de dermatitis, en un niño de dos días que no dio lugar a más detenidos reconocimientos. Su padre, forastero, acusó antecedentes sifilíticos.

Enfermedades de la garganta, nariz y oídos

Las laringitis y faringitis observadas no presentan particularidad alguna. No hemos visto ninguna enfermedad de las cuerdas vocales.

Las amigdalitis tienen una particular tendencia a la formación de abscesos del velo del paladar, de los que entre la población indígena y flotante hemos incidido cinco casos.

La angina flegmonosa figura como una causa no despreciable de mortalidad en el libro registro, pero nosotros no hemos tropezado con ningún caso.

Las vegetaciones adenoideas no presentan nada de notable y sólo he tratado tres casos.

Por parte de la nariz he visto:

Un caso de pólipos nasales operado por nosotros con éxito.

Una desviación de tabique, que recurrió a un especialista.

Uno de ocena al que aplicamos con buenos resultados la vacuna antiocénica del Dr. Peset.

Otro de atrofia de los cornetes, de origen sifilítico, en uno de los casos de sífilis que describimos en el capítulo correspondiente.

En fin, varias epistaxis que podríamos llamar esenciales, para las que he tenido que recurrir, especialmente en un caso, a los taponamientos anterior y posterior y a las inyecciones de Coaguleno Ciba y de Zimema.

Las afecciones del oído que más se nos han presentado son:

Eccema del pabellón auditivo, al cual ya hemos hecho referencia.

Tapones de cerumen, que he reblandecido con soluciones en glicerina de carbonato potásico, para practicar después la evacuación con duchas de agua mediante la pera de Politzer.

Otitis externas catarrales, que he curado en un par de semanas con aplicaciones tópicas de ácido bórico pulverizado y esterilizado.

Forúnculos de oído externo a los que he aplicado glicerina fenicada y cuando posible compresión, y cuando los dolores eran muy molestos he administrado preparados de la especialidad, como Otalgán, Oto-anestés, etc.

Otitis medias catarrales, agudas y crónicas; una de estas como resultas de un sarampión. Unas con el tímpano perforado espontáneamente, otras con indicación de miringotomía. Una vez practicada han cedido fácilmente a los cuidados antisépticos con agua oxigenada, soluciones débiles de permanganato potásico, concentradas alcohólicas de ácido bórico.

En dos casos hube de abrir abscesos retromastoideos, uno de ellos hubo de sufrir una trepanación, el otro a pesar del tiempo transcurrido, sigue con alguna supuración. El más grave fue por llamada tardía ante una meningitis otógena, que acabó con la muerte del paciente.

Enfermedades de los ojos

Creo que me quedo corto si solamente afirmo que se presentan todas las enfermedades de los ojos, pues en ellas se pueden observar también todas las variedades.

Los tipos de blefaritis observados, que no hay mejor ni más completa descripción, que la de indicar que están todos. Son más o menos resistentes a todos los tratamientos.

El orzuelo no es raro, pero se cura poco menos que espontáneamente.

He visto, en un viejo, un caso de ectropión bilateral, debido a dos fístulas que se le produjeron por un caso de erisipela.

Las dacriosistitis, fácilmente diagnosticables, han sido, de antaño tratadas siempre por especialistas.

Las úlceras de córnea, las hemos visto de la más variada etiología.

Las conjuntivitis son tan frecuentes, que ya en una ocasión dije que la purulenta constituía casi una epidemia. Este tipo, se inicia por intensa fotofobia y dolor en la parte atacada, a lo que sigue quebrantamiento general y enorme rubefacción de la conjuntiva. Si no se acude a tiempo, los síntomas se agravan, pero no sé hasta qué grado pues ante el imperativo del dolor, todos han acudido relativamente pronto. Como tratamiento ha bastado el lavado frecuente con: dp/ oxicianuro de mercurio, 0,40 gr. Dp/ agua bidestilada esterilizada, 1000 gr. más la instilación tres veces al día de: dp/ so. de vitelinato de plata al 1-2 %, 10 gr.

La curación se presenta antes de los cinco días y el alivio a las primeras aplicaciones.

En los casos muy dolorosos hemos aplicado alguna plaquita de: dp/ Gelatinoides Cusí de cocaína, un frasquito.

A este tipo de conjuntivitis, siguen en orden de frecuencia la catarral simple tributaria de los colirios de sulfato de zinc y de las pomadas de óxido amarillo, y la granular o tracomatosa que remitimos a los especialistas. La escrofulosa es rara y sólo hemos visto dos casos.

Enfermedades quirúrgicas

Los tumores son raros, relativamente, y nosotros no hemos conocido más que un caso de adenoma que parece completamente benigno, y se presenta precisamente en la enferma habida de fiebre de Malta.

El registro civil añade el fallecimiento de seis individuos por cáncer en el presente siglo.

Los traumatismos no son raros en un pueblo donde cada calle es un barranco, y cada barranco es un abismo insondable. Por orden de frecuencia se presentan:

Contusiones, que curan bien sin medicación, bien con alcohol alcanforado o linimento de Sloan.

Heridas contusas, tributarias las pequeñas de esparadrapo o gasa aséptica empapada en colodión elástico, y las mayores de algún punto de sutura y posteriores aplicaciones de pomadas a base de cloramina, tales como el Dercusán.

No hemos tenido, fuera de los accidentes de trabajo que se describirán en la tercera parte de esta obra, ninguna herida de consideración.

Fracturas cerradas a las que hemos aplicado los diferentes y adecuados medios de reducción y contención.

No hemos tenido ni *luxaciones* ni contusiones, y sí alguna distensión ligamentosa que ha curado con la compresión y el reposo.

Hemos tenido bastantes casos de *quemaduras*, especialmente de niños que andan descuidados en sus casas cerca de los fuegos en el invierno, que hemos tratado con ambrina o con solución saturada de ácido pícrico.

En fin, no hemos tenido más que cuatro casos de *lesiones intencionadas* (riñas, peleas, etc.), Siempre leves, y ninguno por arma de fuego ni de corte, sino casi siempre mordeduras.

Enfermedades del grupo obstétrico

El aborto es muy frecuente y, sólo con consejos de prudencia, he conseguido evitar algunos intencionados, amén de aquellos otros en que, con toda desfachatez han venido a pedirme que contribuyese a ellos.

Tres mujeres en especial, han sido atendidas por mí de aborto habitual, aunque una de ellas es probablemente sifilítica.

El parto ha sido, casi siempre, asistido por mujeres aficionadas a tal menester, y sólo en algunos casos se nos ha llamado.

Nuestra estadística, bastante corta, es:

— 17 partos, de vértice, en primíparas, bien.
— 11 en multiparas, de vértice, bien.
— 1 gemelar en multipara, bien.
— 3 de nalgas con maniobra de Mauriceau, uno de los fetos asfixiado.
— 3 de vértice con feto muerto.
— 10 de vértice con rasgadura de perineo.
— 2 de hombro, ambos con versión previa anestesia y uno de los fetos muerto.
— 1 aplicación de fórceps por pelvis raquítica. Niño bien.
— 1 aplicación de fórceps por estrechez pélvica. Feto muerto.
— 1 basiotripsia, practicada por el Dr. Pérez Manglano, y con la ayuda de los Drs. Malboysson y el que suscribe.
— 1 caso de alumbramiento artificial.
— 1 de placenta previa, con aviso tardío y fallecimiento de la enferma por anemia aguda, y del feto.
— 1 de eclampsia, con extracción forzada del feto y fallecimiento de feto y madre.
— 1 septicemia puerperal, mortal, por parto sin asistencia.

Enfermedades congénitas

Si la hernia la incluimos en este grupo, es la que debe ocupar el primer lugar por su relativa frecuencia. Las umbilicales de los niños, y las inguinales de los adultos son las más frecuentes.

La fimosis es muy común.

Un caso falleció por falta de ano.

Un niño, forastero, presentó amputación espontánea de su brazo derecho a nivel del pliegue axilar desarrollándose, por lo demás, en perfecta salud.

Enfermedades de la glándulas de secreción interna

Sólo hay un caso de enanismo.

Dos casos de bocio, en madre e hija, y uno en una embarazada.

Un caso, que claro es no he podido comprobar, y que sólo es *vox populi* de inversión sexual.

Un caso de acromegalia.

Otras enfermedades no clasificadas en los grupos anteriores

Como reumatismo, gota, diabetes, no hemos visto que presenten caracteres especiales, salvo el reumatismo, muy rebelde a tratamiento, al que hemos tratado con preparados a base de Atophán y el específico Naiodine.

Frecuencia relativa de las enfermedades

La visita domiciliaria habitual, encierra un conjunto de casos que varía poco menos que cuotidianamente. El núcleo más importante lo forman los niños.

Éstos, en verano y en invierno, debido seguramente a las frecuentísimas transgresiones de régimen a que son obligados por las madres, los pequeños con sus transtornos digestivos, y la aparente gravedad de todas sus enfermedades, son los causantes de nuestro mayor trabajo.

Siguen en turno, especialmente los días fríos la serie de enfermos del pecho que con bronquitis y otras alteraciones de carácter leve, deben guardar cama algunos días.

La gripe, que la gente la incluye en el grupo anterior por la frecuencia de sus manifestaciones pulmonares, ocupa en nuestras notas de llamadas, un lugar preferente.

Los empachos gástricos con sus consecuencias, ocupan el cuarto lugar, que comparten con los cólicos intestinales.

Las enfermedades infecciosas, salvo la gripe, dan origen a menos llamadas, pero la duración de algunos procesos, como por ejemplo el tuberculoso, da lugar a que figuren todos los días en mi nota de visitas.

Siguen en frecuencia las llamadas para atender las alteraciones producidas por los vermes intestinales y las enfermedades de los ojos. De éstas, la conjuntivitis purulenta, la blefaritis y el tracoma.

En fin, ya son mucho más raras las llamadas para atender cólicos hepáticos y nefríticos, y cosas del resto de la patología, no faltando ni las que requieren nuestra presencia por ataques histéricos, ni las que carecen de todo fundamento.

Posteriormente han ido educándose a las costumbres médicas, y para las cosas leves de ojos, oídos, etc., se van acostumbrando a acudir a la clínica.

Característica morbosa

Clima bueno, aguas inmejorables, sol abundante, temperaturas moderadas, pinos en buenos rodales, panoramas pintorescos,... todo sirve para alegrar el espíritu y templar el cuerpo; nada mejor que la naturaleza; si en Millares se siguiesen por el vecindario las mínimas exigencias de la higiene, no habría nada que reprobar, y como característica morbosa daríamos patente de sanidad.

Hoy, sólo podemos decir que la bondad del medio, combate victoriosamente contra la incuria de los hombres, aunque con poca ventaja sobre el morbo.

Veremos si con el tiempo el aumento de cultura que parece iniciarse ahora, y los pingües beneficios habidos estos años, son bastantes para mejorar el espíritu del pueblo que trabaja.

Tercera parte:
Estudio
del
Salto de Millares

I CONOCIMIENTO GENERAL

Imagínese el lector lo que para una población de menos de mil quinientas almas, ha de significar la inauguración de un trabajo que presupueste más de treinta millones de pesetas. El obrero de muchos lugares acudirá en esta época de crisis para encontrar ocupación a sus brazos ociosos, y buscará alojamiento, comerá del pueblo, gastará en él su dinero, y vivificará el ambiente rural con sus costumbres tan distintas de las locales.

Todos los jornaleros del pueblo tendrán dónde ganar una cantidad segura y diaria que les permita un ahorro grande. Las comunicaciones, el comercio, las costumbres, todo variará a medida que los trabajos se desenvuelvan, y así ha ocurrido en Millares.

Más de quince mil obreros han pasado por los reconocimientos facultativos, y unos más, otros menos, todos han cumplido su papel, haciendo un trabajo útil, creando una riqueza para la nación, ahorrando unos duros para sus casas, y dejando el resto en el lugar por donde pasaron.

Panorámica del Salto.

Se han creado carreteras donde antes no había mas que pésimos caminos de herradura, se tienen dos servicios oficiales de viajeros que de otro modo no sé cuándo se hubieran alcanzado, las casas de comercio se han multiplicado de un modo que sería asombroso para quien no conociese las causas de la prosperidad, y las cifras de sus transacciones sobrepasaron, enormemente, el cálculo del más ambicioso vendedor.

Pero con estas mejoras vino también parte de la escoria social, llegaron prostitutas que trajeron celos o microbios a hogares antes tranquilos, apareció el juego y con él los tahúres tramposos que dejaron sin jornal a más de un inexperto o vicioso, han arribado las modas y costumbres de la gente baja de la ciudad, tan fáciles de adquirir, y tan difíciles de eliminar más tarde...

La descripción detallada de todo lo que obras y salto y proyectos comprenden o han de comprender, sería tan larga como quisiéramos, por las múltiples facetas bajo que podríamos atender a su examen.

Para no hacernos interminables, procuraremos dar noticia somera de todo cuanto, a nuestro juicio pueda ser interesante, extendiéndonos en los asuntos de higiene y, especialmente en los accidentes de trabajo.

II LA SOCIEDAD HIDROELÉCTRICA ESPAÑOLA

Existía a primeros de siglo una importante sociedad anónima, con residencia en Bilbao, titulada Hidroeléctrica Ibérica, SA, que allá por el año 1910 construyó en el término municipal de Villa de Ves (Albacete), el primer salto de agua de la cuenca del Júcar: el Salto de El Molinar.

Los señores D. Lucas Urquijo y D. Juan de Urrutia, primeros presidente y administrador respectivamente de la que fue después Hidroeléctrica Ibérica, SA, concibieron la idea, bien pronto llevada a la práctica, de fundar una nueva sociedad con tal Salto como base, para el aprovechamiento total de dicho río, y nació la sociedad.

No tardó más de un par de años en fundarse la nueva compañía, al adquirir de la Ibérica el Salto del Molinar, y en comenzar el de Víllora (Cuenca), cuya construcción se llevó a efecto entre junio de 1912 y noviembre de 1913.

Sin descansar en sus afanes de engrandecimiento, la nueva compañía inició un nuevo trabajo entre Cofrentes y Dos Aguas, pasando por Rambla Seca. Graves inconvenientes, debidos principalmente a la constitución del terreno, modificaron el primer proyecto, para reducirlo a la mitad, estableciéndose la nueva central en Cortes de Pallás, punto denominado Rambla Seca. Éste fue construido por la Administración y se llevó a efecto desde junio de 1918 hasta diciembre de 1922.

Todavía dedicó el año 1925 a la ampliación del primitivo Salto de Víllora, en término de Enguídanos, y a construir otro nuevo, el de Guadazaón, en el río de este nombre, afluente del Cabriel.

En fin, así ha seguido repartiendo magníficos dividendos entre sus accionistas, lo que ha aumentado sus créditos, permitiendo la compra de otro salto, el del Tranco, aguas arriba y a poca distancia de El Molinar.

Incidencias debidas particularmente a la mala calidad de los bancos yesosos donde se apoya la central eléctrica de Rambla Seca, han perjudicado seriamente ésta, y ante las necesidades del consumo, siempre crecientes, se ha tenido que construir el Salto de Millares, forzando la marcha de los trabajos.

En 1928 se iniciaban los estudios, y hoy, a finales del año 1933 hace ya muchos meses que está en funciones, por lo menos en dos turbinas que se han instalado completamente.

Torre de alta tensión.

III   INICIACIÓN DE LOS TRABAJOS

Fue en 1926, en el seno del consejo de administración de la sociedad, D. César de Lauzarica, el iniciador de la obra que había de ser el Salto de Millares; ya ultimadas las dificultades y cuestiones de los demás saltos, se trasladó a este pueblo el competente ingeniero D. Joaquín Guinea, que con las necesarias brigadas de ayudantes, y en medio de las enormes dificultades que presentaba el terreno, en muchos puntos inaccesible, inició los estudios necesarios.

Era obstáculo principalísimo, dado lo enormemente quebrado del terreno, la dificultad de las comunicaciones. Gracias a la influencia de la tan poderosa compañía se consiguió que la carretera provincial Nº 21 que pasaba muy poco de Bicorp y moría en el punto denominado Alto de Las Pedrizas, que había sido iniciada también, con el fin de llegar desde allí a Teresa de Cofrentes, por el entonces influyente ingeniero don Pedro Fuster, continuase a Millares, y hasta que desviándose en este trayecto se acercase lo más posible al ramal que la compañía había de construir para dar acceso a la central en proyecto.

Fue segundo punto de estudio el emplazamiento de la futura presa, que resolvió el informe geológico del Sr. D. Primitivo H. San Pelayo, del cual informe nos ocuparemos a su debido tiempo.

Resuelto este punto, aún se discutió si habría de construirse en el emplazamiento de la central eléctrica o una presa de altura o un depósito de carga, y decidida la cuestión por esta última forma, se estudió la clase y emplazamiento del canal de conducción.

La desmesurada longitud que habría de tener éste en un terreno que ya califiqué de «laberínticamente montuoso» con la pérdida de nivel, y las dificultades de construcción en una ladera cortada a pico casi en su totalidad, demostraron la necesidad, bajo los puntos de vista técnico y práctico, de construir un túnel, ya que el coste sería semejante por la pérdida de longitud, ésta disminuiría la pérdida de nivel, y sería más fácil la conservación.

Nuevamente se tropezó con las dificultades del terreno que dificultaba el transporte de materiales, maquinaria, personal, y demás efectos para su construcción, y ello contribuyó al trazado de una segunda carretera, que uniendo el Salto de Rambla con el de Millares, auxiliase las obras del canal.

Fue en aquel momento, decididos todos los puntos, cuando la Hidroeléctrica acordó, para evitar ciertas faltas de carácter administrativo y económico que habían ocurrido en la construcción del Salto de Rambla Seca, hacer las obras de éste por contrata, y sólo la parte eléctrica por administración.

Escaleras del cinto.

El presupuesto de gastos pasaba ya de los cuarenta millones de pesetas en la forma que apuntamos a continuación, y hecha la subasta, a la que acudieron numerosas casas constructoras se adjudicó:

Administración de la compañía:
      Construcción de presa y anejos   4.500.000
      Maquinaria de la central
      Eléctrica y su montaje   8.000.000
Contratista D. Agustín Valhonrat:
      Primera sección del túnel-canal   6.500.000
Contratistas Sres. Patarrieta, Arellano y Cía.:
      Segunda sección del túnel   5.500.000
Contratista Cubiertas y Tejados, S.A.:
      Tercera sección del túnel   5.500.000
Contratistas Sres. Gamboa y Domingo, S.A.:
      Último tramo del túnel, depósito
      De carga y edificio de la central   4.000.000
Total presupuestado
                                       34.000.000
Apartado de imprevistos   6.000.000
Total real   40.000.000

IV CONDICIONES GEOLÓGICAS DEL SUELO TRABAJADO

Había sido el primitivo proyecto, bien pronto abandonado, la construcción de un salto gigantesco que uniese en una sola central las fuerzas hidráulicas que hoy se reparten entre los saltos de Rambla Seca y Millares.

La serie de barrancos profundísimos que habían de ser salvados, tanto más profundos al final cuanta mayor fuese la altura del salto, la enormidad de la presión que a la larga hubiese desquiciado el piso sobre el que descansasen las turbinas, las dificultades de reparación en caso de avería, diferentes circunstancias en fin, obligaron a dejar la idea inicial para tomar la de construir los dos saltos.

Posteriormente, como hemos dicho, la principal causa de que se apresurase la marcha de los trabajos de Millares, ha sido el mal estado del salto de Rambla, a lo que le ha llevado la gran presión que soporta sobre unos pisos de blandas margas triásicas y yesos rojos.

Ello aconsejó mayor prudencia en el estudio del emplazamiento de lo que se iba a construir, y llamado para ello el Sr. San Pelayo, hizo un detenido examen del terreno, del que entresacamos y copiamos las siguientes consecuencias:

1.º La presa debe instalarse un poco aguas arriba del barranco llamado del Botear, en término de Cortes de Pallás, pues así lo aconseja la constitución del terreno. En efecto, más arriba de dicho barranco, ambos lados del río son de diferente horizonte geológico, de distinta resistencia lo cual, dado que los de la izquierda descansan sobre margas blandas y yesos descompuestos del Trías harían, fácil el ataque por las aguas y restarían resistencia a los estribos de la presa.

2.º No es recomendable la margen izquierda del río Júcar por ser toda la parte, tanto de Cortes como de Dos Aguas, compuesta por los mismos yesos y margas, lo que haría peligrosa la construcción del túnel, y grandes pérdidas de agua por las filtraciones.

3.º No es aceptable la margen derecha por estar toda ella constituida por una amplia mancha caliza, si bien está atravesada de vez en cuando por filones de arena.

4.º El punto preferible para la construcción de la casa de máquinas es la misma ladera, aguas abajo del llamado Barranco del Agua, por ser allí el primer punto en que los estratos en lugar de inclinarse hacia el río lo hacen hacia el monte, con lo que se evita todo ulterior desprendimiento o corrimiento de tierras.

Por el estudio geológico que expuse en la parte correspondiente ya sabemos cómo el terreno de Millares es todo cretácico, apoyándose junto al río en el Trías.

En las excavaciones del túnel, se han encontrado varias clases de calizas y arcillas, arenas, carbón y magnetita.

Escaleras del cinto.

V LO QUE SERÁ EL SALTO DE MILLARES

Se han iniciado los trabajos de construcción de la presa en el punto denominado barranco del Botear, en término de Cortes de Pallás, donde el río
ostenta sobre el nivel del mar una cota de 190 metros de altura.

Descansará la fábrica sobre un pie que se hunde 18 metros en el suelo,
para servir de fundación o de cimiento, hasta los 6,5 metros sobre el nivel
del río en estiaje, que es el de la superficie superior de la fundación, donde
se alza el plano inclinado del vertedero.

Entre los dos estribos se alzan seis columnas de 22 metros, que soportan
siete compuertas de 9,5 metros. En total, el agua se elevará 16,50 metros
sobre el nivel actual de estiaje, quedando embalsados cien mil metros cúbicos.

Estará situada la boca del túnel de conducción a la derecha de la presa,
y su boca medirá doce metros de anchura por cinco de altura con agua, más
dos metros y medio más de flecha.

La sección transversal del túnel es variable en dimensiones, y depende
principalmente de la naturaleza del terreno, y su promedio será de 5,50
metros de anchura por 4,95 de altura, más 1,10 de flecha.

Toda la parte que será mojada por las aguas irá revestida de cemento, y
el techo solamente en aquellos puntos en que represente peligro dejarlo sin
revestir, es decir, en aquellos sitios que atraviese filones de arenas o arcillas.
En total las partes de techo defendidas representan el 54 % de la longitud
total.

Para el servicio de limpieza de este túnel quedarán siete bocas de desagüe abiertas, situadas en:

Los Tollos de Regina, en término de Cortes de Pallás.

Barranco del Naranjero, en término de Cortes de Pallás.

Barranco de Caberas, en término de Cortes de Pallás.

Barranco de Casulla, en término de Millares.

Barranco de Millares (del Nacimiento), en término de Millares.

Barranco de Las Parideras, en término de Millares.

Barranco del Agua, en término de Millares.

Al llegar al barranco del Agua, muy cerca del fin, marchará unos metros
sobre un acueducto descubierto.

Acueducto.

Al final del túnel se construirá un «depósito de carga», en el que el agua se ensancha, se embalsa y se reparte por igual en las compuertas que han de dar paso a las tuberías de descenso, o forzadas. Éstas serán, en número de cuatro, de hierro, con una pared que va creciendo de 14 a 21 milímetros de espesor, y un diámetro que va descendiendo de 2,50 a 2,25 metros. Bajarán unos metros al descubierto, pero luego se introducen en una galería algo inclinada de cinco metros de diámetro, por la que sube una escalera de garfios para facilitar la revisión de la tubería.

Al final de estos tubos de descenso, se encontrarán las turbinas, en número de cuatro, que se moverán con una fuerza de 25.000 caballos de vapor, y podrán producir, con el máximo de carga, la friolera de 23.000 kilovatios hora cada una.

El propósito es que solamente funcionen tres grupos, y quede el cuarto en reserva para el caso de averías en las otras máquinas de ésta o de otras centrales de la compañía.

La presa tendrá cuatro guardianes que se turnarán en su servicio cada ocho horas; estará fuertemente iluminada durante la noche y existirá un avisador automático para las subidas de nivel.

La compuerta del Barranco del Agua funciona también automáticamente e impide que al depósito de carga llegue el agua en exceso.

El túnel, de diecisiete kilómetros de longitud, tan sólo tendrá un desnivel total de siete metros, para encontrarse al final con una caída de 140 metros, y hallar el río con una cota de sesenta sobre el nivel del mar, aproximadamente.

En el lado derecho del depósito de carga, habrá una rasante de vertedero, que eliminará el agua sobrante, a cada maniobra que requiera disminución del agua en las turbinas. También dos compuertas laterales, pueden vaciarlo instantáneamente en casos de urgencia, y en todo momento eliminar por su corriente, las impurezas que se vayan depositando en su solera.

La casa de máquinas, a la que se llegará por un túnel de la carretera, constará:

Segundo piso subterráneo, situado bajo el nivel del río en el cual están las tuberías de salida de aguas de las turbinas. En él está el mecanismo de unos flotadores, que automáticamente hacen funcionar las bombas cuando el agua del río asciende de determinado nivel.

Primer piso subterráneo, en el que están los enlaces de las tuberías forzadas con las turbinas potentísimas, de eje vertical. Existirán cuatro turbinas importantes (una de ellas de reserva), y una pequeña que da la fuerza inicial para mover las restantes.

Gran nave, a nivel de piso, despejadísima, en que asoma la cúpula de los alternadores. Esta nave queda defendida de cualquier posible avenida del río con el cierre hermético de una gran puerta metálica.

Un primer piso, de proporciones reducidas, en el que están todos los aparatos complementarios.

Un segundo piso, en que se sitúa el pequeño almacén, el futuro taller, y en un salón severo pero bellamente preparado, el cuadro de mandos de tanta maquinaria.

Una terraza, sin finalidad técnica.

Los cables con la energía, marchan por un conducto interior y una galería subterránea, la «galería de barras», a salir al exterior por cuatro ventanas y distribuir la energía en el «cuadro de distribución» a la intemperie.

El total de estas construcciones está defendido de posibles desprendimientos o corrimientos de tierras por una formidable obra de mampostería, que sube, formando muro, por todo el cantil. En este muro hay una escalera de garfios, y otra de mampostería que llegan directas al depósito de carga.

Los cables de la energía parten del cuadro a la intemperie, cruzan el río, se apoyan sobre un puente de distribución, y se separan en diversas líneas que van, unas a unirse con la general de la compañía, otras a Valencia, Madrid, etc.

VI CÓMO SE LLEVAN A CABO LOS TRABAJOS

Para técnicos y trabajadores, la obra está dividida en cinco trozos, y en tres para los profanos, dependiendo aquellas de los contratistas, y éstas de las obras a construir.

La Hidro que se ocupa de la Presa; Vallhonrat que construye desde la entrada hasta algo más arriba de Caberas; Patarrieta que lo continúa desde Cabera hasta La Losa; Cubiertas y Tejados, que sigue desde La Losa hasta el Barranco del Agua; y Gamboa, que toma allí su obra para acabar en la construcción de la casa de máquinas.

Para los profanos la obra se divide en tres porciones, y cada una de ellas es de una importancia particular: la casa de máquinas, el túnel y la Presa.

Para ésta, que se construye a base de hierro y hormigón armado, se ha requerido la desviación de las aguas por un pequeño túnel secundario o Ataguía y una presa provisional. Se trabaja en ella día y noche y las obras están iluminadas por focos potentes. Una guardia permanente en el teléfono atiende los avisos que se dan desde Cofrentes sobre las variaciones de nivel en el río.

Para el ataque del túnel, obra que habría sido interminable de comenzarla solamente por sus extremos, se han abierto veintidós bocas de acceso, en otros tantos barrancos, más las siete de ellas que ya hemos citado como compuertas permanentes, son las que permitirán luego las atenciones de limpieza.

El canal ha sido primeramente perforado en su parte alta, por una galería estrecha que ha permitido unir los trozos y corregir alguna posible desviación de la dirección necesaria; a este «avance» ha seguido el ensanchamiento, con las correspondientes correcciones de dirección; y a este «ensanche», ha seguido la «destroza» hasta la formación total y corrección del nivel.

En los trozos que ha sido necesario se ha procedido a la vez al entibado, encofrado, y cementado de las partes que ofrecían más peligro. Después, al revestimiento de toda la longitud de las paredes y piso.

La casa de máquinas ha necesitado para su instalación, la desaparición de todo el flanco de una montaña, en espesor de muchos metros, y en total de muchísimos millones de metros cúbicos de piedra, con los que se ha formado, separada de ella, una bonita explanada cubierta de recién plantados álamos. También ha habido de construirse una presa provisional y una ataguía de desviación. Excavaciones intensas han tenido que rebajar el nivel del suelo para la preparación de los cimientos y desagüe de las turbinas, hasta muchos metros bajo del nivel del río.

Las operaciones generales de toda la obra se llevan a efecto mediante grandes cantidades de dinamita, que se guarda y vigila en depósitos especiales, y se transporta en camiones de sirena también especial que en previsión, en una carretera de innumerables revueltas, de desagradables encuentros, suena constantemente.

Los taladros y barrenos son preparados a fuerza de aire comprimido que se envía desde compresores Ingersoll-Rand. La extracción de escombros se hace por las bocas de ataque, mediante vagonetas tiradas por caballerías, sobre vías. En cada boca de acceso se forman explanadas que se van plantando de álamos o de otros árboles, según conviene.

El alumbrado de todos los puntos del trabajo es eléctrico, y en aquellos próximos a los barrancos y donde aún no se ha hecho el ensanche, de carburo.

VII   PRESUPUESTOS Y JORNALES

Aparte de las condiciones que han resultado de cada contratista de los que intervienen en la obra, los presupuestos generales de la compañía, para esta obra eran:

Concesión y gastos generales......................................3.000.000 ptas.
Presa, incluidas las compuertas.................................4.500.000 ptas.
Túnel y depósito de carga.......................................21.000.000 ptas.
Edificio de la central...1.200.000 ptas.
Maquinaria (los dos primeros grupos)........................8.000.000 ptas.
Carretera de Rambla Seca a Millares.........................1.300.000 ptas.
Carretera del Collado a la central...............................700.000 ptas.
Carreteras secundarias desde las anteriores
a las bocas...500.000 ptas.
Edificaciones provisionales y definitivas.....................1.500.000 ptas.
Intereses intercalarios..1.000.000 ptas.
Presupuesto total provisional.................................40.700.000 ptas.
Sobre este presupuesto ha habido que aumentar,
por diversas causas, las siguientes cantidades:
Presupuesto provisional.......................................40.700.000 ptas.
Aumento del 12 % por las últimas desvalorizaciones
de la peseta...4.900.000 ptas.
Aumento del 10 % en los jornales, que se ha tenido
que conceder también a los contratistas.....................4.000.000 ptas.

Aumento del 5 % de pérdidas que han ocasionado
las huelgas, por retraso en el funcionamiento de
las turbinas y por pequeñas irregularidades de estas......2.000.000 ptas.
Aumento del 1 % por desperfectos causados por las
avenidas del río no prevista...400.000 ptas.
Total real, completamente desembolsado....................52.000.000 ptas.
Quedando un segundo presupuesto por desembolsar:
Maquinaria de los dos segundos pares........................10.000.000 ptas.
Obras complementarias, jornales, etc............................5.000.000 ptas.
Intereses, aumentos de precios, etc...............................3.000.000 ptas.
Coste total por la obra definitiva ....70.000.000 ptas.

    Las condiciones de trabajo no son muy buenas, pues aparte de lo peligroso
que en sí resulta, gran número de trozos están situados en plenas filtraciones,
e incluso en puntos francamente inundados, y que aunque la jornada es de
ocho horas, a veces se trabaja en extraordinarias, prolongándose hasta diez.
Los sueldos y jornales a cobrar, son en término medio:

Peones, paleros, descargadores, etc., las diez horas	8,50 ptas
Obreros especializados	8,50 ptas
Capataces	8,50 ptas
Delineantes, escribientes, etc.	8,50 ptas

No he podido conocer el sueldo del personal técnico superior.
El personal que ocupará la central estará compuesto de:

1 jefe de central	1 administrador
4 capataces de cuadro	1 carpintero
4 ayudantes	3 guardias de la rejilla
4 maquinistas	3 peones camineros
4 ayudantes de maquinistas	1 chófer
1 electricista montador	4 guardas de compuertas
1 albañil	varios aún indeterminados
1 sacerdote encargado de la escuela	

VIII   DISTRIBUCIÓN DE LA POBLACIÓN OBRERA Y OFICINAS

La cinta de la carretera se extiende entre vueltas y revueltas desde la presa
hasta la central, en una distancia superior a los treinta kilómetros, y no era
cosa de que cada obrero se trasladase diariamente desde Millares hasta sus
puntos de trabajo, algunos tan distantes.

    Ello ha obligado a la población obrera y al personal administrativo y técnico
a distribuirse en toda la longitud de las obras, y el resultado de tal distribución ha
sido la aparición de albergues, caseríos y campamentos de muy diversa apariencia.

Los diferentes núcleos que con tal fin se han ido formando son:

Caserío de Rambla Seca, donde ya radica el salto de tal nombre. En él y sus alrededores viven los obreros que trabajan en la presa y los primeros tramos del túnel.

Campamento de El Naranjero. En él están las oficinas de la contrata de Vallhonrat, y el núcleo de obreros ocupados allí. De este campamento sólo quedará una caseta para el peón caminero.

Campamento de Caberas. Allí viven los que trabajan en los extremos de Vallhonrat por una parte y Patarrieta por otra. Ellos acuden a la relativamente próxima aldea de Otonel para aprovisionarse y bailar con las mozas.

Campamento de La Partición, donde están las oficinas y los obreros que trabajan con la contrata Patarrieta. De éste y del anterior, no quedarán más que los restos de los edificios provisionales.

Caserío de Cabas, cuartel general del estado mayor de las obras, donde habita la plana mayor del personal técnico y administrativo. Ingenieros, delineantes, escribientes, administrador general, cuartel de la Guardia Civil, central telefónica, médico, guardas, y demás servicios.

Millares, donde se refugian los que tienen su trabajo no lejos del pueblo, y los que prefieren a las incomodidades del aislamiento las de una larga caminata, a cambio de la ventaja de tener café, baile, juego...

Campamento de Cubiertas y Tejados, muy cercano al pueblo, con las oficinas de esta contrata, y habitaciones solamente para los capataces y personal antiguo de tal compañía.

Caserío de Gamboa, donde se albergan hoy los obreros que construyen la central, empleados de la Hidro y dependencias de la contrata Gamboa y Domingo.

Caserío del Barranco del Agua, donde están acabándose de construir los edificios definitivos en que vivirán los empleados de plantilla de la Central.

De todos los núcleos citados sólo quedarán:

Rambla Seca, con el personal fijo del servicio de aquella central, más alguna brigada de peones.

La Presa, con cuatro habitaciones para guardas.

Una casa en Naranjero, para el peón caminero.

Cabas, donde los edificios son de carácter definitivo. Allí seguirá el cuartel de la Guardia Civil, otro peón caminero, algún guarda especial para las casas, y una residencia para los técnicos que en cualquier ocasión hubiesen de venir a ocuparse del Salto nuevamente.

Campamento de Gamboa, alguna cuadrilla de peones volantes para las reparaciones.

Caserío de la Casa de Máquinas, definitivo para la vivienda de los empleados.

IX   IMPORTANCIA DE LOS DIVERSOS NÚCLEOS

La diversa finalidad de cada una de estas agrupaciones de casas, albergues, chozas y cuevas habitadas, la cantidad tan variada de obreros que las pueblan, la construcción diversa de los edificios de cada uno de los grupos, permite pronosticar el porvenir de cada uno de ellos.

En el capítulo anterior hemos expuesto el que tendrá cada grupo; vamos a hablar ahora de la importancia actual de cada uno, enumerando los medios con que cuenta, los servicios, las comunicaciones, la población, etc.

Seguiremos el orden de colocación a lo largo de la carretera, siguiendo ésta en la dirección del curso del río.

X   RAMBLA SECA

El primer núcleo con que tropezamos al descender desde la muela de El Oro, es el que lleva el nombre del paraje donde descansa: Rambla Seca. Está situado en el término de Cortes y en la margen izquierda del río, con las casas, muy diseminadas, en ambos lados de la Rambla, y a diferentes alturas.

Su suelo es malo, árido, formado por arcillas y yesos descompuestos, sobre el mismo manchón triásico que aflora en el río Escalona y por Cofrentes en el Júcar.

Está en comunicación con el resto del mundo por su central telefónica, propiedad particular de la Hidro, por la carretera privada de la compañía, que enlaza por una parte con la de Buñol a Cortes de Pallás por la Muela de El Oro, y por la otra con la de Millares a Bicorp y Navarrés. La correspondencia la transporta la contrata de los autos de Buñol al Salto de Millares, y la recoge en aquella ciudad, de un apartado de Correos.

Queda situada a unos cincuenta kilómetros de Buñol y un poco menos de Macastre; a unos seis de Cortes de Pallás al que se va por buen camino de herradura, o se llegará pronto por carretera que medirá unos nueve kilómetros; a tres horas por mala senda y más de treinta kilómetros de carretera de Dos Aguas, y a veinte kilómetros de Millares, por la carretera particular.

El caserío de que hablamos es residencia fija del personal del Salto de Rambla, y tiene un hospitalillo, una capilla, una escuela regida por el sacerdote de aquélla, y un almacén general.

Los servicios están asegurados: el de aprovisionamientos, por varias cantinas particulares; el de alumbrado, por la energía que produce la fábrica; el de aguas, por la toma de éstas desde una fuente cercana o del próximo río. La evacuación de inmundicias se efectúa por tubos de gres y cañerías de hierro, que las llevan a pozos sépticos.

Junto a esta agrupación de edificios permanentes han acudido los trabajadores y empleados en la construcción de la Presa.

La Compañía, para nada se ha ocupado de la vivienda de sus obreros, y éstos han tenido que dejarse explotar por la desaprensiva gente que ha venido tras ellos, o construirse albergues provisionales, sin ningún orden, y algunos de ellos, sin condiciones de viviendas humanas en países civilizados.

El caserío fijo consta de:

Primer grupo de casas, junto al curso alto del canal: vivienda del jefe de la Central, de los guardias de las compuertas, del ascensor, etc.

Segundo grupo, a la derecha de la Rambla: cuadro de intemperie, edificio de la Central, almacén general, y subida a los ascensores.

Tercer grupo, a la izquierda de la Rambla: almacenes particulares, oficinas, hospitalillo, cantinas y viviendas de los empleados de primera categoría.

Cuarto grupo, algo separado de este último: capilla, escuela y vivienda del sacerdote.

Quinto grupo, sobre la ladera de la Rambla: viviendas de los empleados de segunda categoría.

Sexto grupo, casi en la cumbre del monte: viviendas provisionales de los empleados de tercera categoría: peones, braceros, brigadas volantes, etc.

Fuera de nuestra jurisdicción sanitaria, no podemos entrar en detalles de las construcciones fijas; las «chabolas» de los trabajadores desaparecerán en cuanto se dé fin a la obra de la Presa en construcción.

XI EL NARANJERO

El barranco de este nombre, lo da a una agrupación de casuchas de madera, paja, pedruscos, latas, y cuantos materiales de deshecho, se han podido encontrar. Solamente tienen una solidez relativa los almacenes y vivienda de los contratistas del tramo correspondiente del túnel.

La población de este campamento es bastante pequeña, pues la mayor parte de los trabajadores prefieren acudir cuotidianamente desde la presa, a vivir en las peores condiciones de aislamiento y abandono.

La fuente de que se surten es de corto caudal, y por ello en muchas ocasiones han de recurrir a la del río.

Puede decirse que es el más pobre de los siete campamentos, y en él, las gentes aprovechan todos los resquicios de un terreno abruptísimo para guarecerse de las inclemencias del tiempo. Cuevas, rincones, árboles, todo es utilizado para buscar cobijo.

A 14 kilómetros de Millares, y a nueve de Rambla Seca, es segurísima su desaparición en cuanto el trozo de canal que les está encomendado, haya dado fin.

XII LA PARTICIÓN

El aspecto de este caserío, ya en pleno término municipal de Millares, es bastante más alegre que el acabado de describir.

En la vertiente derecha del barranco de la Partición, surtiéndose de sus aguas, en una faja de terreno poco pendiente, entre pinos, con una elegante vivienda para los jefes de la sección correspondiente, todo se presenta con menos inconvenientes y menos miseria que el campamento de Naranjero.

A pesar de ello, también es segura la desaparición futura total de todas las construcciones, que no sobrevivirán a los trabajos, a pesar de ser más sólidas y mejor acabadas.

Tres edificios mayores forman el núcleo de este caserío, y son la vivienda del personal técnico-administrativo, las oficinas de la contrata y la cantina economato. Ellos están construidos con piedra y ladrillo, cubiertos con plancha ondulada y provista, la primera, de water y cuarto de baño, estufa y algunas otras pequeñas comodidades.

Alrededor de estas tres casas, junto a la carretera, se agrupan los refugios del personal obrero, construidos según las posibilidades de cada cual. Desde la casa de planta con techo de teja, hasta la cueva tapada con ramas y pedruscos, hay una verdadera gama de calidades, de las que no falta ninguna muestra.

En las casas «oficiales», la evacuación de inmundicias, está asegurada por un pozo ciego que seguramente quedará enterrado cuando el personal levante el vuelo.

Claro es que las casitas, garitas, chozas, cuevas y demás albergues obreros carecen de retrete y agua directa, habiendo de depositar los excrementos al aire libre, y tomar el agua a mano de la próxima fuente o del río.

Casa del Ingeniero.

XIII CABAS

Bien merece especial mención. El sitio más pintoresco, el mejor situado de toda la línea es indudablemente el que como residencia y lugar de trabajo, han elegido los jefes de la Hidroeléctrica.

A seis kilómetros de Millares, la carretera atraviesa, bajo los muros del viejo castillo de Cabas, el despoblado de tal nombre, y emite un desvío que sube hasta las oficinas y viviendas del alto personal.

Desde su nacimiento, se ha canalizado el agua, que sale al exterior, más abajo, por una pintoresca fuente artificial y sigue para distribuirse a domicilio por cañerías adecuadas.

Las casas citadas están a bastante más bajo nivel que esta fuente, y alrededor de ella se han agrupado las viviendas y albergues de vida efímera, que en nada se diferencian de los descritos en los otros campamentos.

Los edificios definitivos, están construidos siguiendo al pie de la letra, todas las exigencias de la higiene y confort más modernos, con calefacción central, y eléctrica, cuarto de baño, agua corriente, refrigeración artificial, etc.

Junto a estas viviendas, están las del personal subalterno que no reúnen estas condiciones, además de:

Cuartel de la Guardia Civil, con viviendas para cuatro números y un sargento con, sus respectivas familias.

Amplio garaje, con una capacidad de ocho coches.

Hospital, con servicio de rayos x, etc.

Central telefónica, en comunicación con todas las secciones de la obra.

Oficinas y vivienda del administrador general de los saltos de Millares y Cortes.

Oficinas y vivienda de los ingenieros.

Comedor general.

Casa vivienda del médico y practicante.

XIV   MILLARES

Hasta ahora hemos pasado junto a mucho espacio libre, y en ocasiones sobre éste se han levantado campamentos y habitaciones más o menos capaces. Al entrar en Millares, el espacio libre falta, la densidad de población aumenta de modo acentuado: vamos a entrar en la aglomeración más grande que podíamos imaginar.

Las grandes ventajas que un pueblo, por pequeño que sea, ha de tener sobre un campamento de vida tan efímera como los citados, han sido bastantes para tentar a un número crecido de obreros a preferir el hacinamiento y la caminata diaria hasta los puntos de trabajo, que la soledad y falta de distracciones de los campamentos.

La aglomeración de personal, al activar la vida del pueblo, ha traído consigo un mejoramiento en los servicios y un aumento en las diversiones, lo que actuando a su vez, como en círculo vicioso, para la atracción de forasteros, ha hecho que éstos se aglomeren más y más en las casas de Millares.

Rarísimas son las que tienen dispuesta su «cambra», y casi todos sus huecos para la admisión de huéspedes, y es de ver cómo éstos viven amontonados en rincones que antes no eran aprovechados ni para almacenar trastos.

Las condiciones en que viven tampoco son las más adecuadas ni para el buen descanso, ni para la higiene; en la misma habitación más o menos reducida se agrupan tantas camas como caben, y aún muchas de éstas soportan dos turnos de durmientes, y no están desocupadas mas que mientras el primero está levantándose para ir al trabajo y llega el otro.

En general los obreros pagan:

Por pensión completa en casas particulares, comiendo
con el dueño (que suele ser compañero de trabajo)   18 reales

Por dormir en cama, guisándose aparte	3 reales
Por cada comida hecha por la dueña de la casa	5 reales
Por dormir en el suelo, sobre sacos	1 real
Por tener derecho a usar la cocina y guisarse	1 real

Entendiéndose estos precios por día, pagaderos por semanas, y no durmiendo en habitación especial, sino en la «cambra».

Es habitual la concesión de créditos hasta el día del cobro de jornal, y también... la fuga de algunos huéspedes morosos.

XV   CAMPAMENTO DE CUBIERTAS

Está situado este campamento en el sitio que se denominaba anteriormente Era Merino, a menos de un kilómetro de Millares; aprovechando una regular explanada poco pendiente se han construido tres filas de casetas pequeñas pero aseadas, de capacidad bastante para una familia.

Cuatro son los pabellones que forman este núcleo, y tres de ellos están destinados a viviendas de los capataces, siendo el otro ocupado por las oficinas, garaje, almacén, etc.

Los primeros, están divididos en doce viviendas, y cada una de ellas tiene tres habitaciones: una entrada-comedor-cocina, y dos dormitorios, las tres con sendas ventanas.

El mayor de estos pabellones está destinado a la parte administrativa, y consta de amplio cobertizo para garaje, almacén con habitación para el guarda, y oficina, con antedespacho para los escribientes, etc., y un despacho para el administrador.

Junto a estos edificios provisionales, se han instalado para las necesidades de la obra: un taller mecánico, una herrería y una cantina (particular), de la que se surten las familias allí alojadas. Dada la proximidad de Millares, allí no se han construido viviendas-chozas los obreros.

El agua para el servicio de este campamento, es traída de una fuente cercana por medio de una cañería de hierro, y sale al exterior por una fuente situada estratégicamente en el centro de la explanada.

Cada pabellón tiene anejos cuatro retretes, separados de ellos unos cincuenta metros. Las inmundicias van a pozos sépticos, y las basuras se queman de vez en cuando.

Bastante alejado de este núcleo (medio kilómetro más lejos de Millares, y al lado opuesto), hay otro edificio, éste edificado sólidamente, y destinado a vivienda del administrador y del director técnico. Está colocado en inmejorable situación sobre la ladera de la solana, y posee todas las comodidades posibles en este apartado rincón: agua corriente, cuarto de baño, etc.

XVI   BARRANCO DEL AGUA

De todos los caseríos y campamentos que se han construido en beneficio de la obra, este será el único que perdurará, con visos de crecimiento, aunque muy diferente de cómo está hoy día. Daré, de momento, una somera idea de lo que es el campamento como centro de trabajo, y más tarde me ocuparé de lo que será la central eléctrica y el futuro caserío.

Por la carretera de Millares a Bicorp, a cuatro kilómetros del pueblo, nace una desviación, trozo propiedad particular de la Hidro, que desciende durante seis kilómetros siguiendo hasta el río, por todos los desniveles del Barranco del Agua. Este trozo, de lo más pintorescos que conozco, entre precipicios de bastante profundidad, salvando puentes y túneles, con una pendiente bastante acentuada, baja hasta la orilla del Júcar, atravesando el caserío y dando acceso a las últimas porciones de la obra.

El curso de la carretera pronto tropieza con el muelle depósito, pequeña explanada donde se ha construido la guarda de la maquinaria, desde que va llegando, hasta que va siendo solicitada por las necesidades de la obra.

Más bajo cruza el poblado provisional, larga calle ocupada por oficinas, talleres, depósitos, serrería, herrería, cantinas, albergues, etc., pertenecientes a los obreros del último tramo y a la contrata Gamboa.

Sigue entre algunos barracones de madera, construidos por la compañía para refugio de obreros, entrega un desvío para el «Depósito de carga» y otro para las viviendas del jefe de la central y del chófer, y sigue entre barracones y chozas, hasta el largo túnel que da acceso al «cuadro de distribución a la intemperie» y edificio de la central, pasando antes por junto a los que serán habitación de los empleados de ella.

Las viviendas provisionales construidas por cada obrero y su familia, en nada se diferencian de todas las que hemos visto hasta ahora: local reducidísimo, paredes de cañas, barro y yeso cuando más, techos de madera de embalajes, latas de bidones de carburo, etc.

Pero junto a estas «chabolas» conocidas por nosotros, encontramos un nuevo elemento de construcción en los barrancos.

La distancia bastante considerable que hay hasta el pueblo, la mayor duración que ha de tener el trabajo en este tramo, y la correspondiente aglomeración de personal, obligó a la Compañía a construir, aprovechando las posibilidades del terreno, cierto número de grandes albergues de tipo provisional. El tamaño de éstos varía según su situación, siendo su distribución interior la misma.

Una puerta central da acceso a un pasillo en forma de T, en que la rama de entrada es muy corta, ya que toma la dirección transversal, y la otra forma como el pasillo del centro, a cada lado del cual hay dos entarimados que se elevan un decímetro sobre el suelo. Sobre éste, cada tres metros se eleva un tabique que divide cada mitad del barracón, en otros varios departamentos.

Estos tabiques divisorios no llegan al techo, que es de plancha ondulada, y permiten la fácil circulación del aire en el interior. Cada compartimento está destinado a ocho obreros que se gobiernan a su gusto. La puerta de entrada, permanece constantemente abierta.

En el interior de estos barracones, la aglomeración y más aún, la falta de limpieza y la permanencia constante de durmientes día y noche, convierte la atmósfera de estos sitios en algo poco menos que irrespirable, y permite la más abundante de las proliferaciones a chinches y piojos.

XVII   LO QUE SERÁ EL FUTURO CASERÍO

El fin que se va viendo a los campamentos en que el trabajo se acaba, es la demolición y despojo de todo lo que aún pueda servir como material de construcción. En algunos puntos desaparecerán todos los vestigios al crearse nuevas huertas.

Como ha ocurrido en el salto de Rambla Seca, junto a los edificios de la Hidro quedarán algunas viviendas de obreros volantes, cantineros, etc. Los edificios que podemos considerar como «oficiales» son:

Central eléctrica, junto al río, defendida de sus avenidas por un espeso y alto muro. Tendrá una capacidad amplia para cuatro turbinas, de las que funcionarán dos en la primera temporada, la tercera cuando lo exija el mercado y la cuarta guardada en reserva para casos de averías de otros saltos o de cualquiera de las de esta central.

Cuadro de distribución a la intemperie, junto a la central, al que llagará la fuerza por una galería subterránea y del que saldrá para cruzar el río.

Cuatro grandes pabellones para los empleados de la central, dos a lo largo de la carretera y a la derecha de ésta otro a la izquierda, y el último, escalonado sobre éste, en la ladera del monte. Cada uno de estos pabellones, dividido en dos pisos, está a su vez distribuido en seis viviendas que serán ocupadas por los empleados en el momento que salgan los capataces y demás que ahora las ocupan. Cada una de éstas tiene dos dormitorios, una cocina-comedor y un cuarto de baño con váter.

Un poco separado de estos edificios hay construido un elegante chalet de dos pisos, destinado a vivienda del jefe de la central el bajo, y del personal técnico ambulante el alto; casa que como es de suponer reúne todas las condiciones requeridas de amplitud, de situación, de ventilación y de relativas comodidades.

Junto a este chalet hay otro más modesto, pero cómodo también, que será garaje y domicilio del chófer.

En fin, entre estas dos casas y el grupo mayor, en el punto donde lo ha permitido la constitución del terreno, una pequeña explanada arreglada en jardín, está bordeada por una elegante capillita católica y dos casas gemelas que se destinan a escuela la una, y a vivienda del capellán-maestro la otra. Lástima que acabadas desde hace bastantes meses, siga sin dar la instrucción escolar al tropel de chiquillos que viven en tal punto.

El caserío está completado con unos pequeños pabellones que forman corrales y gallineros, tantos como viviendas, más un cómodo lavadero con agua abundante, situado a espaldas de las casas.

XVIII   LOS SERVICIOS PÚBLICOS

No se ha descuidado en la construcción de este salto ninguno de los servicios necesarios a la comodidad e higiene de la colonia.

El alumbrado será eléctrico, y estará garantizado por el buen servicio de la central. La unión de ésta con las demás líneas de la compañía, asegura la perfecta continuidad de este servicio.

El servicio de comunicaciones se verifica por Buñol y el autobús que lo hace está subvencionado por la compañía para que atienda las condiciones de correo.

Un poco menos fijo es el aprovisionamiento de comestibles, que quedará a merced de algún cantinero que quiera establecerse definitivamente, cosa que ya ha ocurrido en Rambla Seca. También estará atendido por los carniceros de Millares y por el cobrador-ordinario del autobús.

El abastecimiento de aguas estará perfectamente asegurado. Las aguas del barranco de este nombre son de bastante pureza, y desde las diversas fuentes, son tomadas en cañería y llevadas a un amplio depósito que asegura contra el gasto excesivo de un momento determinado. Desde allí sigue en diversas cañerías a repartirse a domicilio entre todas las casas de los empleados.

Hay una fuente junto al lavadero, que defiende en casos de avería parcial, y hay también un servicio de elevación de las aguas del río, para aquellos casos en que la extrema sequía, no permita el completo abastecimiento de agua de las fuentes.

La higiene domiciliaria y personal está asegurada por unas modernas casas, amplias, ventiladas, de techo elevado y de paredes impermeables, con buena distribución interior, cuarto de baño con pila y paredes de azulejos.

La evacuación de inmundicias tampoco deja nada que desear, pues de los retretes domiciliarios salen sendos desagües que por tubos de brea llevan los residuos a una fosa séptica situada a más bajo nivel que las casas y que todas las fuentes, y casi junto al río.

Partiendo de la base de que es siempre ventajoso para las instalaciones de los edificios aislados el establecimiento de los fosos sépticos que transforman las materias excrementicias, y todos los residuos en líquidos y gases de fácil desplazamiento, el problema de deshacerse dichos edificios de las aguas negras estriba en el destino a dar a ese líquido mal oliente y peligroso, y en la forma de establecer la ventilación, que lleva anexa la salida de los aludidos gases.

El tipo que se ha adoptado está constituido por una doble fábrica de ladrillo, con enlucido interior de cemento y fondo de hormigón, cuyas dimensiones aparecen en la adjunta figura.

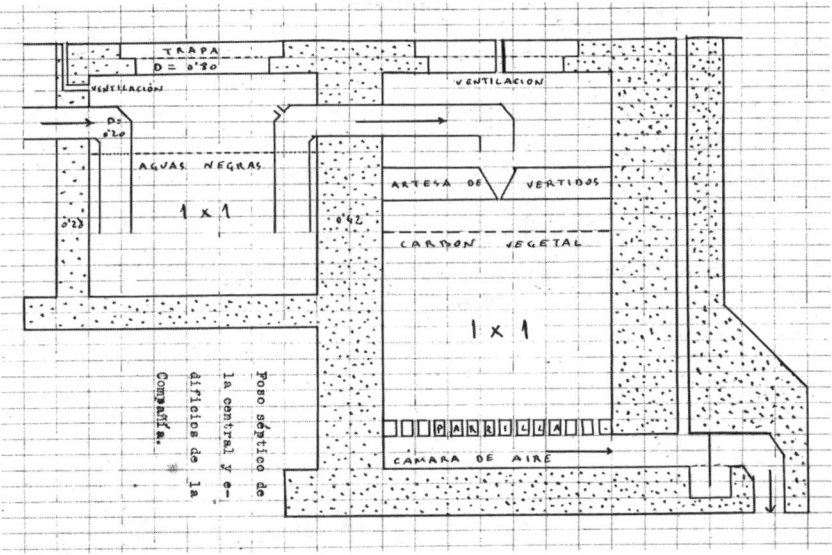

El primer compartimento que es el más amplio, constituye un foso séptico de 0,90 m de profundidad, al que las aguas negras llegan por una tubería de 0,15 m de diámetro, y que forma sifón, saliendo después de sufrir la fermentación anaeróbica por otro tubo de 0,10 m que comunica con el segundo departamento, en el que existe un dispositivo de descarga automática que funciona cuando dicho líquido alcanza determinado nivel, evacuándose entonces por el último ramal, de 0,10 m dibujado a la derecha de la figura.

Como la tapa de ambos compartimentos cierra herméticamente, la ventilación y la salida de los gases que se acumulan en la parte alta de la cámara, de 0,32 m de altura, tiene lugar por el tubo acodado que acomete en el de evacuación, el cual conduce dichos líquidos al depósito o pozo de donde marchan al río.

Para la destrucción de basuras, hay instalado un pequeño horno, cerca del río, junto al foso séptico.

Los restantes servicios están atendidos en la misma forma que los de Millares.

El servicio sanitario quedará a cargo de un médico, seguramente el de Millares, al cual le paga la compañía cierta cantidad en concepto de honorarios, y otra para gastos de locomoción.

XIX ORGANIZACIÓN DE LOS SERVICIOS SANITARIOS

Han sido las obras del Salto… y un poquitín la política local, quienes han traído a Millares el primer médico. Primero las obras, con su facultativo particular; después el pueblo con sus deseos de mejora. Aquél atendió a los trabajadores y a la población indígena; hoy, éste atiende al pueblo y por un contrato especial, a los obreros y empleados del salto.

El médico que llegó aquí enviado por la compañía tenía a su cuidado los accidentes de trabajo de todos los obreros, y las enfermedades de los empleados de la compañía; los que no lo eran, pagaban una cuota de una peseta mensual.

El servicio para atención de los accidentes del trabajo y demás, estaba organizado de la siguiente forma:

Rambla Seca, con clínica de urgencia y hospitalillo, y un practicante de guardia permanente.

Cabas, en las mismas condiciones, más la residencia del médico, D. José Malboysson Ponce.

Millares, con clínica de urgencia y practicante, sin hospitalillo.

Barranco del Agua, con practicante, clínica de urgencia y hospitalillo.

Mientras el grueso de las obras ha sido el túnel, en el hospitalillo de Cabas estaba montado un servicio de rayos x y diatermia, que se han trasladado después al de Rambla Seca cuando el trabajo más intenso fue en la presa, y por fin al Barranco del Agua, cuando se intensificaron los trabajos en la construcción de la central.

Para ingresar como obrero de los contratistas o de la compañía, los aspirantes son reconocidos por el médico solamente sobre el estado de los orificios herniarios, y defectos que pudieran luego ocasionar litigio. Todos los que presentan algún defecto son filiados en el libro de reconocimiento, firmando el obrero su conformidad.

Los accidentes son atendidos, de primera intención, por el practicante más próximo, el cual puede llamar por teléfono al médico, que acude si el accidente lo requiere. Aparte de las llamadas imprevistas, éste hace el recorrido de la línea cada día.

Los lesionados son anotados en los libros correspondientes, y sus altas o bajas tramitadas según disponen las ordenanzas. Si es necesario, se transporta al herido para su reconocimiento por un especialista, o al hospital.

XX LOS ACCIDENTES DE TRABAJO

No voy aquí a discutir las diversas definiciones de accidentes de trabajo ni a extenderme en disposiciones filosóficas sobre la bondad o inutilidad de la legislación española, de la que hemos tocado muchísimas veces los defectos, voy sencillamente a exponer la estadística de los casos habidos, a estudiar etiologías y tratamientos y a enumerar los más interesantes.

Por la localización de las lesiones se distribuyen en:

Curados en	Rambla	Cabas	Millares	Central	Total
Mano	331	125	275	106	837
Pie	291	120	254	112	777
Cabeza	199	76	163	66	504
Piernas	93	26	71	32	222
Tórax	46	25	32	18	121
Lomos	37	21	23	13	94
Antebrazo	26	5	12	8	51
Muslo	16	8	22	4	50
Rodillas	10	9	14	3	36
Abdomen	14	7	8	7	36
Brazo	8	5	11	5	29
Hombro	9	6	5	3	23
Genitales	1	1	4	0	6
Nalgas	2	1	1	0	4
Ano	0	0	1	0	1
Varias	14	0	17	0	31
Totales	**1097**	**435**	**913**	**377**	**2822**

Las cifras son mayores en realidad, pues en la presente estadística, por el tope impuesto en el plazo de entrega de las topografías para concurso, sólo se incluyen las ocurridas hasta 31-xii-31, y todavía, en xii-33 siguen bastantes cuadrillas de obreros trabajando en el Barranco de El Agua y Central.

En la estadística anterior, entre las heridas en la cabeza están incluidas todas las lesiones de ojos.

Como puede verse en la anterior lista, predominan sobre todas las demás, las lesiones localizadas en manos, pies, y cabeza; la etiología de ellas es bien sencilla en casi todos los casos:

Las lesiones de manos son producidas como las de los antebrazos, pies y piernas, por ligeros aplastamientospor o por choques directos con pedruscos, herramientas, etc.

Las de la cabeza son casi todas debidas al desprendimiento de fragmentos del techo del túnel, o de los cantiles.

Las de los ojos todas se deben a cuerpos extraños penetrados al trabajar las piedras, o por el polvo del cemento.

Las contusiones torácicas y abdominales han sido causadas generalmente por desprendimientos, o por golpes con vagonetas, maderos, tuberías, etc.

Las contusiones lumbares, mejor dicho, ciertos dolores de tipo reumático, son consecuencia casi siempre de esfuerzos violentos.

Los casos de lesiones múltiples se han producido por precipitación desde alturas considerables, o por explosión extemporánea de los barrenos.

Las genitales se han reducido a orquitis, aunque el gonococo no falta en casi todos los casos.

En fin, la del año, por sus causas especiales la describiremos en su lugar.

Por el diagnóstico de las lesiones sufridas se distinguen:

	Rambla	Cabas	Millares	Central	Total
Heridas	473	189	467	131	1260
Contusiones	315	157	253	118	843
Conjuntivitis	141	31	83	60	315
Quemaduras	39	8	29	19	95
Callos	46	5	21	13	85
Fracturas	29	8	14	10	61
Distensiones	12	14	1	8	35
Erosiones	8	11	3	8	26

	Rambla	Cabas	Millares	Central	Total
Conmociones	7	5	8	3	23
Luxaciones	14	1	0	6	21
Amputaciones	7	2	8	3	20
Incrustaciones	3	1	5	1	10
Aplastamientos	3	1	1	1	6
Asfixias	0	2	0	0	2
Totales	**1097**	**435**	**913**	**377**	**2822**

El contingente mayor lo dan las heridas contusas e incisas producidas principalmente por golpes directos y por los clavos de las maderas, que se pisan al andar.

Las conjuntivitis y diversas lesiones de ojos, ya hemos expuesto que son producidas por cuerpos extraños y especialmente por polvo de cemento.

Las quemaduras tienen su origen en la llama de los carbureros del alumbrado y pocas veces en el cemento o en la explosión anticipada de los barrenos.

Los casos de callos recalentados no han tenido etiología particular.

Las fracturas dependen casi todas de mecanismos de acción directa.

Las incrustaciones han sido producidas por explosión de barrenos o de cartuchos.

Los dos casos de asfixia, por la entrada prematura de las víctimas en el túnel, cuando aún no se habían desvanecido los gases deletéreos producidos por la explosión.

XXI   TRAMIENTO GENERAL DE LOS LESIONADOS

No presenta caracteres particulares el tratamiento general empleado para las diversas lesiones observadas en el transcurso de las obras.

Las heridas contusas o incisas no son suturadas en general habida cuenta de la facilidad de infección en obreros que a veces no se lavaron la parte afectada en bastante tiempo. Son irrigadas abundantemente con éter y su curación se lleva a cabo mediante aplicaciones frecuentes de pomadas a la cloramina t., (Dercusán, de la casa Cusí), con excelentes resultados. Solamente en casos raros se emplean otros desinfectantes.

Las contusiones son tratadas casi siempre con reposo y fomentaciones calientes, o con alcohol alcanforado.

Las lesiones oculares presentan diversos caracteres según que el agente traumatizante sean las piedrecillas desprendidas, o el polvo de cemento.

En este caso se tratan con pomadas a base de enesol; en el primero con soluciones de argirol y con pomadas de óxido amarillo; en ambos casos, si los dolores de la parte afectada o de la cabeza son muy intensos, se aplican colirios de cocaína o gelatinoides cusí, con este alcaloide.

Las distensiones ligamentosas, y las luxaciones una vez reducidas, son tratadas con vendajes compresivos, reposo y fomentaciones calientes.

Los callos recalentados, como todos aquellos otros casos con pus más o menos abundante, son escindidos ampliamente, para practicar después la cura antiséptica ordinaria.

Las quemaduras de cualquier origen, excepto las de córnea, se curan sistemáticamente con ambrina, y en algunos casos más delicados, se coloca sobre la superficie cruenta gasa engrasada, para evitar la adherencia.

Los casos de conmoción cerebral, han sido en su mayor parte, tributarios de la punción lumbar exploradora y descompresiva, repetida varias veces.

Las lesiones genitales, con suspensión, reposo y revulsión.

A las fracturas se han aplicado los diferentes métodos que el caso ha requerido, y que expondremos en el capítulo siguiente.

En fin, los casos de contusión abdominal con probable lesión interna, han sido seguidos de laparotomías, aunque la gravedad de los casos no ha permitido los éxitos que se buscaban.

XXII   CASOS INTERESANTES O GRAVES OBSERVADOS

Dada la importancia de las obras a realizar, no ha sido muy crecido el número de accidentes graves ocurridos, aunque como anteriormente se ha dicho, sólo comprendemos en la estadística presente, los habidos antes de enero de 1931.

La mayor parte ha quedado reducida a fracturas diversas, que han curado mejor o peor. Aún así, el número de fallecidos por diversas causas, asciende en la fecha dicha a diez y seis.

Los casos interesantes o graves no seguidos de muerte son los que siguen:

1. Sección del tendón de Aquiles derecho.
   Etiología: vuelco de una vagoneta.
   Tratamiento: sutura.
   Resultado: curación.

2. Múltiples cuerpos extraños en ambos ojos, y diversas heridas contusas.
   Etiología: explosión extemporánea de un barreno.
   Tratamiento: por especialista.
   Resultado: ceguera total.

3. Contusión en ambos ojos y diversas heridas.
   Etiología: la misma explosión del caso anterior.
   Tratamiento: por especialista.
   Resultado: pérdida de un ojo.

4. Contusión y probable fractura de la base del cráneo.
   Etiología: precipitación.
   Sintomatología: otorragia, y punción lumbar positiva.
   Tratamiento: punciones descompresivas y hielo.
   Resultado: pérdida de la visión en el ojo derecho por atrofia
        del nervio óptico correspondiente.

5. Fractura abierta de los huesos nasales.
   Etiología: caída de bruces desde un andamio.
   Tratamiento: taponamiento y curación de la herida.
   Resultado: curación.

6. Fractura del cuello del homoplato.
   Etiología: caída de un pedrusco sobre el hombro.
   Tratamiento: movilización desde el tercer día.
   Resultado: curación.

7. Fractura de la clavícula derecha.
   Etiología: caída con una carga de 60 kg.
   Tratamiento: vendaje de Dessault.
   Resultado: curación.

8. Fractura del cuerpo de las vértebras cuarta y quinta lumbares.
   Etiología: caída de un gran pedrusco sobre el hombro.
   Tratamiento: reposo en cama dura con la cabeza elevada.
   Después, corsé ortopédico.
   Resultado: incapacidad absoluta por espondilitis traumática.

9. Ocho casos de fracturas de diversas costillas.
   Etiología: mecanismos directos.
   Tratamiento: inmovilización por esparadrapo.
   Complicaciones: un caso de neumonía.
   Resultado: curación.

10. Dos casos de fractura de antebrazo.
    Etiología: mecanismo directo.
    Tratamiento: vendaje de hennequin.
    Resultado: curación.

11. Siete casos de fractura de Colles.
    Etiología: mecanismos directos y de flexión.
    Tratamiento: vendaje de hennequin.
    Complicaciones: un caso de interposición muscular, y otro deplega-
        miento del tendón flexor del índice.
    Resultado: curación; dos casos en tratamiento, y el último con acorta-
        miento de los movimientos de extensión del dedo índice.

12. Fractura del fémur.
    Etiología: precipitación.
    Tratamiento: en el hospital de Valencia.
    Resultado: en vías de curación.

13. Fractura de la rótula.
    Etiología: caída de rodillas sobre una arista.
    Tratamiento: sutura cruenta.
    Resultado: curación.

14. Fractura de la meseta tibial.
    Etiología: precipitación; caída de pie.
    Tratamiento: férula articulada.
    Resultado: incapacidad parcial permanente.

15. Cinco casos de fractura de peroné.
    Etiología: acción directa.
    Tratamiento: enyesado.
    Resultado: curación. Un caso en tratamiento.

16. Tres fracturas cerradas del cuerpo de la tibia.
    Etiología: mecanismos directos y de flexión.
    Tratamiento: enyesado.
    Resultado: curación. Dos casos en tratamiento.

17. Fractura abierta de tibia.
    Etiología: atropello por vagoneta.
    Tratamiento: vendaje fenestrado.
    Resultado: curación.

18. Dos fracturas bimaleolares.
    Etiología: un corrimiento de tierras, y una caída de cuerpo pesado.
    Tratamiento: enyesado.
    Resultado: curación.

19. Fractura del cóndilo interno de la tibia.
Etiología: atropello por vagoneta.
Tratamiento: enyesado.
Resultado: curación.

20. Fractura incompleta del maleolo interno.
Etiología: precipitación.
Tratamiento: movilización precoz.
Resultado: curación.

21. Cuatro fracturas cerradas, de Dupuytren.
Etiología: dos casos de aplastamiento por pedruscos, uno por precipitación, y otro por atropello.
Tratamiento: enyesado.
Resultado: curación. Un caso en tratamiento.

22. Fractura de Dupuytren abierta en ambas piernas.
Etiología: golpe con la máquina excavadora.
Tratamiento: vendajes fenestrados.
Resultado: incapacidad permanente parcial.

23. Tres fracturas abiertas, de dupuytren sin desviación.
Etiología: precipitación, explosión y aplastamiento por pedruscos.
Tratamiento: vendajes fenestrados.
Resultado: curación.

24. Fractura de dupuytren abierta, con gran desviación.
Etiología: aplastamiento.
Tratamiento: extensión continua por el método de Kistener (hilo metálico atravesando el calcáneo).
Resultado: curación.

25. Dos casos de fractura del calcáneo.
Etiología: precipitación de pie.
Tratamiento: enyesado.
Resultado: curación.

26. Una fractura de astrágalo.
Etiología: precipitación de pie.
Tratamiento: enyesado.
Resultado: incapacidad permanente parcial.

27. Dos fracturas de la primera falange del pulgar.
Etiología: martillazo, y golpe con un taladro.

Tratamiento: suspensión y extensión continua sobre férula inclinada, haciendo la contraextensión el mismo peso del antebrazo.
Resultado: deformidad; incapacidad parcial permanente.

28. Empalamiento.
   Etiología: caída desde altura, sentado sobre un taladro de barrenos.
   Tratamiento: reposo y antisepsia.
   Resultado: incontinencia de heces. Incapacidad total permanente.

29. Amputación traumática del antebrazo derecho.
   Etiología: explosión extemporánea de barreno.
   Tratamiento: amputación quirúrgica.
   Resultado: incapacidad total.

30. Amputación traumática de varios dedos de la mano izquierda.
   Etiología: la misma del caso anterior.
   Tratamiento: amputación quirúrgica de las partes heridas.
   Resultado: incapacidad parcial permanente.

Como complicaciones se han presentado:

Varios casos de linfangitis, consecutivas a erosiones descuidadas, que se han tratado por la fomentación caliente y el reposo.

Un caso de hidrartosis de la rodilla, que curó con movilización precoz, y diatermia.

Tres casos de anquilosis, auxiliados por la mecanoterapia.

Uno de erisipala, que curó con fomentaciones de glicerina intiolada caliente.

Los casos que han dado lugar a reclamaciones de los obreros ante el tribunal industrial, han sido tres:

Uno por hernia, que se falló en contra de la compañía, pero contra cuya sentencia se recurrió ante el tribunal supremo, que juzgó no había lugar a indemnización.

Otro por dificultades de prensión, tras cicatrización con ligera retracción, de la cara palmar de la mano derecha. Fallado en primera instancia a favor de la compañía.

Un tercero que acusa déficit mental tras una ligera conmoción cerebral. El médico de la compañía, y los facultativos pedidos por ella, opinan estar ante un caso de simulación, pero en primera instancia, ha sido condenada la hidro y hoy está el asunto en el tribunal supremo.

XXIII LOS FALLECIMIENTOS

Un caso de defunción por cada ciento setenta y siete accidentes, salvo error, no es mucho en un trabajo peligroso, y en el que el número de obreros ha sido grande durante muchos meses (este número casi se ha duplicado al final del trabajo).

De las diecisiete autopsias practicadas, una ha dado resultados negativos, es decir, de fallecimiento no atribuible a accidente de trabajo. Las otras dieciséis lo han dado positivo.

Las autopsias practicadas lo han sido por el médico de la compañía, y los titulares de Cortes de Pallás o Millares, según el punto donde ocurrió el accidente, salvo el caso no del trabajo, que se practicó por los titulares.

Los diferentes casos son:

Caso número 1

Etiología: durante la construcción de la carretera de la compañía, en los precipicios del barranco de Caberas, se soltó una cincha del andamiaje, la que dio en la cabeza a un obrero, precipitándole desde una altura de veintisiete metros.

Fallecimiento: inmediato.

Autopsia: fractura de bóveda y base del cráneo, producida en vida por el golpe de la cincha, cruzada por otras múltiples hechas contra el suelo. Rotura casi completa de la jaula torácica con gran número de lesiones pulmonares.

Caso número 2

Etiología: una piedra desprendida desde los cantiles, le acertó en el preciso momento que el obrero salía del túnel.

Fallecimiento: fue llevado vivo al hospital de rambla, donde se practicó sutura cruenta de ambas clavículas y la trepanación, falleciendo al segundo día.

Autopsia: fractura de las dos clavículas, y hundimiento del parietal derecho.

Caso número 3

Etiología: corrimiento de mecha, es decir, una mecha que por circunstancias especiales arde mucho más rápidamente de lo que se espera, causando la explosión antes de la salida de los obreros.

Fallecimiento: instantáneo.

Autopsia: no se pudo practicar por el despedazamiento total del obrero. El cráneo voló en mil pedazos, quedando la masa encefálica incrustada en las paredes del túnel; no se encontraron los ojos; tórax y abdomen abiertos, dejaron salir sus vísceras, que hubieron de recogerse una a una o fragmento a fragmento.

Caso número 4

Etiología: un trabajador de más de cincuenta años, sufre una herida contusa que le obliga a guardar cama.

Fallecimiento: a los tres días se inicia un estado febril, falleciendo a los cinco días del accidente.

Autopsia: se presentan todas las lesiones de la arteriosclerosis y una cirrosis alcohólica. A pesar de ello se achaca la muerte al accidente, ya que éste fue el que obligó a guardar cama y de ello se originó la congestión pulmonar.

Caso número 5

Etiología: desde lo alto de uno de los pilares de la presa en construcción, sin que se conozca la causa de su caída, se precipitó un obrero, cayendo sobre el lecho seco del río, desde una altura de diez y nueve metros.

Fallecimiento: llevado al hospital de Rambla, se le redujeron, una a una, las cinco fracturas diagnosticadas en vida, y en sospecha de una fractura de base de cráneo se le practicó la punción lumbar exploradora, con resultado positivo, no practicándose trepanación por el estado desesperado del herido. Aún así, a pesar de la conmoción, vivió dos días.

Autopsia: fractura de la base del cráneo. Fractura expuesta del antebrazo derecho. Fractura expuesta del antebrazo izquierdo. Fractura expuesta del húmero izquierdo. Fractura expuesta de la pierna izquierda. Fractura del calcáneo y astrágalo derecho. La fractura de base de cráneo comprendía desde el esfenoides hasta el borde anterior izquierdo del agujero occipital.

Caso número 6

Etiología: al sacar unas vagonetas cargadas, un obrero se situó entre ella y la pared, quedando aplastado por el abdomen.

Fallecimiento: antes de llegar al hospitalillo.

Autopsia: fractura de la rama ascendente del pubis, en el lado izquierdo, con rotura de la vena ilíaca del mismo lado, y de la vejiga. Copiosa hemorragia interna.

Casos números 7 y 8

Etiología: poco después de disparados los barrenos del último turno, penetraron dos capataces a observar los efectos, ello antes de que se hubiesen desvanecido los gases de la explosión.

Fallecimiento: cuando fue la hora de entrar la brigada los encontró tendidos sin vida.

Autopsia: intoxicación por el óxido de carbono.

Caso número 9

Etiología: otro aplastamiento por vagoneta. El que cuidaba las caballerías de arrastre, tropezó con unos pedruscos desprendidos de la bóveda del túnel, y al agarrarse para guardar el equilibrio, en la vagoneta, soltó los ganchos y echó toda la carga sobre sí.

Fallecimiento: en el acto.

Autopsia: rotura del mesocolon transverso, del hígado y su ligamento suspensorio y del bazo, con hemorragia abundantísima.

Caso número diez

Etiología: desprendimiento de un gran trozo de túnel, y aplastamiento total.

Fallecimiento: instantáneo.

Autopsia: extensa rotura del diafragma, con explosión y expulsión al tórax del hígado, estómago y los restos alimenticios que contenía éste. La jaula torácica estaba completamente aplastada, las costillas todas con múltiples fracturas, y los pulmones con numerosísimas lesiones.

Caso número 11

Etiología: desprendimiento de una piedra del techo del túnel y golpe en la cabeza.

Fallecimiento: se apreció una pequeña herida contusa y una contusión con hematoma en la región parietal derecha, sin lesión ósea ni conmoción cerebral. A las dos horas se aprecia una agravación súbita del lesionado, se diagnostica la contusión cerebral, pero antes de dar lugar a la intervención, a las cinco horas del accidente fallece el obrero.

Autopsia: además de las citadas heridas contusa, y contusión con hematoma, se apreció una hemorragia difusa en la meninge, correspondiente con el lugar de la herida externa.

Caso número 12

Etiología: el obrero está apoyado sobre los topes de una vagoneta, cuando otra se desprende de donde estaba, toma velocidad por la pendiente, y al chocar con la otra, le aplasta por el abdomen.

Fallecimiento: se le traslada al hospitalillo del barranco del agua, donde se le aprecian síntomas de contusión abdominal y hemorragia interna. Se practica la laparotomía que da por resultado una extirpación de bazo y sutura de intestino. Fallece a los tres días por peritonitis.

Autopsia: no se practicó.

Caso número 13

Etiología: al conducir en una balsa varias piezas de maquinaria por el Júcar, tropezó con una peña, deshaciéndose aquélla y siendo llevados dos hombres por la corriente y falleciendo uno de ellos.

Fallecimiento: apareció en término de Tous a los seis días de ocurrido el accidente.

Autopsia: se le apreciaron las lesiones típicas de los ahogados. La autopsia se practicó por el titular de Tous.

Caso número 14

Etiología: trabajando en la explanación de lo que ocupará la central eléctrica, bajo un precipicio de noventa metros, se desprendió una masa de rocas que fue a aplastar a este desgraciado obrero.

Fallecimiento: instantáneo.

Autopsia: fractura en saco de nueces de los huesos del cráneo, y aplastamiento total de la cara, más fractura completa expuesta de la pierna derecha en su tercio medio.

Caso número 15

Etiología: haciendo el desmonte del futuro depósito de carga, un corrimiento de tierras de pequeña intensidad aplastó a un obrero que al huir quedó prendido por un pie entre dos piedras.

Fallecimiento: en el acto.

Autopsia: fracturas múltiples en bóveda y base del cráneo, más rotura del hígado, riñón derecho, y fractura completa de ambas piernas.

Caso número 16

Etiología: al construir unos muros de contención en el Barranco del Agua, se desprendió una piedra de la parte alta y dando un salto inverosímil, fue a alcanzar a dos obreros que trabajaban, causando a uno la muerte, y a otro una fractura de Dupuytren abierta.

Fallecimiento: instantáneo.

Autopsia: aplastamiento completo de la jaula torácica, con rotura del esternón y de las costillas 1 a 10 del lado derecho y 2 a 8 del izquierdo, causando numerosas lesiones pulmonares. Tres fisuras en la cara superior del hígado. Tres heridas contusas en el cráneo. Rotura de la meníngea media derecha. Amputación traumática del antebrazo derecho a nivel de su tercio medio.

Caso número 17

Etiología: obrero de más de cincuenta años, que en el curso del tratamiento de una lesión accidental leve de la pierna, adquiere une neumonía y fallece.

Fallecimiento: a los diez y seis días del accidente.

Autopsia: los herederos parece que quieren reclamar judicialmente y en vista de ello se practica la autopsia que señala lesiones pulmonares antiguas y una bronconeumonía reciente, sin que las lesiones del accidente de trabajo hayan podido causar el menor asomo de lesiones mortales.

Además de estos casos, exclusivos de la obra, ha habido la autopsia de dos obreros que fueron a bañarse imprudentemente pereciendo ahogados; el de una mujer que yendo en una camioneta cayó al camino siendo golpeada por las ruedas traseras y sufriendo una fractura de cráneo; y el de un hombre que yendo por la carretera un carrito, fue precipitado por unos cantiles, al retroceder la caballería, asustada por la proximidad de un gran camión.

XXIV   INFLUENCIA DEL SALTO SOBRE MILLARES

Es indiscutible la enorme influencia que el trabajo que acabamos de describir, ha ejercido sobre la vida de Millares y sobre sus habitantes.

La primera repercusión, y tal vez la más importante, ha sido la construcción de carreteras, que de otra forma tal vez aún no se hubiesen iniciado, dado lo pobre del terreno, lo accidentado, y lo separado que está Millares de los otros pueblos de la provincia.

Y buena prueba de que se han construido por la influencia de les obras, es que una de ellas es particular de la compañía, y la otra se ha hecho desde una distancia larga (26 km), y por un recorrido que interesaba al pueblo muchísimo menos que el de Dos Aguas o el de Tous.

Hoy tenemos pues estas dos carreteras, la de Buñol y la de Navarrés, y se está tratando de conseguir la de la carretera que por Dos Aguas nos una a Valencia en 50 km, y la que por Tous nos ponga en La Ribera en poco más de media hora.

Es la segunda, si bien es seguro que al dar final al periodo de las obras sufrirá alguna modificación, el servicio de viajeros que nos une con Valencia por Alcudia de Crespins, y por Buñol, a los que atienden en competencia, dos compañías de autobuses.

El formidable ingreso en concepto de jornales, hospedajes, diversiones, etc., se ha notado en Millares, ha repercutido hondamente en el pueblo con un aumento en el ahorro, un desarrollo inusitado del comercio y un bienestar nunca conocido.

Pero no todo han sido bienandanzas. El coste de la vida ha crecido considerablemente, y los naturales de la villa han dejado sus antiguos hábitos de pobreza, para acostumbrarse a una vida de gustos que más tarde, difícilmente podrán sostener.

Pero las dos plagas que más se han dejado sentir, han sido la prostitución y el juego. A la tentación de la masa de hombres han acudido tahúres que han expoliado a los trabajadores, y que hoy, gracias a la energía de las autoridades locales, han sido eliminados de la población.

Y con ellos, gente del hampa ciudadana, se han instalado dos casas de prostitución: una en la Rambla que atiende a los trabajadores de la Presa, y otra entre Millares y el Barranco del Agua, que atiende a los de estos dos núcleos y a los del campamento de Cubiertas.

XXV   FINAL

La verdad es que nos resultaba desagradable terminar un estudio sobre Millares hablando tan solo de fallecimientos, adulterios, riñas, etc. A pesar de estos casos aislados y lamentables, la alegría no ha desaparecido, ya que el número de lesionados graves ha sido ínfimo.

Por el contrario, los que fueron propietarios de los terrenos que la Hidro expropió, se han encontrado con que les pagaban a precios excelentes, despeñaderos en que antes no se podía ni entrar.

Hasta las niñas casaderas tienen la ilusión de que un apuesto capataz o un simpático chófer se las lleve por esos mundos de trabajo en trabajo, y si unas han salido tristes por la marcha del novio sin un beso de despedida ni esperanzas de retorno, algunas se han casado con gentes de fuera y otras lo esperan aún.

Pero hoy, al copiar estas páginas, en que las obras han dado final, se va volviendo a los cauces de la antigua pobreza, al ahorro, a la lucha desesperada por conservar los céntimos, al antiguo régimen de trabajo seco y sobriedad.

Pero han variado algo las costumbres, se gasta más, la gente moza se ha acostumbrado al baile con música de viento y no consiente el antiguo acordeón, tenemos dos cines que es difícil que mueran…

¿Qué será de Millares dentro de algunos años?

La esperanza de que la Hidro aún los llamará para montar los grupos tercero y cuarto que hoy en día están a la expectativa de tiempos políticos más tranquilos; la creencia de que el pantano regulador de Tous será un hecho dentro de poco tiempo, mantienen a la gente joven con la seguridad de que los tiempos buenos volverán pronto, y con esta seguridad… ¿hay algún joven que se ocupe del día de mañana?

Y yo doy fin, que mi mano poco experta en mecanografía, se cansa de teclear. ¿Hasta otra topografía en que pueda describir un pueblo más rico y más cercano a la capital que el de Millares?…

Primera edición de TOPOGRAFÍA MÉDICA DE MILLARES, de Luis Báguena, con una introducción de Fidel Pérez, en la colección «Estudis Comarcals» de la Institució Alfons el Magnànim – CVEI, con
una tirada de 500 ejemplares, compuesta por Logik Graphics e
impresa por la Impremta de la Diputació de València el mes de
septiembre de 2025.
De la edición y la publicación de esta obra se ha encargado el equipo editorial del Magnànim.